SECRETS
DE
CADAVRES

Catalogage avant publication de
Bibliothèque et Archives Canada

Craig, Emily A.
    Secrets de cadavres
    Traduction de: *Teasing Secrets from the Dead*

1. Criminalistique.   2. Enquêtes criminelles.
3. Morts – Identification.   I. Titre.

HV8073.C7214 2005   363.25′62   C2005-941976-8

Pour en savoir davantage sur nos publications,
visitez notre site: **www.edhomme.com**
Autres sites à visiter: www.edjour.com
www.edtypo.com • www.edvlb.com
www.edhexagone.com • www.edutilis.com

10-05

© 2004, Emily Craig, Ph.D.

© 2005, Les Éditions de l'Homme,
une division du groupe Sogides,
pour la traduction française

L'ouvrage original a été publié
par Crown Publishers,
succursale de Random House, Inc.,
sous le titre *Teasing Secrets from the Dead*

Dépôt légal: 4ᵉ trimestre 2005
Bibliothèque nationale du Québec

ISBN 2-7619-2111-9

DISTRIBUTEURS EXCLUSIFS :

• Pour le Canada et les États-Unis :
  MESSAGERIES ADP*
  955, rue Amherst
  Montréal, Québec H2L 3K4
  Tél.: (514) 523-1182
  Télécopieur: (450) 674-6237
  * Filiale de Sogides ltée

• Pour la France et les autres pays :
  INTERFORUM
  Immeuble Paryseine, 3, Allée de la Seine
  94854 Ivry Cedex
  Tél.: 01 49 59 11 89/91
  Télécopieur: 01 49 59 11 96
  Commandes :   Tél.: 02 38 32 71 00
                            Télécopieur: 02 38 32 71 28

• Pour la Suisse :
  INTERFORUM SUISSE
  Case postale 69 - 1701 Fribourg - Suisse
  Tél.: (41-26) 460-80-60
  Télécopieur: (41-26) 460-80-68
  Internet: www.havas.ch
  Email: office@havas.ch
  DISTRIBUTION: OLF SA
  Z.I. 3, Corminbœuf
  Case postale 1061
  CH-1701 FRIBOURG
  Commandes :   Tél.: (41-26) 467-53-33
                            Télécopieur: (41-26) 467-54-66
                            Email: commande@ofl.ch

• Pour la Belgique et le Luxembourg :
  INTERFORUM BENELUX
  Boulevard de l'Europe 117
  B-1301 Wavre
  Tél.: (010) 42-03-20
  Télécopieur: (010) 41-20-24
  http://www.vups.be
  Email: info@vups.be

Gouvernement du Québec – Programme de crédit
d'impôt pour l'édition de livres – Gestion SODEC –
www.sodec.gouv.qc.ca

L'Éditeur bénéficie du soutien de la Société de
développement des entreprises culturelles du Québec
pour son programme d'édition.

Nous reconnaissons l'aide financière du gouvernement
du Canada par l'entremise du Programme d'aide au
développement de l'industrie de l'édition (PADIÉ) pour
nos activités d'édition.

SECRETS DE CADAVRES

Emily Craig

Les enquêtes d'une anthropologue judiciaire sur des scènes de crimes célèbres

*Traduit de l'américain
par André Couture*

préface de Kathy Reichs

LES ÉDITIONS DE L'HOMME

À la mémoire de ma mère, Emily Josephine,
et de mon père, Reuben,
qui m'ont donné la vie
et le courage de penser par moi-même.

Aux victimes et à leurs familles,
et aux amis qui les ont aimées.

PRÉFACE

Je dois l'avouer, c'est une énigme. Ma profession a été ignorée des masses pendant des années, et je découvre aujourd'hui que mon champ d'action est soudainement devenu à la mode !

Mais ne vous méprenez pas. Le manque d'intérêt pour ma science n'était pas le lot exclusif du public. Quand j'ai obtenu mon diplôme, les policiers et les procureurs qui avaient entendu parler d'anthropologie judiciaire étaient rares. À cette époque, mes collègues et moi formions un tout petit groupe peu connu du public, et notre science était lettre morte pour la plupart des gens.

En Amérique du Nord, il n'y a que soixante titulaires d'un diplôme officiel en anthropologie judiciaire, mais ce nombre commence à augmenter. En plus de l'armée, une poignée d'administrations ont recours, à plein temps, à des anthropologues judiciaires. Nous faisons office, pour la plupart, de conseillers externes auprès des organismes chargés de faire respecter la loi. Nous travaillons également avec des coroners et des médecins légistes.

Notre spécialité a atteint sa majorité. Aujourd'hui, tout téléspectateur américain sait à qui l'on doit faire appel pour identifier un corps détruit, brûlé, décomposé, momifié, mutilé ou démembré.

Quelle ironie, n'est-ce pas ? La criminalistique n'est pas chose nouvelle. Le premier traité remonte au XIIIe siècle, en Chine. Dans l'ouvrage de Sung Tz'u, intitulé *The Washing of Wrongs*, ce sont des mouches attirées par une faucille tachée de sang qui permettent d'élucider un meurtre. Quelque six siècles plus tard, Thomas Dwight, scientifique de Boston, documente avec précision le recours aux ossements dans l'identification humaine.

Très tôt, le FBI reconnaît l'importance de l'anthropologie judiciaire en faisant appel aux scientifiques du Smithsonian Institute afin qu'ils identifient des restes humains. Dès la première moitié du XXe siècle, T. Dale Stewart et d'autres anthropologues judiciaires travaillent pour l'armée, analysant les ossements de soldats morts pendant la guerre.

L'anthropologie judiciaire acquiert ses lettres de noblesse en 1972, lorsque l'American Academy of Forensic Sciences met sur pied un secteur consacré à l'anthropologie matérielle. L'American Board of Forensic Anthropology voit le jour peu de temps après.

Cette discipline gagne ses galons durant les années 1970, lorsqu'elle s'intéresse plus précisément aux abus commis contre les droits de la personne. Inspirés par des pionniers comme Clyde Snow, les anthropologues judiciaires commencent à travailler d'arrache-pied. Ils installent des laboratoires en Argentine, au Guatemala et, plus tard, au Rwanda, au Kosovo et un peu partout dans le monde. Leur rôle prend de l'ampleur dans le domaine de la récupération sur les sites de désastres majeurs. Par l'intermédiaire du Disaster Mortuary Operational Response Team (DMORT), nous sommes présents lors d'écrasements d'avions, d'inondations de cimetières, et de bombardements. Nous étions au World Trade Center après l'attaque terroriste.

Malgré tout, personne ne nous connaît vraiment.

C'est alors que la série *C.S.I.* commence. C'est une révélation ! À chaque épisode, des millions de téléspectateurs sont rivés à leur petit écran. Soudain, la criminalistique devient à la mode. D'autres émissions prennent les ondes d'assaut : *C.S.I. : Miami*, *Cold Case*, et *Without a Trace*. Au cours des années 1970, nous avions bien eu *Quincy*, mais la médecine légale brille aujourd'hui de tous ses feux grâce à *Crossing Jordan*, *Da Vincy's Inquest*, *Autopsy*. Même les vieilles séries comme *Law and Order* et *Dateline* se convertissent à la balistique et aux incisions en Y.

Les mini-documentaires sur de vrais crimes attendent en coulisse : *American Justice*, *Body of Evidence*, *City Confidential*, *Cold Case Files*, *Exhibit A*, *Forensic Evidence*, *Forensic Factor*, *FBI Files*… Les ondes sont bientôt envahies par des scientifiques qui découpent, fouillent, examinent – jouant parfois même leur propre rôle – et trouvent la clé des énigmes.

La littérature n'est pas en reste… Patricia Cornwell, Jeffrey Deaver, Karin Slaughter et, bien sûr, moi-même, Kathy Reichs, avec mon héroïne anthropologue judiciaire Temperance Brennan…

Après des décennies dans l'anonymat, nous sommes devenus aussi populaires que des vedettes rock.

Cependant, le public demeure ambivalent au sujet de notre véritable statut et de celui des professionnels qui travaillent avec nous. Qu'est-ce qu'un pathologiste ? Qu'est-ce qu'un anthropologue judiciaire ? me demande-t-on encore et encore.

Certains professionnels sont des *pathologistes*, c'est-à-dire des spécialistes qui travaillent sur les tissus mous. Les *anthropologues judiciaires* – comme Emily et moi – sont des spécialistes qui étudient les ossements. Un corps mort depuis peu, ou demeuré relativement intact, est confié au pathologiste. Un squelette dans un grenier, un corps noirci dans un Cessna, des fragments d'os dans un éclat de bois, voilà les éléments réservés à l'anthropologue judiciaire. En nous servant d'indices concernant le squelette, nous nous intéressons à l'identité du corps, au moment et aux circonstances de la mort, et aux conclusions de l'autopsie.

Nous ne travaillons pas en solitaires. Si la télévision monte en épingle les bons coups du scientifique ou du policier solitaire, le travail de la police, dans la vraie vie, se fait en collaboration. Le pathologiste scrute les organes et le cerveau ; l'entomologiste se penche sur les insectes ; l'odontologiste étudie le dossier dentaire ; le biologiste moléculaire s'occupe de l'ADN ; l'anthropologue judiciaire examine les os. Ce travail d'équipe est essentiel. Dans *Secrets de cadavres*, Emily dépeint de façon vivante et sensible l'esprit de camaraderie et de dévouement qui animent les techniciens en identité judiciaire, les enquêteurs et les scientifiques en laboratoire qui interagissent en vue de résoudre une affaire.

J'aime penser que mes propres romans ont contribué à éveiller l'intérêt du public envers l'anthropologie judiciaire. Je décris mes expériences par l'intermédiaire de mon personnage fictif, Temperance Brennan. Dans *Secrets de cadavres*, Emily fait la même chose, mais en se mettant en scène elle-même. Chapitre après chapitre, elle nous transporte dans les coulisses du crime. À titre d'anthropologue judiciaire au service du Commonwealth of Kentucky, elle a participé à plusieurs affaires, et à beaucoup d'autres en tant qu'illustratrice judiciaire.

Le parcours d'Emily est unique. Pendant quinze ans, elle œuvre comme illustratrice médicale, faisant apparaître la complexité des systèmes osseux et des articulations dans ses esquisses et ses sculptures. Elle bifurque ensuite vers l'anthropologie judiciaire après qu'on lui a demandé une esquisse faciale pour un corps non identifié rejeté par la rivière Chattahoochee. Elle ne reviendra jamais en arrière.

J'ai connu Emily alors que, étudiante diplômée de Bill Bass, elle poursuivait ses recherches à la Body Farm de l'Université du Tennessee. En 1998, nous avons écrit ensemble un chapitre de mon ouvrage intitulé *Forensic Osteology: Advances in the Identification of Human Remains*. Tout récemment, nous nous sommes jointes au DMORT, à New York, après les attentats contre le World Trade Center. Pendant que je m'occupais du site d'enfouissement, Emily travaillait au bureau du médecin légiste. En tant que spécialiste chevronnée, j'apprécie la manière avec laquelle Emily évoque le dévouement de ceux qui ont pris part à ces tâches. Le dernier chapitre de *Forensic Osteology* fait revivre à la fois l'horreur, l'extraordinaire détermination et la camaraderie réconfortante que nous avons trouvées à Ground Zero.

Quand j'ai entendu parler de son projet, *Secrets de cadavres*, j'étais quelque peu sceptique. Un simple ouvrage permettrait-il de faire découvrir aux lecteurs toute la portée de notre discipline sans que ce livre ait l'air d'un manuel ? Emily pourrait-elle décrire avec précision la méthodologie tout en faisant ressortir l'aspect humain de notre travail ? Pourrait-elle faire revivre la douleur d'une mère devant un enfant disparu, la frustration d'un détective devant un meurtre non résolu, le chagrin d'un shérif devant le corps d'un tout petit criblé de balles ?

Dès les premiers chapitres, mes craintes se sont envolées. *Secrets de cadavres* livre un aperçu franc et passionnant de notre profession. Page après page, Emily permet au lecteur de jeter un coup d'œil par-dessus son épaule et d'entrer dans ses pensées et ses sentiments. Ses récits font comprendre en quoi consiste exactement le travail de l'anthropologue judiciaire – travail difficile, exigeant mais combien gratifiant. Enfin, de façon plus poignante, Emily ouvre une porte sur elle-même en tant que scientifique et en tant que femme à la recherche d'un équilibre entre passion, objectivité et vulnérabilité – une femme qui entend bien conserver sa grâce et sa bonne humeur malgré un travail ingrat et souvent pénible. Pour conclure, je dirais que *Secrets de cadavres* fait valoir de façon magistrale les aspects scientifiques et humains de l'anthropologie judiciaire.

KATHY REICHS

LE DARD DE LA MORT

À la question « Mort, où est ton dard ? », je réponds :
« Il est dans mon cœur, mon âme et mes souvenirs. »
MAYA ANGELOU

J'avais consacré un temps énorme aux yeux de la victime et je me sentais de plus en plus découragée. Malgré tous mes efforts, je ne parvenais pas à leur redonner un semblant de vie.

La veille, en début de journée, j'avais placé la tête de la femme au milieu de la table de ma cuisine et j'y travaillais. Il était deux heures du matin – très tard par rapport à l'heure à laquelle je me couche – et pourtant, je ne pouvais pas me résoudre à mettre un terme à ma recherche.

Et si j'examinais une autre partie du corps ? Je promène ma main sur les joues froides et douces, tentant d'effacer une sensation bizarre : ces yeux sans vie me regardent. Lorsque je presse avec les pouces le pli tendre que forme la lèvre inférieure, je transforme le rictus de la morte en sourire. Mal à l'aise, je me rends compte de ce que je viens de faire : comment cette malheureuse pourrait-elle sourire après tout ce qu'elle a enduré ?

* * *

Mes collègues et moi en savons très peu sur la femme dont j'essaie de reconstituer le visage, mais nous constatons une chose : l'entreprise dans laquelle nous nous sommes lancés est propre à nous donner des frissons.

Trois mois plus tôt, on retrouve des restes humains à Peck's Landing, parc récréatif situé non loin de la rivière Wisconsin, près de la petite ville de Baraboo. Un adolescent aperçoit un sac marin sur un banc de sable. Pensant qu'il s'agit de matériel de camping, il traîne le sac jusqu'à la piste qui longe la rive. À l'intérieur, il découvre un sac à déchets dans lequel s'entassent les restes ensanglantés et fétides de ce qu'il croit être un animal. L'odeur lui donne des haut-le-cœur. Il jette le sac à déchets sur la piste, accroche le sac marin à un arbre et s'enfuit. (Il donnera plus tard les détails de sa découverte aux enquêteurs).

L'après-midi du même jour, deux jeunes frères font une balade à bicyclette sur la piste en compagnie de leur mère. Lorsqu'ils aperçoivent le sac, ils s'amusent à le piquer avec un bâton jusqu'à ce que le plastique cède. La chair pourrie se répand sur le sol. Les gamins croient eux aussi qu'il s'agit des restes d'un animal. Ils appellent leur mère. Elle s'approche, éloigne prestement ses enfants et appelle le 911.

Le shérif de Sauk County confirme que le sac contient un torse humain. Il entreprend une recherche exhaustive afin de découvrir d'autres pièces à conviction. Il s'agit manifestement d'un crime sordide. Les jours suivants, les chercheurs trouvent sept sacs de plastique contenant d'autres membres ; chaque sac porte le logo d'une épicerie locale. La victime, une femme dans la vingtaine, a été massacrée et découpée en morceaux. Ses épaules, ses hanches, ses genoux et ses chevilles ont été démembrés avec une précision quasi chirurgicale. Ses jambes ont été littéralement désossées. La femme a été décapitée. Son crâne et son visage ont été écorchés. La chair du visage est entièrement détachée des os.

Curieusement, ce sont les soins que le meurtrier a déployés pour dissimuler l'identité de sa victime qui ont permis la conservation du corps. Les sacs de plastique, bien attachés et jetés dans la rivière, ont protégé leur contenu – ce qui n'aurait pas été le cas si les restes avaient simplement été jetés dans la forêt. Ces sacs ont non seulement empêché les asticots et autres charognards de s'en prendre à la chair, mais la rivière a servi de réfrigérateur à cette chair, ce qui a ralenti le processus de pourrissement. Les restes de la femme ont une histoire à raconter, à condition de trouver la bonne écoute.

Quand Joe Welsch, enquêteur aux affaires criminelles de Sauk County, fait appel à moi, il a l'air plus atterré que la plupart des détectives avec lesquels j'ai déjà travaillé. « Franchement, comment peut-on massacrer ainsi une jeune fille ? On n'a jamais vu ça dans la région. »

Joe est tout jeune et quelque peu nerveux. « Et puis, il y a ces autres affaires ! Cette femme qui flottait dans la rivière New Hampshire, environ dix jours avant la nôtre… Son corps était mutilé, tout comme celui de notre victime. »

J'ai entendu parler de cette femme et je suis certaine que Joe et moi avons la même pensée : un tueur en série. Ces tueurs sont peu nombreux et nous savons que leur geste ne peut, en général, être expliqué de façon rationnelle. Néanmoins, la brutalité extrême du meurtre auquel nous avons affaire sort de l'ordinaire. La mutilation – et parfois, le cannibalisme – donnent à ce type de crime une connotation qui dépasse tout comportement humain prévisible. (Des tueurs comme Jeffrey Dahmer et Jack l'éventreur ne s'en tenaient pas au simple meurtre de leurs victimes.). Notre affaire s'inscrit dans ce profil. Si un tueur en série se déchaîne dans le comté de Joe, ce dernier a raison d'être inquiet.

« Nous avons déjà coffré un tueur en série ici, dit-il. Et, ces derniers mois, les habitants de Chicago ont découvert les corps d'une douzaine de femmes, abandonnés dans les rues de la métropole. J'ai pris contact avec le profileur du FBI de Chicago, et avec celui de Madison. Évitons de conclure trop vite, mais je me sentirais plus à l'aise si nous pouvions identifier cette femme. »

Je pense en effet que le temps presse. Chaque minute qui passe donne au tueur le temps d'effacer ses traces, ou de préparer son prochain crime.

Joe me lit des passages du rapport d'autopsie. « Les organes internes et le cerveau sont tous là, mais presque méconnaissables… Les dents, en excellent état, sont toutes présentes… Il n'y a pas de cicatrices, ni de tatouages distinctifs… Aucune trace d'os qui auraient été brisés antérieurement… » En somme, la liste des conclusions du médecin légiste. Je comprends maintenant le désarroi de Joe : il n'y a rien sur le corps de la victime qui puisse révéler son identité.

« Et les empreintes digitales ? »

Joe pousse un soupir. « Eh bien, nous les avons, et nous ne les avons pas… ! Au moment où nous avons découvert la victime, son corps commençait à se décomposer et, après une aussi longue période dans l'eau, la peau des mains s'était décollée. »

En conséquence, le spécialiste en empreintes digitales devra d'abord faire durcir la peau en la trempant dans le formol. Ensuite, il retirera l'épiderme des doigts de manière à enlever la couche externe de la peau en un seul morceau, opération que l'on appelle le « dégantage ». Le gant épidermique offre une forme fantomatique des doigts de la victime, ce qui permet au spécialiste d'introduire ses propres doigts, un à un, dans la peau en question. Ensuite, après avoir apposé le bout des doigts sur un tampon encreur et imprimé le résultat sur une feuille blanche, il pourra tirer six images très lisibles des empreintes – un nombre remarquablement élevé.

« Mais, c'est super ! » m'exclamé-je. Il est tellement difficile d'obtenir des empreintes digitales quand les restes sont fortement décomposés ! Je me demande pourquoi Joe a l'air si découragé. Mais il me rappelle que les renseignements tirés des empreintes peuvent être très frustrants.

« En plus, nous n'avons pas trouvé d'empreintes correspondantes. Tu sais, quand nous avons reçu les empreintes, je croyais qu'il suffirait de les entrer dans la base de données et que l'ordinateur nous enverrait une liste des personnes disparues. Et hop ! nous aurions notre dame ! »

Contrairement à la croyance populaire, il n'y a pas de recette magique pour relier les empreintes digitales de victimes non identifiées à celles de personnes disparues – à moins que les empreintes d'une victime soient déjà classées dans une base de données nationale ou internationale. Habituellement, les empreintes digitales de criminels reconnus coupables figurent dans les fichiers des organismes qui les ont arrêtés. Mais quand la police locale ou le shérif ne remettent pas ces empreintes à une base de données nationale, les enquêteurs des autres administrations ne peuvent pas les comparer avec les empreintes d'une personne non identifiée. Même les caractéristiques biologiques les plus spécifiques (âge, race, sexe, taille, poids, couleur des cheveux et des yeux) peuvent « coller » à celles de milliers de personnes disparues. Quand les enquêteurs n'incluent pas les dossiers dentaires et les empreintes digitales dans leurs rapports, il faut alors vérifier, un par un, le profil de tous ceux et de toutes celles qui se rapprochent de ces données, afin de confirmer ou d'infirmer tout lien possible.

D'une façon générale, nous recevons une grande quantité de documents imprimés avec la liste des personnes qui s'apparentent d'une manière ou d'une autre à la victime. Sur chacun d'eux, on trouve le nom de la personne, sa date de naissance, le moment et le lieu où on l'a vue pour la dernière fois, sa race, son sexe, son poids, la couleur de ses cheveux et de ses yeux et quelques signes distinctifs : tatouages, cicatrices, taches de vin, membres ou doigts manquants, vieilles cicatrices d'opérations ou de fractures, dentition ; et les vêtements qu'elle portait lors de sa disparition. Lorsque les empreintes digitales sont disponibles, elles apparaissent sous forme de code informatisé. On trouve aussi une version codée du dossier dentaire lorsque, par bonheur, les premiers enquêteurs se sont donné la peine d'aller chercher ce dossier. Si les dossiers dentaires et les radiographies sont fichés quelque part, les documents imprimés nous disent où ils se trouvent. Enfin, le dernier élément qui apparaît sur le document est le nom de l'administration qui envoie le dossier. C'est à nous de communiquer avec les responsables afin de comparer les restes non identifiés aux données existant à propos de leurs personnes disparues – soit le dossier dentaire, les empreintes, l'ADN et ainsi de suite.

Mais, parfois, la personne que l'on tente d'identifier ne fait partie d'aucune base de données. S'agit-il d'une personne seule ? Elle n'a peut-être pas de famille ; dans ce cas, elle ne manque à personne, et le tueur est sans doute le seul à savoir qu'elle a disparu. Et ce n'est certes pas *lui* qui la fera entrer dans une base de données ! Je comprends pourquoi Joe a tant de difficultés à identifier un corps sans cicatrices, sans prothèses et sans dossier dentaire.

Je finis par être dans le même état d'esprit que Joe. Je m'assieds à ma table et contemple la masse de documents imprimés : les descriptions crève-cœur d'enfants, d'époux ou d'épouses, d'amis ou d'amies, d'amants ou d'amantes disparus. Je dois me rendre à l'évidence : aucun dossier ne ressemble à celui de l'homme ou de la femme dont les os s'étalent devant moi. Malgré mes années d'expérience, je ressens d'abord un profond découragement, qui se transforme peu à peu en volonté d'agir. Le besoin impérieux de faire face à un obstacle m'incite à ne pas baisser les bras devant une affaire difficile.

Néanmoins, cela devient parfois fastidieux, et de nombreux enquêteurs jettent l'éponge lorsque, après quelques jours ou quelques semaines de recherche, ils ne parviennent pas à identifier une victime. En fait, lorsque je me suis lancée dans la carrière d'anthropologue judiciaire, j'ai été sidérée de découvrir avec quelle facilité certains enquêteurs délaissaient les affaires non résolues – qui « se refroidissaient » – et passaient à autre chose. Au fil des années, toutefois, j'ai appris que tout ce que l'on peut faire, c'est travailler au maximum de ses possibilités pendant la brève période active d'un dossier. Mais il ne faut jamais abandonner la partie. Aujourd'hui, quand je me lance à la poursuite de tous les secrets que « mes » restes non identifiés me livrent, je m'assure que l'information circule auprès du public et est consignée dans un système informatique. Mais il m'arrive parfois de classer le dossier en espérant qu'un jour, une réponse surgira.

Quelle que soit l'affaire en cours, toutefois, je n'abandonne jamais vraiment mes dossiers non résolus. Dès que je reçois des renseignements qui me relient à un Monsieur ou une Madame X, j'y donne suite. Je m'en voudrais si je négligeais de faire cette vérification. Parfois, je me demande comment nous réussissons à identifier une personne à l'aide de restes osseux avec un système d'identification aussi aléatoire que celui dont nous disposons. C'est sans doute la raison pour laquelle chaque succès est une victoire.

En fin de compte, le caractère de notre quête donquichottesque est peut-être ce qui nous fait carburer, certains inspecteurs et moi. Joe Welsch, par exemple. En dépit des frustrations du métier, il fait partie de ces enquêteurs infatigables qui ne baissent jamais les bras, malgré les embûches. Il s'est allié à une collègue tout aussi déterminée, l'agent spécial Elizabeth Feagles – Liz, pour les intimes –, de la Division of Criminal Investigation du Wisconsin. Ensemble, ils ont passé en revue des centaines de rapports sur des personnes disparues – dans les affaires locales autant que nationales. Cela n'a rien donné, ils se sont heurtés à un mur… par manque d'empreintes digitales. Ils ont mis en branle la campagne médiatique habituelle, inondant les médias locaux des descriptions les plus précises de notre Madame X, mais ils n'ont trouvé que de fausses pistes.

Trois mois se sont écoulés depuis la découverte des restes, et le tueur court toujours. En dernier recours, Joe propose une reconstruction faciale en argile, c'est-à-dire une sculpture d'argile faite d'après les indications d'un illustrateur judiciaire. Ensuite, on fera circuler, comme d'habitude, des photographies de la sculpture partout dans l'État, en espérant que quelqu'un reconnaîtra la victime et se manifestera.

La reconstruction faciale en argile est une mesure de dernière instance, un moyen que l'on utilise lorsque tous les autres ont échoué. Contrairement à ce que l'on pourrait croire, il ne s'agit pas d'un portrait de la victime, mais d'une approximation habilement rendue. Le succès de l'œuvre dépend de trois éléments : 1) on doit disposer d'un profil biologique complet et précis de la personne ; 2) la forme et les proportions de la sculpture doivent ressembler suffisamment à la victime pour que l'on puisse la reconnaître ; et 3), il est essentiel qu'une des connaissances éventuelles de la victime voie la reconstruction faciale ou une photo de cette reconstruction. Quelle que soit la qualité de la sculpture, elle ne vaut rien si la bonne personne ne la voit pas.

Joe et Liz sont très conscients des difficultés de l'opération. Mais quel choix s'offre à eux ? Ils doivent foncer. Un autre obstacle se dresse alors devant eux.

Habituellement, on fait une reconstruction faciale tridimensionnelle sur le crâne lui-même. S'il reste des lambeaux de tissus, on fait bouillir le crâne dans une mijoteuse – une cocotte, par exemple –, jusqu'à ce que l'on puisse en retirer la chair. On peut alors appliquer l'argile sur une surface propre et sèche.

Hélas, nous ne pouvons utiliser le crâne, car les marques de coupures laissées par le couteau du meurtrier constituent une preuve capitale, surtout celles qui sont présentes dans les restes de chair. Si l'on retrouve l'arme du crime, on pourra vérifier si c'est bien elle qui a fait les marques. Le procureur exige donc que l'on conserve le crâne intact. Mais comment procéder à une reconstruction faciale dans ces conditions ?

Joe et Liz se tournent vers les spécialistes en criminalistique du FBI, qui ont sans doute déjà affronté ce genre de problème. Eh bien, ce n'est pas le cas, et la réponse est négative ! Ils prennent alors contact avec Leslie Einsenberg, une anthropologue judiciaire qui conseille le médecin légiste du Wisconsin. Cette dernière leur parle d'une nouvelle technologie de fabrication rapide de prototypes, soit une nouvelle manière de faire la réplique d'un crâne sans abîmer ce dernier. Elle les exhorte à la prudence. Il s'agit d'un procédé long et compliqué. En outre, il est loin d'être infaillible, et l'on n'y a jamais eu recours à l'étape de l'identification dans une affaire de meurtre.

Liz et Joe réalisent qu'ils vont faire œuvre de pionniers dans le domaine médicolégal, mais ils n'ont plus d'autre choix. Ils apportent donc le crâne congelé à l'hôpital local, et ils mettent en application le procédé innovateur suggéré par Leslie.

En premier lieu, les techniciens passent la tête au scanographe, ce qui donne des images en deux dimensions de la structure de la tête. Contrairement aux rayons X, la scanographie peut reconnaître les différentes composantes de la peau, des muscles, des tissus graisseux, du cartilage, des os et de la dentition, ce qui permet une délimitation très nette des contours du crâne.

Les données concernant les ossements sont rentrées sur une disquette ordinaire que Joe fait parvenir à la School of Engineering's Rapid Prototype Center, au Milwaukee. Les ingénieurs de ce centre construisent surtout des prototypes de machines complexes et novatrices. Cette opération est nouvelle pour eux, mais ils sont prêts à utiliser leur technologie pour faire une réplique fidèle des os de la tête de Madame X, et de ses dents.

Le prototype du crâne est une réussite. Faite à partir de centaines de couches de papier laminé avec de la résine de polyuréthane gris brun, la réplique ressemble à s'y méprendre au vrai crâne… jusqu'à ce qu'on le regarde de près et que l'on voie nettement les couches de papier. Le crâne fait alors penser à une carte topographique tridimensionnelle – une petite pièce de géographie humaine !

Très satisfaits du résultat, néanmoins, Joe et Liz se présentent au FBI pour faire exécuter la reconstruction à partir du crâne modèle. Mais les gens du Bureau ont la réputation d'être exagérément prudents. En bref, ils ne sont tout simplement pas prêts à s'engager dans ce nouveau procédé, d'autant plus que ni leurs portraitistes ni leurs anthropologues-conseils du Smithsonian Institute ne connaissent la technologie qui a été utilisée pour créer le modèle.

Joe est anéanti. C'est alors qu'un agent du FBI lui suggère une ultime solution : moi…

* * *

Je m'appelle Emily Craig. Je suis l'anthropologue judiciaire du Commonwealth du Kentucky. Cet emploi me tient rivée à plusieurs dossiers. Certains concernent des ossements mystérieux découverts dans le lit d'une rivière de montagne ; d'autres, des meurtres dont les traces ont été effacées par un incendie volontaire de forêt. En raison de ma formation d'illustratrice médicale (esquisse et sculpture) et de mon expérience d'anthropologue judiciaire, il arrive que des cas spéciaux m'appellent à l'extérieur de l'État. J'apporte mon aide chaque fois que cela m'est possible. En fait, c'est ma première carrière en orthopédie qui m'a fait connaître la combinaison de techniques médicales et industrielles dont je me sers dans la fabrication de modèles de crânes. Et c'est ma formation d'anthropologue judiciaire qui m'a insufflé le désir de redonner leur nom à toutes les victimes. Ainsi, lorsque Joe me raconte l'horrible histoire de la jeune femme dont il a trouvé les restes, je suis heureuse d'avoir les compétences nécessaires pour, éventuellement, l'identifier.

J'ai appris l'existence de cette nouvelle technologie il y a une dizaine d'années, lorsque j'étais illustratrice à la Hughston Orthopaedic Clinic de Colombus, en Géorgie. Nous avions parfois recours au procédé du façonnage d'os afin d'aider les chirurgiens à préparer leurs interventions les plus difficiles, soit la réparation de fractures graves et complexes. Ensuite, lorsque j'ai fréquenté l'école d'anthropologie judiciaire de l'Université du Tennessee, je me suis plongée dans cette phénoménale ressource qu'est l'informatique et je me suis lancée dans un projet de recherche visant à associer la scanographie médicale et la pratique médicolégale traditionnelle de la reconstruction à trois dimensions en argile. J'espérais ainsi mettre sur pied un programme informatique qui permettrait, en combinant les meilleurs aspects de l'art et de la science, de reconstituer le visage d'une personne à partir de son crâne. Ainsi, mon expérience de l'art et de l'orthopédie et mon travail d'anthropologue judiciaire se sont associés d'une manière absolument originale.

J'ai poursuivi mes recherches et j'ai transmis mes découvertes préliminaires lors de plusieurs rencontres internationales – ce qui a éveillé l'intérêt du FBI.

C'est la raison pour laquelle le Bureau, qui sait que je suis à l'affût de techniques concernant les portraits-robots assistés par ordinateur et les scanographes, m'a recommandée à Joe.

Joe ne connaît pas mes antécédents. Il sait tout simplement que je suis une scientifique qui a la capacité de faire avancer une enquête, ou d'y mettre fin. Au début, il se montre réticent lorsque je propose de réaliser un prototype rapide. Il me demande d'abord si je veux faire la reconstruction en argile du visage de la femme.

Je suis perplexe. Pourquoi cet enquêteur du Wisconsin a-t-il parcouru la moitié du pays pour me demander de faire une reconstruction en argile alors qu'il y a des spécialistes qui peuvent le faire dans son propre État ? Joe m'explique qu'il ne s'agit pas seulement de faire une reconstruction normale mais de travailler à partir d'un prototype de crâne créé par ordinateur – un défi que même le FBI ne se sent pas capable de relever. Quand j'accepte le boulot, il jubile. Je lui annonce que je pourrai m'y mettre lors du prochain week-end. Il me dit que j'aurai la réplique du crâne dès le vendredi soir.

Les projets de reconstruction requièrent habituellement une étroite collaboration entre le sculpteur et l'anthropologue judiciaire. Or, je suis les deux à la fois !

Me voici donc dans ma cuisine, à deux heures du matin, tentant de faire revivre la figure d'une femme avec, comme seuls moyens, un crâne de papier laminé et une série de formules mathématiques m'indiquant les épaisseurs moyennes de la chair du visage d'une jeune Noire. Je me montre très prudente, utilisant une gomme à effacer pour marquer les épaisseurs avant de les recouvrir d'argile, tout en travaillant les yeux et le nez selon les normes scientifiques. Mais ces données froides et sans âme ne suffisent pas, et ma reconstruction ne ressemble pas à un être humain que quelqu'un pourrait reconnaître. Je me fie donc à mon intuition pour donner vie à la sculpture.

Lentement, mes mains s'animent d'une vie propre. Répondant à des instructions secrètes, à un sens intuitif des subtilités de la structure faciale, mes doigts se mettent à explorer les contours du visage de la victime. Je ferme les yeux, comptant uniquement sur mon sens du toucher.

Un instant, je crois parvenir à un résultat. Mais mes mains me trahissent. J'ouvre les yeux. Mes tempes commencent à bourdonner et je me sens frustrée devant cette statue qui me fixe de son regard vide.

Soudain, sans aucune préméditation, je tends la main vers la paupière et pince légèrement la surface d'argile. Ce petit ajustement suffit à l'animer. Je comprends soudain ce que je dois faire. J'imbibe un tampon d'ouate d'alcool isopropylique et j'ôte les résidus d'argile sur les yeux de verre que j'ai insérés dans les orbites. Au fur et à mesure que les iris se nettoient et que les cornées s'éclairent, les yeux se mettent à refléter la lumière ambiante. C'est mieux. C'est beaucoup mieux.

J'accélère le rythme. Je mets davantage d'alcool dans le coin de chaque œil, jusqu'à ce que de larges flaques se forment dans la dépression des canaux lacrymaux. Peu à peu, les gouttes emplissent les yeux, débordent et coulent le long du nez, jusqu'aux commissures des lèvres. La femme a l'air de pleurer. C'est ce que j'espérais.

Cet effet macabre est l'une de mes recettes secrètes, une façon de tester l'exactitude de la topographie du milieu du visage, entre les sourcils et la bouche. Quand une personne vivante pleure, ses larmes suivent une voie assez prévisible. Si la reconstruction est boiteuse, même légèrement, les « larmes » coulent de manière capricieuse, serpentant de gauche à droite ou descendant de façon irrégulière de chaque côté du nez.

Les larmes de la victime coulent comme de vraies larmes. Tandis que je les regarde, je sens mes propres larmes me monter aux yeux.

Je suis une scientifique. Je dois donc contenir mes émotions lorsque je travaille. Je m'efforce de « penser en meurtrier » plutôt qu'en victime. Mais, ce soir, je suis exténuée et, lorsque la dernière étape du procédé fait éclater la vie sur le visage de ma sculpture, je ressens un moment d'exaltation. Cette femme, abattue comme un animal, je ne l'avais pas encore imaginée comme un être humain. Soudain, elle a un visage – un visage jeune et innocent – et l'horreur qu'elle a vécue me frappe de plein fouet.

* * *

Mon travail d'anthropologue judiciaire au Commonwealth du Kentucky consiste à faire l'analyse d'os, de fragments de membres et de restes humains calcinés afin de déterminer comment une personne est morte, qui elle était et, parfois, à quoi elle ressemblait. On me retrouve souvent près des décombres fumants d'un avion, ou au fond des bois, remuant les cendres d'une cabane incendiée, ou dans mon laboratoire, en train de classer méticuleusement une pile d'ossements suspects. Je suis souvent celle qui confirme au pathologiste que nous sommes en présence d'un homicide ou d'un accident. Les preuves que je récolte peuvent s'avérer cruciales ; elles permettent aux enquêteurs de décider du déroulement des recherches. Parfois, je suis l'ultime recours du détective qui traque un tueur, ou le dernier espoir d'une famille qui a désespérément besoin que l'on jette un baume sur sa douleur suite à la disparition d'un être cher.

Il m'arrive d'être un peu macabre, mais j'adore mon travail. Les défis, les mystères me passionnent. J'aime jongler avec des casse-tête qui mettent les ressources de mon intelligence et de mon ingéniosité à l'épreuve. J'apprécie beaucoup les hommes et les femmes que je côtoie dans mon travail et je suis heureuse d'apporter mon aide à des médecins. Je suis fière de faire partie d'une équipe chargée du maintien de l'ordre – ces gens qui s'évertuent à faire régner la justice dans le pays. Et par-dessus tout, ma mission me tient en vie, même lorsque je dois travailler jusqu'aux limites de la résistance à une affaire apparemment sans issue.

J'ai consacré la moitié de ma vie à découvrir ce travail que j'adore. Mon premier emploi a été celui d'illustratrice médicale pour le docteur Jack Hughston, ce pionnier qui a mis au point des techniques chirurgicales en médecine sportive. J'étais heureuse de contribuer aux activités de chirurgiens et de chercheurs, mais après deux décennies de croquis, de modèles et d'animation assistée par ordinateur, j'ai décidé d'entrer dans l'univers des scientifiques. Un jour, un détective avec qui je sortais m'a parlé de ses affaires criminelles, et j'ai ressenti une grande curiosité envers le monde policier. Sur sa recommandation, on m'a proposé de faire la reconstruction faciale de la victime non identifiée d'un homicide. Depuis, j'ai la « piqûre ».

Étudier les conséquences de comportements humains violents apporte des récompenses, mais aussi des embûches. Dès que je mets les pieds dans l'univers des enquêtes criminelles, je sais que ma vie ne m'appartient plus. Je dois être disponible vingt-quatre heures sur vingt-quatre, sept jours sur sept, lors des longs week-ends et pendant la période où, en principe, je suis en vacances. La tâche est très exigeante sur le plan émotif. Pour comprendre ce qui est arrivé aux hommes et aux femmes dont j'analyse les restes, je dois décortiquer les causes de la violence et de la dépravation qui ont fait d'eux des victimes. Chaque fois que je me retrouve devant les parties mutilées d'un corps ou les restes osseux de victimes de meurtres, je suis aspirée dans le tourbillon de la haine et de la rage meurtrières qui ont suscité ces horreurs.

Malgré tout, c'est un périple exaltant et je ne changerais pas de vie pour tout l'or du monde. J'ai rampé dans les profondeurs de mines de charbon du Kentucky et je me suis accrochée aux parois rocheuses de montagnes abruptes ; j'ai travaillé sur des meurtres solitaires commis dans des forêts, et sur de grands désastres au milieu de grandes villes. J'ai rencontré des meurtriers qui se sont livrés aux autorités afin de recevoir des soins médicaux et psychologiques en prison, et j'ai apporté mon soutien à des familles qui, pendant des décennies, n'ont jamais abandonné l'idée de découvrir ce qui était arrivé à leurs êtres chers. Les histoires racontées dans mes dossiers vont du tragique au bizarre, du stupéfiant au déprimant. Ma profession est ma passion : un défi ultime – et une ultime récompense.

CHAPITRE PREMIER

LA MORT FRAPPE À LA PORTE

La mort, la pâle mort, cette déesse altière,
Foule d'un pas égal le trône et la chaumière.
HORACE
À Sextus

Mon premier dossier débute, comme c'est toujours le cas, avec une victime non identifiée. Deux pêcheurs de perche découvrent des restes décomposés et partiellement osseux sur la rive du lac West Point, l'un des bassins de retenue de la rivière Chattahoochee, dans la partie sud des États de l'Alabama et de la Géorgie. L'homme a été abattu d'une balle dans la tête et son corps a été rejeté sur la berge. Le Bureau of Investigation (GBI) de Géorgie s'est déjà penché sur l'affaire, mais il n'a pas réussi à identifier la victime. Bref, il semble que le dossier de ce meurtre se dirige tout droit vers la pile d'affaires non résolues.

Je travaille alors dans le civil, où je pratique l'illustration médicale dans une clinique orthopédique. La police croit que je pourrais faire œuvre utile en créant une reconstruction faciale en argile de la victime. Lorsque des policiers m'escortent à l'intérieur de la morgue, je sens, pour la première fois, l'odeur de la chair humaine décomposée. C'est une expérience sans précédent. Un sentiment de dégoût me submerge. Mais, curieusement, je suis attirée par cette masse d'os et de chair pourrie qui a déjà été un homme – un phénomène que je n'ai jamais observé auparavant. La masse est gluante et tire sur le gris. Des morceaux d'os, des feuilles et des brindilles sont disséminés sur cette forme qui ressemble encore à un être humain, mais qui s'est affaissée et semble se fondre dans le sac mortuaire en vinyle noir.

Les enquêteurs me racontent ce qu'ils savent et je suis étonnée de ce qu'ils ont pu découvrir à partir de ces restes. Il y a suffisamment de tissu pelvien pour voir que la victime est bel et bien un homme. Le coroner Don Kilgore a évalué sa taille grâce à l'étiquette cousue aux vestiges du pantalon collé aux os de la jambe. Kilgore soulève doucement la tête, dont il ne reste que les os ; il me montre le trou fait par la balle et m'explique comment il a découvert par où elle est entrée et dans quel angle. Il a de la chance : il a récupéré une balle de calibre .45 à l'intérieur du crâne. Si les policiers réussissent à relier un suspect à la victime, ils résoudront sans doute le cas grâce à cet élément de preuve.

Mais tout d'abord, comme dans chaque enquête criminelle, il faut identifier la victime. Don nous montre des plombages sertis dans les dents de l'homme. « Si quelqu'un peut nous suggérer un nom pour la victime, me dit-il, nous pourrons probablement relier ces dents au dossier dentaire de la personne disparue. » Les policiers commencent toutefois à perdre espoir. Les restes de la victime sont à la morgue depuis très longtemps, et personne ne les a identifiés.

C'est à ce moment que j'entre en jeu. Tout ce que je sais de ce crime, je l'ai appris de mon ami de l'époque, le détective Brian McGarr, qui a l'habitude de m'entretenir jusque tard dans la nuit des histoires macabres entourant les plus récents homicides. En revanche, il a la chance insigne de m'entendre parler de mon travail passionnant d'artiste et de sculpteur médical – qu'il fait semblant de trouver fascinant. Quoi qu'il en soit, il s'y intéresse beaucoup plus que je ne le crois. Puisque l'affaire West Point reste irrésolue, c'est lui qui propose au GBI et au coroner de Muscogee County de me commander une reconstruction faciale afin que l'on puisse identifier la victime.

Brian et moi avons une relation qui allie l'intime au professionnel. Il peut me confier des renseignements confidentiels au sujet de son travail de policier parce que je suis une technicienne médicale bénévole des services ambulanciers d'urgence. Ces renseignements me donnent un aperçu des détails macabres entourant ses dossiers criminels. Nous passons beaucoup de temps derrière le large ruban jaune délimitant les périmètres de sécurité ; nous savons que le dévoilement de renseignements confidentiels est interdit. Mais lorsque le code de déontologie le permet, assis sur le balcon arrière de notre appartement, nous imaginons différents scénarios au sujet de telle ou telle blessure mortelle. Parfois, nous reconstituons les causes, jouant tour à tour le « meurtrier » et la « victime ». Quand Brian doit témoigner en cour, je l'aide à se préparer en me faisant l'avocat du diable, le martelant de questions qui remettent en question ses découvertes sur les lieux de crime. J'y ajoute aussi des détails anatomiques qui confirment ou infirment son interprétation concernant les blessures fatales infligées à la victime. Ce sont ces conversations qui me permettent de penser comme un enquêteur. J'aime croire qu'au même moment, Brian apprend à penser en scientifique.

Certes, quand il s'agit d'analyser les lieux d'un crime et les événements entourant un meurtre, Brian reste l'expert incontesté. Mais, dès qu'il se rend compte que ma formation d'illustratrice médicale me permet de calculer la trajectoire des balles et d'analyser des marques de blessures en lisant les rapports d'autopsies, il comprend que ma contribution est tout aussi importante que la sienne. À ce moment-là, je ne sais pas encore que ces conversations de fins de soirée améliorent mes connaissances de l'anatomie humaine et jettent les bases de ma future carrière d'anthropologue judiciaire.

Quelques mois auparavant, je vis ma première expérience en tant que membre d'une équipe chargée du maintien de l'ordre. Brian propose mon nom pour tracer une esquisse dans un procès pour meurtre. Ce dessin est destiné à devenir l'élément de preuve central qui illustrera les marques de blessures par arme blanche. L'homme a été blessé en se défendant ; il n'a pas engagé le combat, comme le prétend le meurtrier. Le procureur pourrait remporter sa cause.

L'expérience me stimule. J'ai eu accès à des renseignements confidentiels pour produire mon dessin, et je suis partie prenante lors de la stratégie de poursuite. Mon enthousiasme est à son comble. Je remets en question ma carrière d'illustratrice, qui me paraît tout à coup monotone et prévisible. C'est sans doute parce qu'il sait combien je désire passer à une activité plus palpitante que Brian a proposé mon nom pour ce travail de reconstruction faciale.

Pourtant, toute flattée que je sois, je décide de refuser l'offre. Faire des dessins anatomiques pour un procès est une chose, faire une sculpture pour une enquête en cours en est une autre. Tout d'abord, je ne suis pas rompue à cette technique. Ensuite, si je fais une erreur, je ruinerai les dernières chances des enquêteurs de faire la lumière sur l'affaire.

Je suis désireuse d'aider, cependant, et je pense que je pourrais au moins devenir agent de liaison. Je donne un coup de fil à Betty Pat Gatliff, une amie, illustratrice médicale. Betty est l'un des sculpteurs judiciaires les plus cotés au monde. Ses exposés lors de conférences me fascinent depuis des années. Je suis suspendue à ses lèvres lorsqu'elle décrit son travail d'identification des quelque vingt-huit victimes du tueur en série John Wayne Gacy, ainsi que de celles du meurtrier de Green River. L'une de ses premières réussites a trait à un jeune Amérindien disparu plusieurs années auparavant. Betty a produit une reconstruction faciale qui ressemblait à s'y méprendre à la victime, ce qui a permis de l'identifier. Ce succès lui a valu de nombreuses consultations de la part de médecins légistes d'un bout à l'autre du pays.

Lors d'une consultation, elle a utilisé ses connaissances du crâne humain pour découvrir une faille dans l'enquête initiale. On avait trouvé les restes osseux et les vêtements d'une femme dans un endroit éloigné du Sud-Ouest. Son soutien-gorge, sa culotte en dentelle et ses souliers à talons hauts avaient été recueillis en même temps que les os. Bien sûr, les enquêteurs avaient conclu que la victime était une femme. Or, lorsque Betty Pat a été appelée à faire l'une de ses célèbres reconstructions faciales, elle s'est rendu compte que le crâne était celui d'un homme. Une recherche anthropologique judiciaire lui a donné raison, et les enquêteurs ont alors identifié les restes comme étant ceux d'un travesti qui avait été apparemment abattu quand un amoureux potentiel avait découvert qu'il lui était infidèle…

Quand je contacte Betty à propos de l'affaire West Point, elle ne se montre guère encourageante. « Je suis débordée, me dit-elle, je ne pourrais pas m'occuper de cette affaire avant un an ! Pourquoi ne suis-tu pas mon cours et ne le fais-tu pas toi-même ? »

Prendre un cours de sculpture judiciaire alors que je travaille à plein temps dans une clinique spécialisée en médecine sportive ? Comment pourrais-je ajouter un cours à mon horaire ? Mais l'idée me tente. Je réponds à Betty, dans des termes vagues, que je vais y penser. À ce moment, je ne réalise pas encore que cette conversation va changer ma vie.

* * *

Je pense qu'à plusieurs égards, cette discussion avec Betty n'a été qu'une nouvelle étape du périple que je poursuis depuis mon enfance. D'aussi loin que je me souvienne, j'ai eu le bonheur – ou la malédiction ? – de nourrir une insatiable curiosité pour le corps humain. Je suis peut-être folle, je l'accorde, mais ma conception d'un bon passe-temps tourne autour d'un tas d'ossements mystérieux à étudier, d'un genou sanglant à disséquer, d'un visage partiellement décomposé à photographier sous toutes ses facettes – en somme, tout ce qui peut satisfaire ma fascination pour les formes et la fonction des os, des muscles et des tendons.

Au cours de mon enfance à Kolomo, en Indiana, dans les années 1950 et 1960, des enseignants essaient de me dissuader de choisir une carrière en science et de m'engager dans des « affaires de gars ». La fascination que la science exerce sur moi me donne l'impression d'être une marginale, alors qu'elle va de soi étant donné mon hérédité. Mon père, *son* père et le grand-père de ma mère ont tous été médecins. Comment aurais-je pu échapper à mon destin ?

Les ouvrages médicaux de mon père m'attirent tout particulièrement. Il me permet de les consulter. Je deviens « accro ». En feuilletant ces livres, j'entre dans un autre monde. Je consacre de nombreuses heures à admirer les illustrations en couleur de l'intérieur d'un bras, d'une jambe ou d'un abdomen. Même s'il ne s'attend pas à ce que je fasse carrière en science ou en médecine, mon père attise mon intérêt pour ces livres. J'imagine qu'il est fier de voir que l'un de ses rejetons partage sa passion pour l'anatomie.

Un après-midi – j'ai environ douze ans –, je suis au bord du ruisseau à truites qui coule non loin de notre maison de campagne, près de Baldwin, au Michigan. Tout à coup, des ossements qui affleurent sur le sable de la rive attirent mon attention. Il faut dire qu'à cette époque, j'hésite avant de jeter ma ligne à l'eau, surtout quand les truites mordent ! Et ces os sont tout simplement intrigants. Je m'avance vers la rive, retire quelques os du sable. D'autres sont enfoncés dans la boue noire, tout juste sous la surface du lit du ruisseau. Je suis convaincue d'être tombée sur des bois de cerf, ainsi que sur des côtes et un pelvis. Je décide de ne pas rentrer avant d'avoir retrouvé chaque morceau du squelette.

Tandis que je rassemble les ossements de couleur beurre frais enfouis parmi les roches et les morceaux de bois gisant au fond du ruisseau, je perds toute notion du temps. Je réalise soudain qu'il fait sombre. Mes parents sont sûrement en train de s'inquiéter. Je fourre quelques os dans mon filet à poissons, le reste dans mon poncho imperméable reconverti en sac. En deux temps trois mouvements, j'ai rejoint la piste qui mène à notre chalet. Je vois mon père qui arrive à ma recherche. Avant qu'il n'ait l'occasion de me reprocher mon retard, je jette les os à ses pieds. Haletante, je lui demande de m'aider à les rassembler, supposant que tout médecin est en mesure de reconstruire un squelette. Mais mon père ignore par où commencer. Il sait où vont tous les os lorsqu'ils sont *dans* le corps, mais la reconstruction d'un squelette n'a pas fait partie de sa formation. Hors contexte, les os ne lui disent rien. C'est l'une des rares fois où mon père ne peut pas m'aider. Cependant, il a la sagesse de reconnaître que j'ai fait une découverte immensément importante, du moins à mes yeux. Le crépuscule tombe, ce qui ne l'empêche pas de me ramener à mon coin de pêche. Il m'attend pendant que je procède à ma toute première fouille. Au cours des deux journées suivantes, il m'apporte son soutien moral pendant que j'essaie d'assembler les pièces du squelette dans notre cour arrière.

Bien évidemment, ma tentative échoue, mais je me promets qu'un jour, d'une manière ou d'une autre, je *reconstruirai* un squelette – un squelette humain, pas celui d'un animal.

* * *

Des ossements de cerf, c'est bien, mais je n'oublierai jamais mon premier face-à-face avec un cadavre humain. L'événement se produit douze ans plus tard, alors que je suis le programme d'illustration médicale du Medical College de Géorgie. L'étude des entrailles du corps humain en fait partie.

Lorsque je pénètre dans le laboratoire d'anatomie macroscopique très éclairé, je cligne des yeux afin de les préserver de la lumière aveuglante des lampes fluorescentes. Tout est froid, propre, étincelant : les accessoires en acier inoxydable brillent ; les vitrines contenant les instruments de laboratoire sont impeccablement rangées ; le carrelage est d'un blanc lustré. Je tremble sous ma blouse blanche à cause de la fraîcheur – la température ambiante est maintenue à 20 degrés Celsius – mais aussi de l'excitation. Nous sommes environ trente-cinq illustrateurs et étudiants en médecine, divisés au hasard en groupes de cinq ou six – tous très nerveux.

Je m'attends candidement à voir des corps étendus sur des tables d'autopsie, et à une sorte de quiétude de salon funéraire. Mais tout le monde chuchote, dans la forte odeur de formaldéhyde. Une demi-douzaine de boîtes ressemblant à des cercueils sont dispersées dans la salle ; elles sont montées sur des pieds de table, ce qui les place à bonne hauteur.

Je rejoins mon groupe. Les moniteurs du laboratoire se promènent de boîte en boîte, dont ils soulèvent les couvercles pour nous montrer les cadavres flottant dans le formol. L'odeur âcre décape les parois de mes narines ; les larmes me montent aux yeux. Je jette un coup d'œil dans le bain de notre boîte. Notre cadavre, celui d'une femme blanche d'environ soixante à soixante-dix ans, est nu. Cela me surprend, pour une raison que je ne m'explique pas. Elle est étendue au fond de la cuve, entièrement submergée par le fluide trouble. Sa peau flasque forme de gros plis sur sa charpente osseuse. La chair affaissée, gris pâle, flotte sous la surface du liquide ; les cheveux argentés, épars, recouvrent le visage. Les lèvres incolores laissent voir les dents – la grimace est sinistre –, et les yeux sont entrouverts sur les globes oculaires vitreux. Apparemment, les yeux se sont enfoncés dans les orbites après la mort. Les paupières mi-closes cachent les iris. C'est un spectacle horrible, mais ma curiosité scientifique l'emporte sur mes réticences.

Un lourd silence emplit la salle. Les étudiants attendent la suite. Nous sommes enthousiastes, fiers de nos nouvelles blouses, de nos gants chirurgicaux et de nos trousses de dissection – mais nous nous rendons compte que nous ne sommes pas si bien préparés que cela. J'entends le bourdonnement sourd des ventilateurs aspirant les vapeurs de formol. De l'autre côté de la salle, quelqu'un trébuche sur un contenant en acier inoxydable, dont le couvercle percute le carrelage. Le bruit résonne à travers la salle comme un coup de feu. Chacun sursaute, puis se met timidement à rire.

Après avoir ouvert les contenants, les moniteurs ont actionné les immenses leviers en acier inoxydable se trouvant à chaque bout des cuves afin de retirer les corps du fluide et de les soulever à bonne hauteur. Tétanisée, je regarde le cadavre de mon groupe qui s'élève lentement, comme dans un film d'horreur, et se fraie un passage dans le liquide huileux. Les cheveux retombent vers l'arrière, comme ceux d'un nageur qui sort d'une piscine. Puis, le corps est étendu sur une feuille d'acier trouée afin que le formol puisse dégoutter dans la cuve. J'ai l'impression qu'on évente les secrets les plus intimes de cette morte : la cicatrice pâle sur l'abdomen ; les poils épais et foncés sur les jambes ; les ongles longs, cassés et sales. Quand les moniteurs nous demandent de retourner nos cadavres sur le ventre, je suis soulagée de ne plus avoir à regarder le visage, du moins pour un moment.

Un certain temps m'est nécessaire pour surmonter une sensation désagréable : celle d'être indiscrète. Je suis soulagée lorsque le moniteur commence à nous expliquer de quelle façon nous amorcerons nos dissections. À partir de cet instant, je n'ai plus l'impression d'être une vulgaire voyeuse : j'ai de bonnes raisons d'examiner le corps de cette femme.

Ma plus grande surprise provient du fait que les cadavres sont rigides et gris, alors que je m'attendais à me trouver devant des tissus multicolores. Dans ma jeunesse de chasse et pêche avec mon père et mes frères, j'ai nettoyé quantité de poissons et de gibier, et je m'imaginais que les tissus de nos spécimens humains seraient semblables, soit doux, souples et colorés. Travailler sur ce corps délavé, c'est comme abandonner la télé couleur pour revenir au noir et blanc. Cependant, la teinte grisâtre du cadavre amenuise ma nausée.

Nous entreprenons la dissection en ôtant d'abord la peau, qui ressemble à du cuir de chaussure. Elle est froide, rigide et imbibée d'eau. (Il ne m'était jamais venu à l'idée que je devrais un jour écorcher un être humain.) Au moins, l'enveloppe grise et caoutchouteuse du cadavre n'a pas la consistance de la peau humaine. Bien sûr, je porte des gants de caoutchouc, ce qui ajoute à la sensation bizarre que j'éprouve. J'ignore, à ce moment-là, que je ne toucherai jamais des tissus humains sans sentir mes mains serrées dans du latex tendu au maximum.

Malgré les gants, j'ai le sentiment de violer cette femme. Pour parer à cette impression, mes collègues et moi faisons en sorte de dépersonnaliser notre cadavre. Nous ne lui donnons pas de nom, nous parlons d'un « corps » et non d'une « personne décédée ». Lorsque je serai anthropologue judiciaire, je devrai revoir cette façon de penser, puisque chaque corps est en réalité une personne qui a une histoire à raconter. Mais je n'en suis pas encore là. Pour l'heure, ma fascination pour le corps humain est la plus forte, et ma seule attente, face à ce cadavre, c'est la promesse de tout ce qu'il va m'enseigner.

Silencieux, nous faisons, à tour de rôle, les incisions sur le dos de la femme. En fait, nous ouvrons la chair comme on ouvre un livre : une première grande incision le long de la colonne vertébrale, puis une autre, à angle droit, juste au-dessus la raie des fesses, traçant ainsi un immense I. La peau du dos a plusieurs épaisseurs, reliées aux tissus sous-cutanés par des centaines de petites fibres que nous devons couper.

Comme j'ai beaucoup fouiné dans les manuels de mon père, je crois être en mesure de regarder un corps et d'en identifier les parties, mais je découvre très vite qu'il n'en est rien. C'est la raison pour laquelle il est nécessaire de recourir à des illustrateurs médicaux. Une illustration médicale montre la structure anatomique dans le détail, ce qui est utile au chirurgien lorsqu'il examine un corps dans son ensemble. Mais aucun illustrateur et aucun chirurgien ne voient la structure complète d'un seul coup d'œil. Nous regardons chaque couche du corps telle que nous l'avons disséquée, puis nous imaginons à quoi le corps ressemble quand il est intact.

Voilà pourquoi nos moniteurs exigent que les incisions soient en forme de I. Ils veulent que nous ouvrions le corps, que nous en retirerions les organes et que nous soyons ensuite capables de les remettre en place. Si nous découpions les parties en morceaux et que nous nous en débarrassions au fur et à mesure, nous ne pourrions jamais avoir une vue d'ensemble. En lieu et place, il faut voir les parties *et* l'ensemble, à la fois les structures individuelles et la façon dont elles s'imbriquent, afin de pouvoir faire un jour des illustrations permettant aux médecins et aux chirurgiens d'avoir à la fois une vision limitée du corps et une vision d'ensemble.

Les étudiants en médecine font de même ; c'est leur seule occasion de voir un corps en plusieurs strates, de prélever un organe, d'évaluer la réserve de sang, et de remettre les pièces en place comme s'il s'agissait d'un casse-tête tridimensionnel. Au cours d'une véritable opération, ils doivent s'efforcer de déplacer les organes le moins possible, tout en visualisant – à l'aide de nos illustrations –, ce qu'ils ne peuvent pas voir.

Après l'exploration des muscles, des nerfs et des vaisseaux sanguins de notre cadavre, nos moniteurs nous demandent de le retourner sur le dos. (Mon groupe met tout de suite une feuille de papier essuie-tout sur le visage de la femme afin de cacher ses yeux fixes et sa bouche grimaçante.) Une fois encore, je m'attends à voir ce que j'ai vu dans les manuels de mon père : des organes abdominaux apparaissant comme des structures séparées, chacun ayant sa taille et sa forme propre. Au lieu de cela, je découvre des organes moulés et reliés les uns aux autres, comme ces extraordinaires clôtures de pierres irlandaises dans lesquelles les pierres individuelles s'imbriquent au point qu'il n'est pas nécessaire d'utiliser du mortier pour qu'elles tiennent ensemble.

En examinant la masse des intestins, je réalise qu'il ne s'agit pas d'un long tube – sorte de boyau d'arrosage bien enroulé dans le ventre. Les intestins sont reliés aux principaux vaisseaux sanguins par des membranes énormes et plates qui, si on les déchire ou si on les tord, peuvent se vider de leur sang et causer la mort d'un individu. Je suis frappée par la grosseur du foie, qui a à peu près la taille d'une serviette de bain détrempée repliée très serré. En insérant mes doigts sous le bord étroit du foie, j'y trouve la vésicule biliaire, cachée sous un de ses lobes. Étant donné que l'ablation de la vésicule biliaire est courante, nous nous amusons à deviner, au seul toucher, quels cadavres ont subi cette opération.

C'est le système nerveux qui me donne le plus de difficultés, entre autres les réseaux de nerfs qui se croisent et s'entrecroisent à des endroits précis dans le cerveau et la moelle épinière. Lorsque ces réseaux sont perturbés – par la maladie, une agression à l'arme blanche ou une blessure par balle –, tout le système est court-circuité. J'ai besoin de faire acte de foi pour assimiler le fait qu'une victime peut rester en vie, bien que handicapée, après une blessure par balle qui a entièrement pulvérisé une partie de son cerveau, alors qu'une autre personne, qui a reçu une balle qui a traversé son tronc cérébral, meurt instantanément car son diaphragme et son cœur ont été touchés.

À cette époque, je m'initie à l'architecture intérieure du corps humain en vue de faire des illustrations justes – formation qui me sera indispensable ultérieurement dans le domaine médicolégal. Des années plus tard, lors d'un témoignage dans un procès pour meurtre, le tribunal me reconnaîtra comme experte en matière d'anatomie macroscopique ainsi qu'en anthropologie judiciaire, rare distinction à laquelle j'aurai accédé grâce à mes études de médecine. Toute l'affaire reposait sur une minuscule coupure sur la vertèbre cervicale de la victime, coupure à peine plus grosse que la fente séparant les paupières. J'ai pu prouver que cette petite marque résultait d'une blessure faite au couteau. J'ai démontré que, pour parvenir à l'os, le couteau du meurtrier s'était faufilé à travers la trachée de la victime, l'œsophage et un réseau vital d'artères, de nerfs et de veines.

Ces nerfs et ces vaisseaux sanguins me causent beaucoup d'ennuis lors de mes études ! La première fois que j'ai consulté les manuels de mon père, j'ai remarqué que chaque partie du corps était reproduite en couleurs – le rouge pour les artères, le jaune pour les nerfs, le bleu pour les veines. Dans la vraie vie, ces couleurs sont floues et ternes ; on ne voit qu'un amas de vaisseaux enchevêtrés, comme trois sortes de pâtes trop cuites.

Peu à peu, je m'habitue à l'absence de couleurs. J'apprends à travailler avec le sens du toucher et celui de la vue. Lorsque je vois les organes et que je suis leur contour avec les doigts, je mémorise leur anatomie par le toucher. La forme et l'emplacement du plus petit ganglion lymphatique se fraient aisément un chemin de mes mains à mon cerveau.

Dans le laboratoire d'anatomie, j'ai le bonheur de pouvoir disséquer des corps, organe après organe, membre après membre, afin de découvrir ce qui fait fonctionner la machine. Remuer les doigts d'un cadavre ou plier ses genoux en tirant sur un tendon illustre la contraction des muscles. La personne décédée a sans doute l'air d'une marionnette grandeur nature, mais elle m'apprend davantage que tout manuel.

L'émerveillement de ces premiers mois est encore présent à mon esprit aujourd'hui. Je me promène dans un état permanent d'admiration, fascinée devant l'infinie variété des êtres humains, même si je m'étonne devant le fait que nous nous ressemblons tous. Je me surprends à épier une foule de gens dans des centres commerciaux, des gens de race, de taille et d'âge différents, ravie de découvrir que chaque structure anatomique partage une forme et des fonctions communes. Tâtez l'intérieur d'un poignet – n'importe quel poignet –, et vous sentirez le pouls de l'artère radiale au même petit endroit, sur n'importe quel corps. Ce « design humain » est ce qui rend possible la science médicolégale contemporaine – soit le fait que nous en savons déjà beaucoup à propos d'un corps avant même de l'avoir vu.

C'est également dans mes cours d'anatomie macroscopique que j'apprends à ne jamais, au grand jamais, discuter « des corps » devant des gens de l'extérieur. Un proche de la victime peut se trouver à proximité ; quelqu'un peut entendre la conversation par hasard et la répéter par la suite. Qu'arrive-t-il lorsqu'une petite blague douteuse arrive aux oreilles de quelqu'un dont le père a légué son corps à la science ? Comment réagira un témoin s'il vous entend, vous et vos confrères étudiants, vous défouler en tenant des propos moqueurs sur vos cadavres ? Aujourd'hui, je reconnais le bien-fondé de cette attitude, qui me sert dans mes enquêtes judiciaires : il ne faut discuter de l'enquête qu'avec des collègues faisant partie de l'affaire. Je crois que c'est là une des raisons qui expliquent que les policiers et les experts médicolégaux forment un groupe fermé. On peut discuter franchement et librement d'une affaire entre nous, sans crainte de blesser un ami ou un membre de la famille en deuil.

C'est à cette époque d'apprentissage que je découvre cet étrange numéro d'équilibriste qui est la marque de notre profession : on fouille les cadavres comme des objets, à la recherche d'indices, tout en les traitant comme les êtres humains qu'ils ont déjà été, des êtres humains que l'on respecte lorsqu'on tente de faire la lumière sur leur identité et sur les circonstances de leur mort. Lors de mes débuts d'anthropologue judiciaire, j'aborde chaque affaire comme un casse-tête, et je parle uniquement « du corps » ou « des os ». Quand j'apprends enfin à faire allusion à « la personne décédée » ou aux « restes humains », je m'en tiens à ma vision de l'humanité de chaque victime. Dans le feu de l'action, il est facile de s'emballer en recherchant des os, des dents et des éléments de preuve reliés à une victime – bijoux, vêtements, ou même une balle –, et il n'est pas rare que l'on ait envie de sauter de joie à la découverte de l'un de ces « trésors ». Entre policiers et autres spécialistes médicolégaux, cela n'a pas beaucoup d'importance, mais le résultat peut être dévastateur quand des civils sont témoins de ces débordements de joie. J'ai donc pris l'habitude de faire comme si la mère de la victime regardait par-dessus mon épaule, et j'examine tout morceau de tissu et le moindre petit élément de preuve comme si j'entretenais des liens intimes avec la personne décédée.

Cette approche a porté fruit lorsque je me suis occupée des restes de victimes décédées au World Trade Center. Des centaines de personnes – souvent des proches et des amis des victimes, ainsi que des confrères pompiers ou des policiers – scrutaient chacun de mes gestes. Je suis heureuse d'avoir appris à traiter chaque reste humain avec le respect qu'il mérite, et je suis émue de voir combien mes collègues de la morgue apprécient la sollicitude et l'attention que je porte à cet aspect essentiel de mon métier.

* * *

Tout au long de mes études en illustration médicale, les techniques de chirurgie me fascinent. En fait, le programme d'illustration médicale du Medical College de Géorgie est reconnu comme l'un des meilleurs du pays. Ce qui le rend aussi intéressant, ce sont les cours d'observation, pendant lesquels les étudiants peuvent faire des croquis du déroulement des opérations tout en observant le chirurgien.

En écrivant ces mots, une chose me frappe, c'est la grande différence entre ma toute première expérience et celles des étudiants d'aujourd'hui, qui ont accès à la télévision et au cinéma – qui dépeignent le monde médical d'une façon assez réaliste. Lors de la première opération à laquelle j'assiste, ce qui s'en rapproche le plus pour moi, ce sont les séries télévisuelles *Ben Casey* et *Marcus Welby, M.D.* Je m'imagine alors que les interventions chirurgicales se déroulent comme dans ces émissions des années 1970, c'est-à-dire dans un silence religieux, une atmosphère des plus recueillies, en présence de médecins déférents et d'infirmières dociles, tous vêtus de blouses blanches immaculées et portant d'impeccables gants de caoutchouc. Je ne pense absolument pas qu'une opération puisse être sanglante et se dérouler dans le bruit, sur fond de musique, de badinage et d'échanges animés entre membres de l'équipe.

Lorsque je me présente à ma première opération, ô surprise, le patient est entièrement recouvert de draps stériles, appelés draps chirurgicaux. Unique partie visible du patient : le minuscule espace où le chirurgien fait son intervention. Le visage, les bras et les jambes sont cachés aux regards. Il m'est facile d'oublier que cette opération se fait sur un être humain, d'autant plus que les seules personnes qui surveillent le pouls du patient sont l'anesthésiste et ses infirmières. Lors des premières interventions auxquelles j'assiste, il m'arrive occasionnellement de perdre ma concentration lorsque le chirurgien demande à l'anesthésiste : « Comment se porte notre patient ? »

L'odeur de la peau brûlée est l'élément qui me frappe le plus lors de la première intervention chirurgicale à laquelle j'assiste. Le chirurgien découpe la chair du patient à l'aide d'un scalpel et brûle ensuite les bords saignants avec un cautère. Au cours des années, j'ai essayé de décrire cette odeur, et l'évocation la plus approximative à laquelle je suis parvenue est celle d'une rôtie jetée dans une poêle où mijotent du poisson pourri, du saindoux et un vieux soulier de cuir. Toutefois, cette définition n'est pas tout à fait juste. En fait, tous ceux qui ont déjà senti cette odeur la reconnaissent sur-le-champ. Ce n'est certes pas l'arôme d'un steak placé nonchalamment sur le gril : l'odeur de la chair *humaine* qui grille est purement et simplement nauséabonde. Et le bruit du cautère est horrible. Je dois me retenir de sursauter chaque fois que le chirurgien approche cet instrument du patient. Lorsque le cautère touche le bout d'un vaisseau saignant, on entend un petit *pchitt*, comme lorsqu'on jette une allumette allumée dans l'eau. *Pchitt…* nouvelle explosion d'odeur… une volute de fumée s'élève dans les airs.

Plus l'intervention chirurgicale progresse, plus l'odeur du sang chaud envahit la salle d'opération. Les séries « médicales » n'ont pas encore réussi à transmettre les odeurs qui se dégagent lors d'interventions chirurgicales. Si la chair humaine rôtie ne ressemble en rien à celle d'un animal, l'odeur du sang, par contre, est sinistrement la même. Comme j'ai beaucoup chassé et tué de gibier, je ne m'attendais pas à ce que l'odeur du sang m'impressionne. Mais c'est le cas, sans doute à cause des images qui l'accompagnent. De temps à autre, le chirurgien touche une artère et le sang jaillit comme un geyser. La plus petite artère peut maculer sa blouse de sang.

Même si j'aime assister à ces opérations, je découvre rapidement que je ne serai jamais pathologiste. Honnêtement, la vue et l'odeur du sang me sont insupportables. Je ne puis supporter de voir un médecin enfoncer une aiguille dans un globe oculaire pour en retirer du liquide, et les bruits et les odeurs reliées au retrait du contenu stomacal me font vomir. Encore de nos jours, j'évite les « matières molles » autant que faire se peut. Je suis heureuse d'avoir en premier lieu embrassé l'orthopédie, et en second lieu l'anthropologie judiciaire, parce que je travaille avec les muscles et les os plutôt qu'avec les organes internes.

Néanmoins, mon cours de pathologie, où mes camarades et moi assistons à des autopsies, me permet de découvrir mes aptitudes. Ainsi, ma capacité de visualiser un corps en trois dimensions commence à porter fruit. Avant que le pathologiste ne pratique sa première coupure dans la peau, je sais précisément ce qu'il ou elle trouvera en dessous. Comme je connais l'aspect des organes et des tissus normaux, les anomalies causées par une maladie ou une blessure me sautent immédiatement aux yeux.

Il est facile de se tenir aux côtés d'un chirurgien et d'assister aux interventions les plus complexes. Procéder soi-même à l'opération est une autre histoire. Le Medical College de Géorgie croit que, pour bien illustrer une opération, l'artiste doit pouvoir se servir d'un scalpel. Bien évidemment, nous, les illustrateurs, ne posons pas d'actes chirurgicaux. Si nous devions le faire, comment saurions-nous quel est le type de suture à utiliser pour les intestins, et en quoi il diffère de la suture de la peau ? Nous ne saurions pas comment tenir les instruments, nous ne connaîtrions pas la bonne méthode et la bonne technique à appliquer lorsqu'on rétracte une cage thoracique. Bref, puisque nous ignorons la façon de faire, comment diable pouvons-nous traduire ces renseignements dans nos esquisses ? Ce sont là des choses qui s'apprennent sur le tas.

Ainsi, dans sa sagesse, le Medical College décide que nous côtoierons les apprentis chirurgiens dans leurs cours d'intervention chirurgicale sur des chiens. On remet donc à chaque étudiant – futur médecin et illustrateur – un gros chien abandonné ou offert pour le programme, sur lequel il s'initie aux techniques de base de la chirurgie.

Au départ, j'ai des sentiments partagés à propos de cet aspect de notre formation. D'une part, j'aime les chiens, je les ai toujours aimés et je les aimerai toujours. Je penche donc du côté des critiques à l'égard du programme de Géorgie, qui considèrent comme cruel, dégoûtant et même contraire à l'éthique de laisser les étudiants illustrateurs découper des animaux sans défense dans le but d'apprendre des techniques dont ils ne se serviront jamais.

D'autre part, ce programme s'avère l'une des meilleures expériences de ma formation. C'est là que j'apprends vraiment ce que vivent les chirurgiens ; quoique à petite échelle, j'accomplis leur travail. Chaque chien est soumis à un traitement approfondi, puis il subit une série d'opérations réparties sur une période de quelques semaines. On lui retire la vésicule biliaire et la rate et on lui retranche les intestins. Nous travaillons dur et nous faisons tout pour soulager la douleur postopératoire. Illustrateurs et étudiants, nous sommes tous dévoués au bien-être du chien.

La chose la plus surprenante lorsqu'on procède à sa première intervention chirurgicale, c'est de découvrir que la peau est *chaude*. Jusqu'alors, les tissus sur lesquels j'ai travaillé au laboratoire de dissection étaient presque glacés. Tout à coup, mes mains perçoivent la chaleur du cœur d'une créature vivante, une chaleur qui s'insinue dans mes doigts et mes poignets et monte jusque dans mes bras. Ce n'est pas déplaisant, mais cela donne un choc.

Comme j'aime les chiens, je me lie à mon patient canin lors des opérations. C'est un gros berger allemand aux yeux bruns attendrissants, et je n'oublie jamais de passer quelques minutes avec lui à chacune de mes «visites médicales», le grattant derrière les oreilles en lui disant combien il est beau. Même si je ne lui ai pas donné de nom à dessein, je ne réussis pas à faire abstraction du fait que le dernier examen porte sur l'euthanasie et l'autopsie du chien.

C'est un rite de passage crucial pour l'étudiant en médecine : est-il en mesure d'acquérir le détachement nécessaire pour ouvrir un corps humain, pour dépersonnaliser le patient au point de pouvoir travailler sur lui ? Nous, les illustrateurs, qui avons besoin d'un peu de sensibilité artistique, nous pensons honnêtement que le procédé est difficile. Nous tentons de le rationaliser, en nous disant que si ces chiens ne faisaient pas partie du programme, on les aurait abattus de toute façon.

Cet argument se défend bien en théorie ; mais, dès que je m'approche de la cage du chien, que je le regarde dans les yeux et que j'envisage de mettre fin à ses jours, je sais que j'en suis tout à fait incapable. Je demande donc à mon professeur de m'en dispenser. Il me fixe pendant de longues minutes, je ne peux m'empêcher de me demander à quoi il pense. «Très bien, dit-il enfin, tu n'auras pas à être présente quand le chien mourra. »

Il faut néanmoins que je fasse l'autopsie, mais, au moins, je n'ai pas eu à accomplir le geste affreux. Rétrospectivement, je me rends compte que cela a été un point tournant pour moi. Je n'ai aucun problème face aux cadavres, mais je ne puis supporter le processus de la mort. Je me disais que si je faisais de l'illustration médicale, ce ne serait pas dans un hôpital.

Aujourd'hui, je comprends que les interventions sur des chiens étaient importantes. C'était une préparation cruciale pour les affaires judiciaires auxquelles j'aurais affaire plus tard, les histoires crève-cœur de victimes : enfants conduits à la mort par des parents en qui ils ont confiance, comme cela s'est produit chez les Davidians, à Waco, au Texas ; femme battue à mort et ses enfants tués de sang-froid par un père du Kentucky ; jeune femme massacrée et jetée dans la rivière Wisconsin. Ce que j'ai appris grâce à ces interventions – et que j'ai dû réapprendre souvent par la suite –, c'est l'équilibre entre l'endurcissement nécessaire pour rester scientifiquement objective et l'émotion indispensable pour ressentir de l'indignation au nom de la victime. L'objectivité froide et pure me permet d'analyser la preuve – une étape essentielle dans mon travail –, cette preuve qui aide des gens à faire le deuil d'être chers et qui, parfois, permet de traduire un meurtrier en justice. La compassion que j'éprouve pour la victime m'incite à chercher de nouvelles preuves, à me tenir éveillée, la nuit, pour terminer une sculpture judiciaire, à m'enfoncer de nouveau dans les forêts du Kentucky. Ne pas pouvoir identifier une victime ou ne pas trouver l'élément clé d'une affaire est frustrant. Mais lorsque nous arrivons à la tirer au clair, c'est tellement gratifiant !

* * *

Mes interventions sur des chiens me permettent de réaliser que je ne peux pas travailler en milieu hospitalier. Alors, où vais-je pratiquer ma profession? Une série de coïncidences, et mon intérêt constant pour les muscles et les os me conduisent au docteur Jack Hughston, qui jette les bases de l'orthopédie et de la médecine sportive à la Hughston Orthopaedic Clinic de Colombus, en Géorgie. Non seulement ce médecin m'embauche, mais il m'offre la possibilité d'accroître mes connaissances en anatomie, en orthopédie et en illustration. Je lui en serai éternellement reconnaissante. Au cours des quinze années suivantes, je fais des milliers d'illustrations, de dissections et d'interventions chirurgicales à la clinique. Je fais même mes propres dissections, travaillant sur des centaines de genoux, de chevilles, de hanches, d'épaules et de coudes d'hommes et de femmes de toutes races et de tous âges. C'est dans ce laboratoire stérile, froid et souvent peu fréquenté que je commence à «faire parler les morts» et à comprendre que ce qu'ils me donnent aide des personnes à recouvrer l'usage d'un membre blessé ou malade.

Ma présence à la clinique me satisfait pendant plusieurs années. Mais il m'arrive de me dire que je tourne en rond. Mes techniques de dessin ne sont plus à la hauteur de mes progrès en anatomie, au point où je suis incapable de dessiner certaines choses. Mes mains ne peuvent tout simplement pas reproduire sur papier ce que je perçois sur le spécimen, mais je crois que mon talent de sculpteur est nettement plus satisfaisant. Alors, sur un coup de tête, je décide de créer des sculptures de cire tridimensionnelles pour illustrer des détails anatomiques. L'ironie, dans tout cela, c'est que, bien que j'aie toujours préféré la sculpture au travail en deux dimensions, aucun débouché ne s'est jamais offert à moi dans ce domaine.

Lorsque j'en parle au docteur Hughston, pleine d'enthousiasme à propos de ma nouvelle idée, sa réponse me laisse perplexe. «Des sculptures? Des modèles en argile? Nous ne tenons pas une galerie d'art ici, Emily! C'est une clinique, au cas où tu l'aurais oublié.»

Je réussis à obtenir sa permission de faire de la sculpture au laboratoire, mais seulement en dehors des heures de travail. Soudain, je mène une double vie. Le jour, je me consacre à mon travail de production de dessins, et le soir, je m'échine pendant des heures à sculpter des modèles grandeur nature de genoux lors des différentes étapes de dissection. Mais je vais au-delà des détails habituels des manuels médicaux et je mets à profit les découvertes novatrices du docteur Hughston et de ses collègues. Leurs recherches anatomiques révèlent, en effet, la complexité des fibres du genou, de l'épaule et de la cheville – fibres que l'on ne voit pas dans les illustrations médicales produites jusqu'alors.

Pour étudier la question, j'emporte les spécimens d'amputations récentes dans mon studio. Ma main gauche remonte tout au long des articulations, observant tantôt leur structure, puis fermant les yeux pour me concentrer entièrement sur ce que ressent ma main – les contours du genou : ses bosses et ses courbes, les endroits doux et spongieux, durs et lisses. Ensuite, avec ma main droite, je traduis ce que je ressens en argile molle et huileuse. Même s'il m'est impossible de mener à bien ce projet sans une connaissance approfondie de l'anatomie, je suis sûre que le fait d'y travailler est un véritable saut dans l'inconnu, qui allie science, art et intuition.

Ma première sculpture terminée, je suis impatiente de la montrer au docteur Hughston. Il est plus taciturne que jamais quand il entre dans mon studio. Mais lorsqu'il aperçoit mon modèle en cire d'un genou humain, il est interloqué. Tout pionnier qu'il soit, il entrevoit immédiatement toutes les possibilités offertes par mon travail.

« Eh bien ! » dit-il après une longue pause au cours de laquelle je tente de déchiffrer ce que signifie son expression apparemment indifférente, « eh bien il me semble que je me suis trompé. Nous pouvons sûrement utiliser ceci. »

Grâce à l'appui chaleureux du docteur Hughston, je m'engage à produire plus de deux douzaines de modèles de genoux, d'épaules et chevilles (on se sert encore de ces représentations de nos jours). Mon travail établit de nouvelles normes internationales dans le cadre de l'enseignement médical – ce qui nous vaut une réputation flatteuse, à moi et à la clinique. Malgré tout, même si je semble être au sommet de l'échelle dans ma profession, je me rends compte que je ne deviendrai jamais la scientifique que je rêve d'être. J'ai toujours aimé faire des dessins et des sculptures, mais je les ai toujours faites pour un médecin ou un chirurgien. J'envisage maintenant de faire mes propres travaux sur le corps humain et de prendre la tête dans le domaine de la recherche et de l'enquête. Je ne veux plus être à la remorque des autres.

L'illustration médicale m'apparaît peu stimulante, mais la perspective de faire des reconstitutions faciales me tente dans le cadre de l'affaire West Point. C'est à cause de cela que je m'inscris au séminaire d'une semaine de Betty à Norman, en Oklahoma – où je suis fascinée par le travail judiciaire.

Nous apprenons d'abord les principes qui sous-tendent les différentes couches du tissu facial. Pensez au visage humain : qu'est-ce qui en détermine les formes et les contours ? Il y a surtout, bien sûr, la structure osseuse. Mais ce sont les tissus qui transforment un visage et lui donnent son caractère unique – qui nous fait voir un homme ou une femme, un Noir ou un Blanc, un vieux ou un jeune. Les scientifiques ont élaboré une série complexe de formules mathématiques qui nous fournissent l'information de base sur la façon dont le sexe, la race et d'autres facteurs créent des crânes de différentes formes, ainsi que des tissus de texture et d'épaisseur différentes.

Avant d'entreprendre une sculpture, nous apprenons comment utiliser ces formules en coupant des petites gommes à effacer en tranches de différentes longueurs que nous collons sur un crâne afin d'évaluer l'épaisseur de la peau à des endroits clés. Nous découvrons alors comment « réunir les points » en recouvrant les gommes d'argile, donnant ainsi forme à des contours imitant une véritable figure humaine.

Cette étape est déjà un défi lorsque notre but est de reproduire une image ressemblante. Mais, ultimement, nous cherchons à créer un visage qui ressemble à une personne précise, une personne que nous n'avons jamais vue. D'une manière ou d'une autre, nous devons imaginer le visage de la victime et créer quelque chose de ressemblant, de sorte qu'une personne qui l'a connue puisse la reconnaître et nous révéler son nom.

Pendant le cours d'une semaine de Betty, je l'écoute, fascinée, parler de ses dossiers les plus intéressants. Le soir, durant les cours de portraits-robots qui ont lieu dans le local jouxtant notre classe de reconstruction, Betty et les professeurs discutent d'expertise médicolégale. Selon moi, l'expertise médicale et l'expertise médicolégale ont des points communs, la seule différence étant la gratification que l'on en tire. Comme illustratrice médicale, je tire beaucoup de satisfaction d'un travail bien fait et de la conviction que j'enseigne l'anatomie et la chirurgie à des médecins. Cependant, ce plaisir s'amenuise si je le compare à celui qui consiste à faire partie d'une équipe qui élucide des meurtres et contribue à traduire des tueurs en justice.

À mon retour à la clinique Hughston, je suis tout à fait séduite par la reconstruction faciale. Même si je suis encore nerveuse à l'idée de faire la sculpture commandée par les collègues de mon ami Brian, j'ai envie de me mettre à l'épreuve. Or, les capacités qui me semblaient à portée de main dans le cours de Betty me font soudain désespérément défaut. Comme bien des gens, je crois d'abord que la reconstruction faciale se résume à une simple formule – autrement dit, en suivant la recette on obtient un bon résultat ! Quelle erreur ! Évidemment, il faut connaître les notions de base, mais il faut laisser beaucoup de place au jugement et... à l'erreur.

En bonne étudiante, je m'en tiens à la recette que m'a transmise Betty. Je vérifie la formule sur un homme blanc, découpe les marques appropriées et les colle au crâne. Ensuite, en m'appliquant le plus possible, je recouvre le tout l'argile, sculptant les paupières, la bouche et le nez pour qu'ils s'allient à la structure des os et des dents. Le résultat ressemble vaguement au visage d'un homme, mais, pour moi, c'est une affreuse caricature. Les yeux sont hagards, la bouche est semblable à une bouche de marionnette, et je n'ai pas encore compris l'importance du cou pour faire une « vraie » personne.

Aucun des policiers ne possède un détail qui rendrait cette figure unique. L'individu portait-il une moustache ? Une barbe ? Des lunettes ? Était-il chauve ? Personne ne le sait, ce qui rend l'affaire très difficile.

Bien que les policiers soient relativement satisfaits de ce que je leur montre, je ne suis pas contente de mon travail. Ma frustration me permet d'avoir une idée lumineuse. Avant d'assister au séminaire de Betty, je travaillais sur des techniques informatiques pour illustrer les étapes des interventions chirurgicales. Il me vient alors une idée : utiliser l'infographie pour produire ce que j'appelle une « composition après décès ». En recourant à l'ordinateur pour appliquer des cheveux, des lunettes et différentes coiffures à une seule sculpture d'argile, je dispose de toute une gamme d'aspects pour un même visage.

Ma première reconstruction faciale est loin d'être un succès retentissant, mais le recours à une composition infographique fait de sérieuses vagues dans la communauté policière. Lorsque je parle de cette méthode d'identification d'une victime à un journaliste de Columbus, ce dernier s'intéresse davantage aux résultats infographiques qu'à l'affaire elle-même. Partout au pays, les artistes judiciaires adoptent ma technique assistée par ordinateur, technique encore utilisée de nos jours, à quelques variantes près. Bien que ma première incursion dans ce champ d'activité n'ait pas mené à l'identification de la victime, j'ai tout de même fait ma part.

* * *

Trois années d'essais et erreurs me sont nécessaires avant d'être capable de maîtriser la reconstruction faciale assistée par ordinateur. En fait, dans la mesure où je suis la seule spécialiste à utiliser cette technique dans les régions de l'Alabama, de la Géorgie et du nord de la Floride, les policiers locaux me connaissent et commencent à m'envoyer leurs dossiers les plus difficiles – soit ceux qu'ils ne peuvent résoudre par eux-mêmes, ou alors des affaires qui traînent depuis des mois, voire des années. Ma vie n'a pas changé : le jour, j'accomplis mes tâches à la clinique et, le soir, je mène une vie secrète. Mon travail d'illustratrice me frustre toujours. Donnez-moi un os, un ligament ou un muscle et j'en ferai une vraie merveille, mais s'il s'agit d'un visage humain, vous devrez peut-être vous mettre en quête d'un autre artiste. Je suis une experte en illustration d'organes internes, mais je suis incapable de dessiner des visages : je ne suis pas une portraitiste.

Néanmoins, mon travail auprès des organismes chargés du maintien de l'ordre me satisfait et je me réjouis de ma récente association avec la police et les procureurs. Plus j'apprécie l'aspect médico-légal de la criminalistique, plus j'ai peine à faire abstraction de mes frustrations à la clinique Hughston. Cependant, mes recherches sur les techniques assistées par ordinateur ont un certain retentissement dans le monde policier. En juillet 1990, nous sommes invitées, Karen Burns et moi, à faire une présentation au congrès annuel de l'International Association for Identification (IAI) à Nashville, au Tennessee. Comme tous les événements imprévus des dernières années, cette invitation constitue un tournant crucial dans ma carrière.

J'arrive à la conférence pleine d'espoir et ravie de rencontrer autant d'artistes judiciaires, ainsi que des enquêteurs, des spécialistes de la police scientifique et autres représentants des forces de l'ordre – tous gens solides et engagés, dévoués à une grande cause.

Ma présentation se déroule bien. J'en suis ravie. Mes nouveaux amis me félicitent, puis ils me disent de ne pas manquer la présentation sur l'anthropologie judiciaire à la Body Farm, le célèbre département d'anthropologie judiciaire de l'Université du Tennessee à Knoxville, où on laisse littéralement pourrir les corps afin que les étudiants et les professeurs puissent étudier les restes et évaluer l'évolution de la décomposition. Quelques années plus tard, Patricia Cromwell écrira un roman sur le sujet.

J'ai entendu parler de cet endroit au cours du séminaire de Betty, mais il n'avait pas éveillé mon intérêt. Aujourd'hui, mes dispositions sont différentes. Je me présente à la conférence de Murray Marks, qui fait son doctorat à Knoxville (il sera plus tard l'un des professeurs d'anthropologie judiciaire les plus réputés au pays). Dès l'instant où Murray se met à parler, je suis fascinée. Et quand il s'interroge sur l'évolution de l'informatique «qui pourrait, un jour, être utilisée dans l'identification des victimes», je me lève d'un bond. QUOI? Cela veut dire que je suis sur la bonne voie? Et vous dites que les anthropologues commencent seulement à y penser?

C'est décidé. Je sais ce que je veux faire et où j'ai envie de le faire. Après la conférence, je me rue vers Murray et je lui dis, tout excitée, ce que je fais de mon côté pour mettre au point une méthode qu'il a qualifiée de «belle promesse». Impressionné, il m'incite à me rendre à Knoxville afin de postuler une des places, très convoitées, d'étudiante en doctorat sous la férule du docteur Bill Bass.

Le monde de l'anthropologie judiciaire m'attire énormément. Mais j'ai quarante-trois ans, et je suis au faîte de ma profession. Aurai-je vraiment la force de repartir à zéro?

C'est alors qu'éclate l'affaire Baby Lollipops.

À l'automne de 1990, quatre mois après la conférence, le détective Charlie Metscher, du Service de police de Miami Beach, m'appelle à la rescousse pour identifier un enfant de trois ans dont on a retrouvé quelques jours auparavant les restes décharnés et déchiquetés sous un arbuste, dans un quartier résidentiel. Les policiers et les médecins légistes présument que l'enfant est resté étendu pendant un certain temps à cet endroit, encore en vie, mais incapable de bouger car son cerveau avait gonflé et qu'il était complètement déshydraté. Puis la vie s'est lentement retirée du petit corps. En plus de nombreuses estafilades et contusions, l'enfant avait une fracture du crâne, une blessure au cerveau et il avait fait une forte hémorragie de la jambe et la hanche gauches. Son corps était couvert de blessures plus anciennes, sans compter les os brisés à divers stades de guérison. En conséquence, il était impossible d'évaluer le nombre de fois où il avait été battu. Il avait non seulement été maltraité – torturé serait plus juste –, mais on l'avait également affamé. Âgé d'environ trois ans, il pesait un peu plus de huit kilos lors de son décès. Comme il portait un T-shirt avec un dessin représentant une sucette, les médias l'avaient surnommé Baby Lollipops.

La découverte de l'enfant et la description des sévices qu'il a endurés unissent la population de Miami dans une terrible colère. Mais on ne peut entamer l'enquête tant et aussi longtemps que la police ne connaîtra pas l'identité du petit. Dans la mesure où il s'agit d'un meurtre extrêmement brutal, les médias et la police s'entendent pour ne pas publier de photos du pauvre petit corps gonflé et couvert d'hématomes. Quoi qu'il en soit, il faut un visage.

Le détective Metscher a assisté à ma présentation à Nashville. Il me demande de créer une image de Baby Lollipops qui circulera dans tout le sud de la Floride.

Je dis oui, bien sûr. Je suis aussi horrifiée que lui et je suis déterminée à tout faire pour aider à résoudre ce crime.

Un enfant décédé des suites de mauvais traitements soulève de profondes réactions, même chez les professionnels les plus endurcis. Les petits corps couverts de brûlures ulcéreuses ; les doigts et les orteils arrachés ; les rectums ou les vagins perforés par des objets font partie d'une liste sans fin. Les petits martyrs crient justice. Aucun professionnel, même le plus aguerri, ne s'habitue à ces horreurs, qu'il voit pourtant presque chaque jour. Nous n'acceptons jamais les actes cruels infligés par des êtres humains à d'autres êtres humains. Mais il nous arrive de sombrer dans la routine, et il nous faut alors un événement terrible pour nous secouer. Les policiers qui étouffent leurs émotions sous le cynisme et les plaisanteries redeviennent vite des êtres de compassion quand ils font face à des victimes comme Baby Lollipops.

Il y a urgence. Charlie Metscher et moi savons que chaque minute compte. Maintenant que l'on a découvert l'enfant, les auteurs du meurtre risquent de nous échapper.

Charlie me fait parvenir immédiatement la photo du gamin, ainsi qu'un scénario complet de l'affaire. Ma mission m'obsède. Je passe deux nuits blanches à faire l'essai de méthodes non encore testées, qui marient la photographie, les images numérisées et l'infographie.

Quelques mois auparavant, à cause de mes limites en tant que portraitiste, j'ai dû modifier une autre technique utilisée par les artistes judiciaires qui ont recours à des images d'ensemble pour épingler des suspects. J'appelle cela de la « restauration faciale ». Je commence par photographier le visage de la victime qui, pour une raison ou une autre, ne peut être rendue publique ; je numérise les images et j'utilise ensuite l'ordinateur pour découper les yeux, le nez et la bouche. Puis, parmi mes fichiers numérisés de traits du visage, je choisis ceux qui, selon moi, se rapprochent le plus de ceux de la personne. J'insère ces « nouveaux » éléments dans la photo de la victime et j'assemble le tout jusqu'à ce que j'obtienne un visage « naturel » – une tête de « Monsieur Patate » assistée par ordinateur, en quelque sorte.

Étant donné que la chair de Baby Lollipops est presque intacte, je fais disparaître les défauts au moyen d'un aérographe assisté par ordinateur. Ce logiciel me permet de tracer de nouvelles lèvres par-dessus celles, contusionnées, de la photo, tout en ne modifiant pas le format et la forme des lèvres originales. J'ai l'impression de pouvoir rendre une image très ressemblante du visage. Mais, soudain, une chose me frappe : les yeux.

Sur la photo, les yeux sont fermés en raison du gonflement des paupières, mais je veux représenter Baby Lollipops avec des yeux normaux, vivants, et ouverts. Malgré mes tentatives, je suis incapable de les reproduire en les dessinant sur l'ordinateur. Je dessine donc les yeux sur une feuille séparée, puis je télécharge le dessin dans mon image. Malheureusement, il y a une trop grande disproportion entre mon dessin et la photo du visage.

Je sollicite alors l'aide de mes collègues de la clinique. Tous sont au courant de ma « vie secrète » et m'appuient sans restriction, au point de me laisser enregistrer leur visage sur vidéocassette afin que je puisse créer des dossiers informatisés d'éléments dont je pourrai me servir dans mes expériences de reconstruction faciale en argile. Lorsque je tente d'appliquer ces éléments à Baby Lollipops, je fais face à un imprévu. Tout d'abord, ma technique est conçue pour être utilisée sur des photos prises en plan normal ; or, les photos judiciaires de l'enfant battu ont été prises selon un certain angle. Bien évidemment, je n'ai aucun visage d'enfant dans ma « bibliothèque » informatisée. Je demande donc à une amie la permission de numériser le visage de son enfant. En studio, je tourne légèrement mon appareil photo de manière à ce que l'angle de prise de vue corresponde à celui de la photo de Baby Lollipops. De retour à mon ordinateur, je conserve le T-shirt et les épaules de l'enfant, mais j'insère les nouveaux yeux dans le visage que je suis en train de restaurer. J'ai besoin uniquement des yeux, puisque j'ai déjà fait disparaître les blessures et la décomposition sur le visage de la petite victime.

Enfin, plutôt que de garder une image ressemblant à la photo d'un enfant décédé, mais pourvue d'un nouveau nez, de nouveaux yeux et de nouvelles lèvres, j'assemble le visage et la tête et je passe le tout à l'aérographe afin que le tout ressemble au dessin d'un petit garçon vivant. Ses yeux sont ouverts, ses lèvres sont fermées. À dessein, je laisse les sourcils arqués, juste assez pour que l'enfant ait l'air inquiet ou suppliant.

L'effet est frappant. Quand le coroner et les détectives donnent les résultats de l'autopsie, accompagnés de la photo, l'histoire bouleversante fait la une de la plupart des journaux floridiens, de même que de l'émission *America's Most Wanted*. Habituellement, on hésite beaucoup à publier la photographie d'un enfant mort, mais mon dessin est plein de vie. La police et les médias le diffusent donc, l'esprit tranquille.

Bien que cette affaire d'enfant battu me bouleverse, j'avoue que je ressens une sorte de griserie. Pour la première fois de ma vie, je fais réellement partie d'une équipe de police scientifique. Jusqu'alors, j'ai été « la petite amie de Brian » ou « l'artiste de la clinique » ; les policiers me traitaient avec la politesse réservée aux étrangers. Mais là, je suis membre à part entière d'une équipe. Mes collègues n'hésitent pas à me faire part de leurs découragements, de leurs espoirs, de leurs craintes et de leurs frustrations. Et ils ne s'offusquent pas du fait que j'aie des talents qu'ils ne possèdent pas. Contrairement à certains médecins avec lesquels j'ai travaillé au cours des quinze dernières années, ces gens croient suffisamment à leurs propres capacités pour ne pas se sentir menacés par moi.

Et puis il y a le bonheur de savoir que je mets la main à une affaire qui réclame justice et châtiment. Peu de temps après la parution de la photo de Baby Lollipops, les policiers sont submergés d'appels. Au début du mois de décembre, ils trouvent et arrêtent la mère de l'enfant, Ana Maria Cardona, et son amant, Olivia Gonzalez. Une gardienne d'enfant soupçonneuse s'est présentée d'elle-même la veille de la parution de la photo. Elle a identifié provisoirement Baby Lollipops comme étant Lazaro Figuero, mais tous ses doutes se sont évaporés dès qu'elle a vu ma photo.

Ce cliché galvanise à la fois sa détermination et celle de la communauté tout entière. Lazaro a été un être invisible tout au long de sa courte et misérable vie. Au procès, des gens témoignent: l'enfant a passé le plus clair de son temps enchaîné à une colonne dans un placard. Il n'existe aucune photo de lui nulle part. Dès qu'il a un visage, l'enquête se met en branle. Les gens qui ont connu Lazaro décident de coopérer avec les enquêteurs, leur livrant des renseignements qui vont permettre de repérer la mère et de l'arrêter.

Ma photo a stimulé les policiers tout autant que la population. En cherchant des témoignages sur la vie de Lazaro, les policiers ont mis au jour de nombreuses affaires de maltraitance d'enfants. Apparemment, lorsque la photo a été rendue publique, des gens se sont mis à appeler pour vérifier s'il ne s'agissait pas d'enfants qu'ils connaissaient; ils ont même poussé leurs amis, les membres de leur famille et des fonctionnaires de l'aide sociale à vérifier les circonstances de la vie de tout enfant potentiellement à risque.

Gonzalez finit par conclure une entente et par témoigner en échange d'une sentence qui lui épargne la peine de mort. Au procès, la mère livre un témoignage horrifiant: elle a battu l'enfant à maintes reprises avec un manche à balai, une ceinture, et un bâton de baseball. En outre, on prouve qu'elle lui a crevé les yeux. Elle a également brisé des assiettes sur sa tête et barbouillé son visage avec ses propres excréments. Résultat du témoignage de Gonzalez : Ana Maria Cardona est reconnue coupable et condamnée par l'État de la Floride à la chaise électrique. (La sentence sera réduite en 2002.)

L'affaire Baby Lollipops change ma vie. Pour la première fois, je m'implique personnellement dans une affaire passionnante et déchirante. Pour la première fois, je vis une affaire de l'intérieur. Lorsque l'enquête prend forme et que nous obtenons une condamnation, *quel soulagement!* Je n'ai jamais rien ressenti de pareil de toute ma vie.

À mesure que l'affaire Baby Lollipops tire à sa conclusion, ma manie de l'introspection arrive aussi à son terme. Je pose ma candidature pour faire partie des rares étudiants admis en anthropologie judiciaire à l'Université du Tennessee, à Knoxville. Au mois de décembre, je donne un préavis de six mois à ma clinique. En mai, je plie bagage.

Au moment où je quitte la clinique et me prépare à me mettre en route, le docteur Hughston me dit : «Tu sais, tu peux toujours revenir.» Il s'est approché de ma voiture et a posé une main chaleureuse sur mon épaule, la secouant un peu pour me montrer qu'il était sincère. Quelque destin me réserve l'avenir? Je sais au moins que j'ai la bénédiction de mon mentor. Je fais un signe d'adieu au docteur Hughston et à Columbus, et je prends allégrement la route. Body Farm, me voici !

CHAPITRE 2

MORT ET DÉCOMPOSITION

*Rien ne meurt dans la nature. D'autres formes de vie sortent
de chaque triste vestige de décomposition…*
CHARLES MACKAY

Ce qui me frappe au premier chef, c'est l'odeur – douce, presque surannée –, une brise printanière subtile qui décoiffe et dont on ne sait d'où elle vient.

J'accompagne Murray Marks, qui me sert de guide lors de ma première visite à la tristement célèbre Body Farm. C'est l'heure de la cérémonie d'initiation que doit subir tout étudiant en anthropologie judiciaire, soit une promenade dans le champ et la forêt de feuillus qui s'étendent derrière le centre médical de l'Université du Tennessee à Knoxville.

Tout à coup, Murray s'arrête et baisse les yeux vers le sol. Je suis le regard de ce grand et bel homme aux cheveux foncés et aux yeux bruns expressifs, mais je ne vois qu'une tache noire au milieu des hautes herbes. Non, ce n'est pas tout. En regardant la motte de terre, les feuilles mortes et les milliers de petites crottes brunes de plus près, je découvre autre chose : les os à peine reconnaissables d'un avant-bras humain.

Je tente de garder mon calme, mais Murray n'est pas dupe. Le squelette étendu sur le sol ne ressemble en rien à ceux que j'ai vus au cours de ma carrière médicale. Les os semblent s'être imprégnés de l'humidité et de la couleur du sol. Des morceaux de tendons gris brun sont accrochés aux extrémités des membres, comme pour tenter de les garder attachés aux articulations. Les plus grosses articulations ne sont pas encore déchirées : on dirait qu'on a figé un squelette de Halloween en pleine danse macabre : genoux écartés, un pied tourné vers l'intérieur ; l'autre dressé, orteils retroussés ; un bras bizarrement plié derrière le cou, tandis que l'autre semble vouloir saisir quelque chose dans l'herbe. Le crâne est intact, tête renversée vers l'avant – le visage est couvert de boue» Le maxillaire est posé, dans un angle bizarre, sur la cage thoracique.

« Depuis combien de temps ce cadavre est-il ici ? » me demande Murray.

Je regarde à nouveau. Jusqu'à aujourd'hui, j'ai toujours considéré les os comme faisant partie d'un tout. Dans les laboratoires, ils sont reliés par des fils permettant de conserver un squelette intact. Chez l'être vivant, ils constituent une structure articulée reliée par des ligaments. Après la mort, je sais aussi que les tissus commencent à pourrir et qu'il faut peu de temps pour qu'il ne reste plus grand-chose pour retenir les os ensemble. Ce que je découvre maintenant, c'est que lorsqu'un corps repose sur le sol, la gravité tire les os vers le bas, de sorte que le squelette finit par s'enfoncer dans la terre – une terre que les tissus en décomposition ont ramollie et détrempée. Ce qui a été une cage thoracique s'est transformé en une rangée de côtes, tandis que la colonne s'est désagrégée et forme un amas de vertèbres désarticulées. Bien sûr, on peut repérer facilement le crâne et le maxillaire – soit la mâchoire inférieure –, mais les minuscules ligaments qui retiennent les dents pourrissent comme la chair. À moins que leur racine ne les tienne solidement ancrées dans leur alvéole, les dents tombent, elles aussi.

« Depuis combien de temps est-il ici ? » répète Murray.

Je regarde d'un peu plus près. Les os des avant-bras, le radius et le cubitus, se sont entièrement séparés. Il n'y a plus un seul morceau de chair sur les os des mains et du crâne.

« Six mois ? »

Murray se met à rire.

« Neuf mois… ? Un an ? »

Nouveau rire.

« Deux semaines, dit-il.

— Deux semaines ? »

— Oui, à cause des asticots. »

— Les *quoi* ? »

J'observe de plus près le sol détrempé et, bien involontairement, je fais un pas vers l'arrière. Je ne les remarque pas de prime abord, même si je suis intriguée par ces petites coquilles brun foncé et luisantes qui grouillent à mes pieds. Tout autour du squelette, des centaines d'asticots d'un blanc laiteux, lents, se tordant comme des chenilles, sont au travail.

Plus tard, j'apprendrai que ces petites créatures ont permis de résoudre plusieurs meurtres. Mais, en ce moment, j'ignore totalement que ces asticots font partie intégrante de ce qui m'attend dans ma carrière d'anthropologue judiciaire. Murray me surveille d'un œil amusé tandis que je me penche vers le crâne en prenant bien soin de tenir le bout de mes espadrilles neuves le plus loin possible de tout ce qui ressemble à un asticot.

En nous éloignant des restes en décomposition, Murray me raconte l'histoire de la Body Farm. Au début des années 1970, le docteur William Bass, directeur du programme, est dans un cul-de-sac. Il lui est impossible de résoudre une affaire concernant un corps décomposé. Sa curiosité pour le processus de décomposition du corps humain est piquée lorsqu'il se rend compte que personne ne s'est jamais penché sur le problème, malgré l'utilité évidente de cette recherche dans le domaine judiciaire. Il sait également que l'Université du Tennessee ne dispose pas d'une collection de squelettes neufs pour l'enseignement de l'ostéologie ou pour fournir des données utiles en anthropologie judiciaire. L'école a bien une importante collection d'os provenant de sites archéologiques amérindiens, mais, en raison de leur taille et de leur forme, ces ossements sont peu utiles en recherche judiciaire moderne.

Bass demande à l'Université du Tennessee de lui confier un lopin de terre où il pourra laisser des corps humains se décomposer dans des conditions normales. Il pourra ensuite recueillir les ossements pour sa collection. Après tout, la nature n'a pas sa pareille pour nettoyer une carcasse rapidement et efficacement ; et en plus cela ne coûte rien. Des gens qui ont légué leurs corps à la science se retrouvent donc à la Body Farm, de même que des corps non réclamés envoyés par le médecin légiste de la ville. La nature fait son œuvre, et le docteur Bass et ses étudiants sont enfin en mesure de décrire le processus de décomposition d'un corps.

Avant l'intervention du docteur Bass, les experts en criminalistique appelés à établir le moment du décès d'un corps très décomposé et réduit au minimum devaient s'en remettre à des hypothèses et à leur expérience, et comparer chaque affaire à d'anciens dossiers résolus. Grâce au travail de pionnier du docteur Bass, nous bénéficions des résultats de recherches scientifiques bien documentées pour étayer nos intuitions. Malgré les avantages certains de cette méthode d'analyse, l'Université du Tennessee à Knoxville demeure le seul endroit au monde où des scientifiques peuvent observer et documenter au jour le jour le passage de la mort à la squelettisation.

À notre sortie du champ de cadavres, j'intercepte le regard approbateur de Murray. Je n'ai ni perdu conscience, ni frémi d'horreur; au contraire, j'étais fascinée. Je me suis même approchée pour voir de plus près, et j'ai posé quelques questions pertinentes. Tout compte fait, j'ai abordé le cadavre comme une scientifique et non comme une voyeuse: j'ai réussi l'examen. Bien sûr, j'avais vu au préalable les diapositives de Murray et assisté à l'une de ses conférences l'été précédent, mais contempler un cadavre «de visu» est une tout autre histoire.

Murray m'entraîne vers deux autos blanches et ouvre les coffres afin de me montrer comment le plus récent projet de décomposition se déroule. Je ne peux retenir un sentiment de satisfaction. Je sais que le docteur Bass a insisté pour que je vienne à la Body Farm le plus tôt possible, comme tous les nouveaux étudiants. C'est la meilleure façon de découvrir si je peux faire face à des corps en décomposition, ainsi qu'à tous les autres aspects de la mort et du pourrissement. Tout va bien jusqu'à présent. Mais quelles autres épreuves me réserve-t-on?

* * *

Je ne vais pas tarder à le savoir. Quelques semaines plus tard, on me demande de mettre au point mon propre projet de recherche à court terme. Dans la mesure où je suis venue à l'université avec un intérêt marqué pour la reconstruction faciale, il me semble logique de décrire les changements qui surviennent dans le visage d'un cadavre lors du pourrissement. Quand j'étais en Géorgie, on m'a demandé de «restaurer» des visages à divers stades de décomposition; j'ai récolté plusieurs succès, tant avec les techniques traditionnelles de dessin qu'avec les expériences assistées par ordinateur.

Naïvement, je m'imagine qu'il suffit d'établir quelques paramètres de base en décomposition faciale, de photographier le visage d'une personne décédée, et de faire une simple manœuvre informatique pour redonner vie à l'individu.

Grave erreur ! En théorie, j'ai raison, à condition de recevoir le corps dans la journée et demie qui suit le décès. S'il y a un délai, et surtout si le temps est chaud et humide, les asticots se mettent à l'œuvre et le visage est irrévocablement abîmé. Pas question d'espérer prendre des photos pour fins d'identification.

Cependant, j'aimerais beaucoup décrire ce qui se passe au moment où les asticots ruinent un visage. Comble de bonheur, la chance me sourit dès le lendemain : un corps arrive au laboratoire quelques heures à peine après le décès. J'installe soigneusement le cadavre sur le dos, à l'air libre, tout près de la zone boisée. Je protège sa tête en plaçant une pierre de chaque côté, puis j'ouvre mon trépied de photographe juste au-dessus des épaules. Je dirige l'objectif sur le visage dans un angle de quatre-vingt-dix degrés. À ma grande satisfaction, je réussis à prendre une photo avant même que la première mouche n'atterrisse sur les joues.

Au cours des quatre jours et quatre nuits suivants, je vais inspecter le corps. Je prends d'abord une photo toutes les quatre heures, puis j'espace à six heures durant les dix jours subséquents. Le mois de mai, au Tennessee, est chaud et humide, de sorte que les mouches ont pondu leurs œufs le jour même où j'ai déposé le corps. Le lendemain après-midi, le nez et la bouche de l'homme fourmillaient d'asticots et d'œufs de mouches. Au milieu de la nuit, dans le faisceau lumineux de ma lampe de poche, les lèvres du mort bougent, comme pour parler – je crois même l'entendre gémir. Eh bien non, ces bruits proviennent de ma personne, réaction involontaire à la vue de ce visage humain dévoré de l'intérieur.

Je dois faire appel à tout mon courage pour installer mon appareil photo et pour faire un zoom sur l'amas d'asticots qui remuent dans la bouche, le nez et les paupières de l'homme – qui ont l'air de bouger pendant que les affamés se régalent. Des files de fourmis sortent du sol, prêtes à dévorer tout asticot malchanceux qui se sera éloigné de l'équipe de charognards. Le spectacle est troublant. Nous, les humains, qui nous tenons fièrement à la tête de la chaîne alimentaire, nous n'en sommes plus, une fois morts, qu'une petite partie.

Quand je rentre chez moi, ce soir-là, je me verse une dose théra-peutique de bourbon et y jette quelques glaçons. Assise sur le balcon arrière, je sirote mon whisky en essayant de reprendre mon calme. Je me demande sérieusement si j'ai l'étoffe pour faire ce genre de travail.

Je réussis à dormir quelques heures; toutefois, mes rêves sont peuplés d'asticots rampants et de fourmis voraces. De retour sur les lieux, à l'aube, deux vautours occupés à éviscérer un autre corps s'envolent dans les arbres, passant tout juste au-dessus de ma tête. En quittant leur déjeuner avec lourdeur et maladresse, ils dégobillent. Leurs vomissures tombent à mes pieds et sur le torse de mon sujet d'étude. Les pistes visqueuses des escargots qui ont rendu visite à la carcasse peu avant l'aube s'entrecroisent sur le visage du mort. Quant aux bébés asticots, ils ont l'air de grossir à vue d'œil. Des vers sortent des narines du cadavre; d'autres ont presque fini de se régaler des derniers vestiges des globes oculaires. Les orbites seront bientôt vides. Je ravale un soupir, puis j'enjambe précaution-neusement le corps de l'homme pour installer mon trépied.

* * *

Les entomologistes étudient les asticots, les moustiques adultes et autres petits insectes charognards afin de déterminer où et quand une personne est décédée, ainsi que le genre de blessure qui lui a été infligée. Les insectes adultes – ceux-là mêmes qui bourdonnent autour des tables de pique-nique – sentent la mort aussitôt qu'elle se produit. Ils sont immédiatement attirés vers le corps sans vie et, s'ils y ont accès, ils commencent d'abord par examiner leur territoire. Contrairement aux apparences, lorsqu'ils évoluent autour d'un corps, ce n'est pas tellement pour manger que pour chercher l'endroit adé-quat pour y déposer leurs œufs. Pareils à des petits tas de sciure, ces œufs minuscules vont éclore un jour ou deux plus tard. En sortent des asticots qui se mettent tout de suite à dévorer la carcasse, et qui grossissent à vue d'œil à chaque jour qui passe.

Au début, ils ne ressemblent en rien aux larves trapues, sans pattes et recouvertes de peau blanche que la plupart des gens imaginent lorsqu'ils entendent le mot «asticot». En réalité, les asticots se déve-loppent en trois étapes, dites «instars». Leur peau pâle, blanche et parcheminée se fend et chaque partie mue. Ces machines à dévorer passent de l'enfance à l'adolescence, puis atteignent leur plein potentiel de destruction.

Quand ils sont gavés et qu'ils ne peuvent plus rien avaler, ils quittent leur garde-manger afin de trouver un endroit où se cacher. Leur peau d'un blanc doux se transforme alors en enveloppe brun foncé, celle de la chrysalide, ou en coquille ayant la forme d'un minuscule ballon de football d'un centimètre à un centimètre et demi, dans laquelle ils se métamorphosent en insectes adultes – comme une chenille se métamorphose en papillon dans son cocon. Si le temps est chaud et humide, l'adulte sort de sa coquille après une ou deux semaines. La boucle est bouclée. À cette étape, s'il reste par hasard quelque chose sur le corps, le cycle se reproduit. Lorsque l'entomologiste peut évaluer où en est le cycle, il peut aider l'anthropologue judiciaire à déterminer à quel moment le corps a été exposé à l'air libre.

L'heure de la mort est donc un des facteurs que l'entomologiste peut déterminer. Comme les insectes et autres arthropodes (araignées, mites, mille-pattes) retrouvés communément sur les corps ont des habitats de prédilection, l'entomologiste est parfois en mesure de voir si une personne a été déplacée après avoir été tuée. Par exemple, si un corps découvert en Floride est infesté par une espèce que l'on trouve uniquement au New Jersey et dans certains endroits du nord du pays, les autorités en concluront que le corps a été transporté d'une de ces régions à la Floride.

Parfois, grâce aux asticots, il est possible de découvrir si une personne a été blessée par son meurtrier. Quand les insectes adultes pondent, ils cherchent les endroits qui leur procurent le meilleur environnement pour leurs œufs. Sur le corps humain, ces endroits sont la bouche, le nez, les oreilles, les yeux et les organes génitaux. Ce sont des lieux chauds, humides et sombres. Les insectes s'enfouissent aussi profondément que possible dans ces endroits attrayants et secrets et y pondent leurs œufs. On peut s'attendre à y voir des concentrations d'asticots. S'ils sont agglutinés dans une autre partie du corps, c'est sans doute parce que cet endroit était blessé et plein de sang au moment de la mort.

Ce qui m'étonne toujours, c'est la rapidité avec laquelle les asticots peuvent gruger un corps charnu jusqu'à l'os. La comptine de notre enfance «*The worms crawl in, the worms crawl out*» (les vers entrent et sortent en rampant) prend tout son sens ici. Comme on dit chez les entomologistes judiciaires : «Trois insectes et leur descendance peuvent venir à bout d'un cadavre aussi rapidement qu'un lion adulte. » Pas si mal pour de petites créatures qui ont à peine un centimètre et demi de longueur.

À la fin de mon relevé du pourrissement en accéléré, je ne suis plus dégoûtée par les images et les odeurs qui m'ont donné des haut-le-cœur et m'ont fait frissonner deux semaines auparavant. Je ne sais trop pourquoi, mais les aspects choquants du processus sont devenus des lieux communs; les restes humains pourrissant au soleil ressemblent plus à des casse-tête tridimensionnels qu'à d'anciens êtres vivants. Plus tard, je saurai que cette insensibilité a un prix; mais c'est une condition préalable indispensable à l'accomplissement de ma tâche. Pour déterminer «l'intervalle post-mortem» – soit le temps qui s'est écoulé depuis le décès de la victime – et pour reconstituer les dernières heures d'une personne grâce à quelques os brisés, je me dois de considérer les restes humains comme des éléments scientifiques désincarnés, et non comme un être dont le corps aurait fini par pourrir sous terre, comme la plupart des gens.

Par contre, je n'aime pas les asticots. Ni hier, ni aujourd'hui, ni demain.

* * *

«Chers étudiants, je vous propose un nouveau défi», lance le docteur Bass. Il dépose sur son pupitre un plateau de métal rempli d'ossements humains. «Je dois vous avouer, poursuit-il, que je ne suis pas très optimiste. En vingt ans, personne n'a réussi. »

Je viens de terminer un semestre de cours d'ostéologie avec le docteur Bass, où ce professeur a fait tout ce qu'il a pu pour nous initier à la science des os. Nous allons maintenant franchir un grand pas vers les mystères de l'anthropologie judiciaire.

L'anthropologue judiciaire se sert de ce que l'anthropologue physique a découvert à propos des os pour appliquer cette connaissance aux enquêtes criminelles. Dans un monde idéal, un anthropologue physique peut, en regardant un squelette, livrer plusieurs renseignements, soit l'âge, la race, le sexe et la taille de l'individu.

Il peut souvent déceler les maladies des os et les traumatismes – os brisés, blessures guéries – autant d'indices sur le mode de vie et la mort d'une personne.

Bien sûr, la plupart des anthropologues travaillent habituellement sur de vieux squelettes. Nous, les anthropologues judiciaires, faisons sensiblement le même genre de travail, mais sur des personnes décédées depuis quelques années, quelques mois, voire quelques jours. Nous pouvons aussi nous pencher sur des restes frais mais épars – ceux que nous découvrons, par exemple, sur le site d'un écrasement d'avion ou d'une explosion – de même que sur des corps partiellement détruits par le feu.

Durant notre formation universitaire, mes collègues et moi étudions l'anthropologie culturelle et la théorie de l'archéologie. Ces cours sont très difficiles. Mais il y a une récompense en bout de ligne : l'étude des os. À n'en pas douter, les os me fascinent.

Le docteur Bass est un professeur très exigeant, ce que je n'apprécie pas tout de suite à sa juste valeur. À la clinique du docteur Hughston, je suis déjà considérée comme une experte des os. Très vite, cependant, je découvre qu'il ne s'agit pas de la même chose. À la clinique, les os étaient tantôt brisés, tantôt écrasés, mais ils étaient toujours accrochés aux os voisins, comme le veut la nature. À titre d'anthropologue judiciaire, je n'aurai pas toujours en main des os entiers. Un meurtrier peut délibérément fracasser les os d'une victime ; un chien, un ours ou un coyote peut les briser avec ses dents. Enfin, un incendie peut réduire un squelette humain en cendres avec une efficacité dévastatrice.

En conséquence, le docteur Bass insiste pour que nous puissions identifier sur-le-champ des petits morceaux d'os, de même que des os entiers, ce qui se fait couramment dans les cours d'anatomie et d'anthropologie. Au début, le défi est stressant, mais nous apprenons rapidement que tous les os ont des caractéristiques d'identification qui les rendent uniques. Ces caractéristiques les distinguent les uns des autres. Par exemple, les métacarpiens, qui se trouvent dans la paume de la main, se ressemblent tous de prime abord, mais lorsqu'on examine les extrémités qui rejoignent les os du poignet, on découvre que chacun d'entre eux a sa forme propre.

Une fois que nous avons appris les secrets de chaque os, nous devons être en mesure d'observer un fragment et de reconnaître la particularité qui va nous permettre de l'identifier. Le condyle mandibulaire, par exemple, est une infime partie du maxillaire qui s'imbrique dans une rainure du crâne à peine plus grosse qu'un gros raisin. Il a une forme qui ne ressemble à aucune autre partie du squelette humain. Quand son image est bien mémorisée, on peut non seulement le reconnaître, mais dire de quel côté il provient, même si le reste de la mâchoire est manquant.

À peine sommes-nous en mesure d'identifier les parties du squelette humain que nous devons retourner en arrière et apprendre à quoi ressemblaient ces os lors de leur processus de croissance. Les os des nouveau-nés et des enfants sont de petites merveilles, mais leur forme et leur grandeur, par rapport à ceux des adultes, sont telles que l'on ne s'y retrouve plus. Toutefois, nous apprenons que les plus petits os ont des formes distinctives qui ressemblent, en partie du moins, à leurs équivalents adultes.

Il est très difficile de comprendre la complexité du crâne d'un enfant. En fait, il n'est pas plus simple de se pencher sur un crâne d'adulte lorsqu'il est fragmenté. Nous connaissons presque tous la forme familière d'un crâne humain complet, mais il faut savoir que le crâne et le visage, pris ensemble, contiennent plus de deux douzaines de composantes. De gros os plats forment le dos, le dessus et les côtés du crâne, tandis que des os plus petits et plus complexes entourent les yeux et le visage. Chez les enfants morts en bas âge, qui sont décomposés ou à l'état de squelette, ces os sont minces et inachevés ; ils ne sont pas reliés entre eux, ils ont davantage l'aspect de grosses croustilles au maïs que d'os humains. Encore une fois, le docteur Bass exige que nous mémorisions ces morceaux d'os. Il sait – et nous le découvrirons nous aussi – que le crâne est la cible favorite des meurtriers.

J'avoue que je mets du temps à atteindre ma vitesse de croisière au cours d'ostéologie. L'anthropologue ne voit pas les os comme les voit un chirurgien orthopédiste. Je suis habituée à voir des os vivants et entiers à l'intérieur d'une énorme structure organique dont ils sont une partie, petite mais vitale. Je ne les vois pas comme des éléments isolés que l'on trouve éparpillés dans un champ ou empilés au fond d'une cave.

Mais dès que l'on abandonne l'identification des os pour l'analyse des fragments, mon esprit de compétition refait surface. Tous les soirs, je me glisse dans le laboratoire d'ostéologie avec mon ami et condisciple, Tyler O'Brien, et nous nous interrogerons mutuellement sur chaque pièce de la collection. Au début, nous regardons l'os : « la moitié d'une rotule droite », « un fragment d'une vertèbre lombaire ». Puis nous fermons les yeux et nous tentons de découvrir, au toucher, les caractéristiques de chaque os.

Ce manège dure quelques mois, et il nous sert bien. Comme presque tous les autres étudiants, nous sommes en mesure, en jetant un seul coup d'œil sur un os entier, de dire de quel os il s'agit et de quelle partie du corps il provient. Nous pouvons prendre le plus petit fragment et découvrir la clé de son identité. Résoudre ces casse-tête tridimensionnels complexes devient un jeu passionnant.

Ensuite, nous sommes prêts pour une tâche encore plus fascinante : appliquer nos connaissances à des analyses en anthropologie judiciaire. Là, ce n'est plus vraiment un jeu. On nous enseigne à nous exercer sur de vraies affaires… résolues depuis plusieurs années. Les sujets, cette fois, sont de vraies personnes qui ont eu le malheur de mourir de mort violente. Nous devons découvrir qui elles sont et ce qu'il leur est arrivé.

Le processus est toujours le même. Le mardi matin, le docteur Bass apporte une collection d'os en classe. Il nous fait ensuite part des renseignements pertinents concernant ces vestiges et nous laisse nous débrouiller avec le tout pendant une semaine. Sur un plateau, on peut tout aussi bien retrouver pêle-mêle un crâne, une mâchoire inférieure, deux fémurs, une section de pelvis – accompagnés de notes préliminaires prises le jour de la découverte, par exemple : « Restes d'un squelette humain découverts dans un fossé le long de l'autoroute Alcoa, le 17 juillet 1987. Aucun vêtement. » Nous devons analyser les restes et expliquer ce qu'ils nous disent à propos de l'âge, de la race, du sexe et de la taille de la victime. Tous les indices peuvent être précieux.

Nous sommes une quinzaine d'élèves dans la classe, divisés en groupes de trois ou quatre. À tour de rôle, toute la semaine et surtout au cours du jeudi, nous examinons les os. Le professeur s'attend à ce que nous produisions un rapport pour le mardi suivant – rapport similaire à ceux des enquêtes policières. Nous devons indiquer aux enquêteurs tout ce que nous avons recueilli au cours de notre analyse anthropologique. De fait, la classe travaille autant sur le rapport que sur l'analyse elle-même : un anthropologue judiciaire ne fera pas une longue carrière s'il est incapable de documenter des preuves et d'en discuter avec les enquêteurs. Dès le départ, c'est clair comme de l'eau de roche : nous devons choisir soigneusement nos mots et étayer nos opinions en nous appuyant sur une science bonne et solide.

J'ai déjà de l'expérience dans la rédaction de rapports, mais dans le style réservé aux rapports médicaux. À la clinique, une description typique peut se lire comme suit : « Il s'agit d'une femme blanche, âgée de 45 ans, mesurant 1 m 67 et pesant 66 kilos. » Ensuite on décrit le corps, mort ou vivant, dans le même style. Lorsqu'on est devant un squelette, il est impossible d'être aussi précis, mais l'on peut néanmoins fournir un profil biologique de base. Par exemple :

PROFIL BILOLOGIQUE : Affaire n° 02-17

Sexe :	féminin
Âge approximatif :	de 40 à 50 ans (dans une fourchette de 35 à 55 ans)
Race :	blanche
Taille approximative :	de 1 m 65 à 1 m 70 (dans une fourchette de 1 m 60 à 1 m 72)
Poids :	indéterminé
Cuir chevelu :	inconnu

D'après le docteur Bass, tout profil biologique doit contenir, idéalement, les quatre éléments principaux : sexe, âge, race et taille. Si la chance vous sourit et que vous avez d'autres éléments pour aller plus loin, vous ajoutez ces renseignements complémentaires, comme la taille ou la couleur des cheveux, par exemple. Très souvent, on trouve suffisamment de cheveux sur des restes humains pour pouvoir en déterminer la couleur – parce que les cheveux sont constitués de cellules mortes qui ne se décomposent pas comme les tissus souples. Un seul cheveu blond, collé au bas d'un crâne, peut être utile dans l'identification de restes osseux.

Parfois, un élément de preuve connexe, c'est-à-dire un élément découvert près du corps ou près des restes, peut fournir un indice. Par exemple, des vêtements peuvent déterminer le poids et la taille d'une personne, même si son corps est en processus de décomposition. Quoi qu'il en soit, au bout du compte ce sont les os qui se conservent le plus longtemps et qui révèlent le plus de secrets – à condition de savoir les regarder.

* * *

Le sexe est l'élément le plus probant pour identifier un corps. Ainsi, lorsque j'observe des os récemment découverts, je commence par me demander s'ils ont appartenu à un homme ou à une femme. Il est préférable de disposer d'au moins une partie du crâne ou du bassin, puisque leurs os possèdent les meilleures caractéristiques morphologiques pour établir les différences entre hommes et femmes. (La morphologie est l'étude des formes et des caractéristiques d'une structure que l'on peut voir mais qui sont difficiles à mesurer.) Les hommes, par exemple, ont une ligne d'os en saillie qui forme la « crête frontale », soit un pont horizontal situé entre le haut du front et le dessus des orbites. Chez la femme, ce pont est plus petit ou n'existe tout simplement pas. Chez l'homme, la région située derrière chaque oreille et à l'arrière de la tête, à la naissance des cheveux – dans laquelle se trouvent les muscles – est plus volumineuse que chez la femme.

Toutefois, c'est le bassin qui permet de déterminer le sexe. Il est fait de trois os séparés. Au bas de la colonne vertébrale, se trouve le sacrum, un os épais et large en forme de quartier de tarte et pourvu de trous. De chaque côté, l'on peut voir les os « sans nom », soit deux plaques légèrement recourbées munies d'une ouverture pour l'une des articulations de la hanche et d'une encoche permettant au nerf sciatique de descendre de la colonne jusque dans les jambes. Chez la femme, le nerf sciatique s'allonge à la maturité ; l'avant et l'arrière du bassin s'élargissent pour aider à l'enfantement. Par contre, chez l'homme, le nerf sciatique est plus étroit, tout comme le bassin.

En général, les squelettes masculins ont tendance à être plus gros et plus robustes que ceux des femmes. Mais il y a des exceptions. Nous avons tous rencontré des femmes robustes et des hommes petits et graciles.

Trouver le sexe d'un sujet n'est pas évident, mais déterminer son âge est encore plus difficile. Il n'y a que deux sexes, mais un squelette peut être âgé de 0 à 100 ans. Personnellement, j'ai beaucoup de difficultés à déterminer l'âge d'une personne vivante, même quand je m'en remets à certains signes comme la posture, la couleur des cheveux et les rides.

Étant donné qu'il est difficile de déterminer l'âge d'un sujet, les rapports judiciaires parlent plutôt de tranches d'âge – de trente ans à quarante ans, par exemple, pour un adulte ; de douze à quinze ans pour un adolescent ou un « préadulte ». L'âge est plus facile à déterminer chez ces derniers car leurs os et leurs dents croissent à un rythme régulier au cours des quinze ou seize premières années. Au début de la vingtaine, leurs os se modifient de façon moins prévisible. En général, les os ne grossissent presque plus une fois passé cet âge, mais ils ne parviennent à maturité qu'à la fin de la vingtaine.

Les changements reliés à l'âge se produisent jusqu'à la mort. On peut le voir sur les côtes, le bassin et les articulations qui ont à supporter un certain poids – genoux, hanches, chevilles et colonne vertébrale. Les extrémités des côtes subissent une pression à chaque respiration, et les os du pelvis frottent les uns contre les autres pendant toute l'existence. Ces modifications sont tellement infimes qu'on ne les remarque pas, mais, au fil du temps, elles usent les os de telle sorte qu'un anthropologue peut, en examinant ceux-ci, déterminer l'âge d'une personne.

Bien que les os articulaires des genoux, des hanches et de la colonne soient recouverts d'un bon coussin cartilagineux, ils finissent tôt ou tard par s'effriter, témoignant ainsi de ces nombreuses journées où l'on a dû rester debout et des milliers de kilomètres que l'on a parcourus. Au fur et à mesure que le cartilage s'use – comme le caoutchouc qui revêt les pneus –, les os commencent à présenter certaines déformations : tout d'abord, des irrégularités autour de l'articulation, puis un durcissement des surfaces lisses. Avec les changements extrêmes causés par l'âge, on a l'impression que l'articulation bouillonne et devient brûlante à cause des circonvolutions osseuses qui se produisent. Les parties qui supportent le poids du corps peuvent même s'affaisser.

Mais les changements occasionnés par l'âge ne se limitent pas aux jambes et à la colonne vertébrale. Les bras, les mains et les épaules sont sujets à la maladie et peuvent montrer des signes d'usure. Et n'oublions pas les dents. Sont-elles abîmées ? Jaunies ? Usées ? Sont-elles tombées à cause d'un déchaussement ?

Vous pensez que déterminer la taille ou le poids d'une personne est plus facile ? Vous avez raison... si vous avez devant vous un corps complet ou les bons os. Par contre, si vous n'avez qu'une côte, c'est loin d'être évident. Il est plus aisé de déterminer la taille d'un individu à partir des os de sa jambe, bien que ceux des bras arrivent bons deuxièmes. La longueur de l'un ou l'autre de ces os peut entrer dans une formule mathématique qui peut être utilisée pour calculer, sans grand risque d'erreur, la taille de la personne.

Enfin, nous en arrivons à la race, un sujet qui peut facilement devenir délicat et explosif sur le plan politique. Pour l'anthropologue, cependant, c'est moins un sujet politique qu'une affaire de procédure : que pouvons-nous trouver dans une masse d'os ou dans des organes qui puisse nous permettre de découvrir l'identité d'une personne ? Dans notre société, les gens ont tendance à se définir selon leur race. Leurs amis, leur famille et leurs collègues de travail les reconnaissent de la même manière. C'est la raison pour laquelle le docteur Bass veille à ce que nous soyons au courant des dernières découvertes sur la façon dont la structure osseuse peut varier selon le bagage racial d'un individu.

Les os situés au milieu de la figure – orbites, joues, nez et bouche – témoignent de notre héritage racial. Par exemple, des antécédents négroïdes se traduisent par un nez aplati à larges narines, des orbites espacées et une mâchoire inférieure et supérieure saillante. À l'inverse, un nez long et étroit, un os nasal très pentu et des orbites de forme ovale sont une des caractéristiques de la race blanche, tandis que les Asiatiques ont des pommettes assez plates et un nez dont les caractéristiques se situent à mi-chemin entre négroïde et blanc – soit des traits ni plats ni saillants.

Il nous faut des mois pour apprendre tout ceci. Mais, avant que le docteur Bass ne nous lance de nouveaux défis, nous sommes devenus de très bons élèves et nous le savons. Pourtant, lorsqu'il nous confie sa collection d'os pour la semaine, il y a, dans le ton de sa voix, une note un peu triomphaliste : « En vingt ans, personne n'a réussi à comprendre cela ! » Vraiment ! Pourtant, je suis sûre que chacun de nous peut mesurer les os posés sur le plateau, en déduire des caractéristiques morphologiques, et lui dire que nous avons là un homme blanc, grand, musclé, dans la soixantaine. Comment se fait-il que des étudiants aient achoppé sur un problème aussi simple, pendant deux décennies ?

Je ne peux aller au laboratoire que le vendredi soir pour y travailler avec Tyler. Nous mesurons d'abord chaque os, ensuite, nous documentons nos découvertes. Nous entendons dire que nos conclusions ne diffèrent pas de celles des autres. Pourtant, je ne peux effacer de mon esprit l'impression d'avoir oublié quelque chose.

La veille de la remise de mon rapport, je retourne au laboratoire. Je promène le bout de mes doigts sur les contours des os. Je les fixe, très longtemps, dans cet état de transe dans lequel jaillissent souvent mes meilleures idées.

Puis, soudain, je *sais*. Comment ? Je n'en ai pas la moindre idée, mais je comprends enfin la réponse secrète cachée derrière ce problème apparemment simple. Je retourne à ma chambre et passe le reste de la nuit à rédiger mon rapport.

* * *

Le lendemain, le docteur Bass récolte les rapports, puis il nous pose quelques questions.

« Qui pense que le squelette est celui d'un homme ? »

Toutes les mains se lèvent.

« Dans la cinquantaine ? »

C'est l'unanimité, encore une fois.

« Environ 1 m 82, à un ou deux centimètres près ? »

Idem.

« Un Blanc ? »

Tous lèvent la main, sauf moi.

« Mademoiselle Craig ? » questionne le docteur Bass, toujours courtois et solennel.

Est-il surpris ? Je l'ignore.

« Je crois que l'homme est un Noir », dis-je dans le silence qui s'est installé dans la classe.

Ai-je bien vu ? Le docteur Bass est-il vraiment stupéfait ? Pendant un moment, il me regarde fixement. Puis il se met à rire comme si je venais de dire une énormité. Mon cœur chavire.

« Eh bien ! dit-il, pesant ses mots, je ne croyais pas que cela arriverait ! » Il secoue la tête et prend une photo sur son pupitre – la photo de la personne à qui appartiennent les os en question. C'est bien un homme, dans la cinquantaine, grand… et noir. Mes camarades de classe me regardent avec stupeur.

Lors d'une rencontre dans son bureau, le docteur Bass me demande comment j'en suis arrivée à cette conclusion.

« Qu'est-ce qui vous fait conclure qu'il s'agit d'un Noir ? »

J'essaie de me rappeler exactement ce que j'ai vu au laboratoire, la veille, quel détail spécifique a provoqué cet éclair de perspicacité.

« Ce sont les genoux, dis-je enfin. L'articulation avait tout simplement l'*air* noire. »

Perplexe, le docteur Bass passe une main dans ses cheveux taillés en brosse. Il ressemble au procureur exténué de *Perry Mason* ! « Vous êtes sans doute tombée par hasard sur la bonne réponse, Mademoiselle Craig, dit-il sévèrement. Si vous ne pouvez pas faire la preuve de ce que vous avancez, votre travail ne tiendra pas la route devant un tribunal. »

* * *

Très bien. Comment puis-je faire la preuve de ce que je sais ? C'est un casse-tête passionnant, un défi que je devrai relever maintes et maintes fois au cours ma carrière. Ces éclairs de perspicacité me viendront souvent de la même manière inexplicable. Je *saurai*, sans pouvoir expliquer. Je devrai alors m'attaquer à une tâche scientifique difficile : parcourir le processus inconscient qui a produit cet éclair, travailler à rebours, en somme, jusqu'à ce que la preuve apparaisse. Je ne crois pas que mon intuition m'ait jamais trompée, mais, parfois, faire la preuve de ce que l'on sait intuitivement est une tâche ardue.

La base scientifique de ma découverte, bien évidemment, provient de mes cours. Après nous avoir enseigné les éléments nécessaires pour déterminer la race d'un sujet à partir d'un os, le docteur Bass nous a appris que l'indication fournie par le squelette ne coïncide pas toujours avec la couleur de la peau, ni avec la texture du cheveu, non plus qu'avec le continent d'où provient la victime. Les os des personnes de race blanche, dans un visage, peuvent être ceux d'un individu à la peau couleur café qui s'identifie comme Cubain, Latino, ou même Afro Américain. Un crâne ayant des caractéristiques négroïdes peut être celui d'un homme dont la peau est café au lait et qui appartient à une famille qui se considère comme portoricaine. Les os ne révèlent qu'une partie de l'histoire.

Mais je n'avais que les os que nous avait donnés le docteur Bass, et par miracle, j'ai deviné juste. Quel est l'élément qui m'a mise sur la piste? Le premier indice à propos de la race de cet homme est son fémur. Plus tôt cette année, j'ai appris que, chez les individus de race caucasique – nom scientifique pour qualifier les Blancs –, le fémur possède une diaphyse courbée vers l'avant, que les anthropologues appellent «courbure antérieure». Chez les Noirs, de race négroïde, le fémur est relativement droit. Celui dont il est question est courbé et, pourtant, je suis sûre que l'homme est noir. Comment cela se fait-il?

Je décide d'observer de plus près des fémurs. Je consulte à nouveau la collection d'os du docteur Bass et j'aligne une vingtaine de fémurs d'homme sur la table noire du laboratoire – dix fémurs de Blancs et dix de Noirs. Je laisse un espace entre eux. On dirait des traverses de voie ferrée. Peu à peu, une idée germe dans mon esprit. Ce n'est peut-être pas la diaphyse qui a retenu mon attention, mais le bout distal du fémur – qui est relié au genou.

Dois-je m'en remettre, comme cela m'est déjà arrivé, autant au toucher qu'à la vue? Je ferme les yeux, introduis doucement un doigt dans l'échancrure du bout distal. Les fémurs des Blancs en premier, puis ceux des Noirs…

Je perçois quelque chose de différent. J'ouvre les yeux. Et je vois! La différence se situe dans l'échancrure bicondylienne, au milieu de l'articulation, là où la cuisse s'emboîte dans le genou. Il y a une nette différence, selon la race, dans l'angle de la diaphyse. C'est ce que j'ai d'abord découvert sans m'en rendre compte. Mais maintenant je comprends.

À la fin de mes études, à l'été 1994, je suis en mesure de faire la preuve que l'échancrure bicondylienne varie en moyenne de 10 degrés entre Blancs et Noirs. Je comprends pourquoi une génération d'élèves du docteur Bass est passée à côté de cette caractéristique. En raison du métissage, courant dans notre pays, plusieurs Afro Américains (et, sans doute, beaucoup de Blancs) présentent des caractéristiques raciales variées. L'héritage «blanc» du sujet pouvait être lu dans les os de son crâne et dans la courbure des os de sa cuisse – ces indices nous étaient apparus à tous. Mais l'angle de l'échancrure bicondylienne révélait également son ascendance négroïde.

Je découvre que la couleur de la peau ne colle pas nécessairement à la preuve fournie par les os. Notre sujet aurait pu avoir une peau pâle, une peau foncée ou une peau crème, avec des os «disant» une chose, et des cheveux et une peau prétendant le contraire. Il m'arrivera encore de me faire prendre. En 1997, alors que je suis l'anthropologue judiciaire du Commonwealth du Kentucky, on me demande d'examiner un corps décomposé trouvé dans une citerne dans le comté de Campbell. À première vue, les restes semblent être ceux d'une femme aux cheveux brun roux et raides. Son teint a la couleur de la neige salie. Nous transmettons une description de cette femme blanche aux médias locaux, espérant que quelqu'un la reconnaîtra et prendra contact avec nous.

Plusieurs semaines s'écoulent. Personne ne se manifeste. On me demande de faire une reconstruction faciale tridimensionnelle du crâne. Dès que j'enlève la peau afin de dégager les os faciaux, je me rends compte que l'identification qui a été faite est erronée. Le crâne montre des signes de métissage évident. Ce métissage se produit quand il y a des Noirs et des Blancs dans une famille. La nature dispose alors d'un large choix, que ce soit pour la couleur de la peau, la texture des cheveux ou les caractéristiques raciales. Lorsque je modifie la description en ajoutant «race mêlée», nous trouvons enfin une personne qui reconnaît la victime : une femme au teint sombre que ses amis considèrent comme étant de «race mêlée». Il appert que les six mois passés dans la citerne ont détruit son épiderme foncé. Ne reste que la couche endodermique sans pigmentation, d'un blanc crémeux, et parsemée de taches grises dues à la décomposition. Sans cet élément de preuve, il aurait été impossible de découvrir l'identité de la femme.

* * *

Une fois notre formation suffisante, nous sommes envoyés sur le terrain, mes amis étudiants et moi. Nous allons nous joindre à une équipe médicolégale qui travaille, sous la supervision du docteur Bass, à de vrais dossiers du Tennessee. Il s'agit d'une entente conclue entre l'université et les agences chargées du maintien de l'ordre dans tout l'État. Cette expérience constitue une partie inestimable de notre formation. Comme en classe, nous devons rédiger un rapport concis de nos découvertes, rapport qui sera remis aux enquêteurs locaux, d'État et fédéraux que nos conclusions pourraient intéresser. Nous savons également que nous pouvons être appelés à témoigner en cour afin d'expliquer nos conclusions au jury et de défendre nos opinions face aux défis lancés par les avocats de la défense.

Nous ne faisons plus ce travail dans le seul but d'obtenir des crédits universitaires. Il s'agit maintenant d'affaires sérieuses ; nos professeurs attendent beaucoup de nous. Nous ne pouvons pas simplement déclarer, par exemple, que cette jeune femme a été blessée par une balle tirée à bout portant sur le côté de la tête. Nous devons décrire avec précision l'aspect de la blessure : comment l'os du crâne a été endommagé ; par où la balle est entrée ; l'aspect que présente la blessure… Comment savons-nous que le trou est le point d'entrée de la balle et non pas le point de sortie ? Ensuite, nous devons étayer nos découvertes en citant des études documentées concernant des blessures similaires.

Contrairement aux détectives fictifs des séries télévisées, dont les affirmations sont souvent définitives et très simplifiées, nous apprenons à émailler nos rapports d'expressions et de mots prudents comme «vraisemblablement», «c'est cohérent», «il semble que». Nous renforçons chacune de nos opinions par des citations tirées d'articles scientifiques rédigés par des pairs. Lentement mais sûrement, nous apprenons à éviter de nous livrer à des spéculations à propos du scénario d'un meurtre, nous bornant à utiliser une terminologie froide et précise et une description anatomique claire. En bref, nous laissons aux scientifiques de la télé le soin de proclamer que *«la victime était accroupie sur le sol quand le meurtrier l'a empoignée par les cheveux et l'a abattue avec une arme tenue à quinze centimètres de son oreille gauche – ce qui fait de lui un gaucher»*. Dans le monde réel, le rapport doit plutôt se lire comme suit : *«Il y a une anomalie en forme de cercle à trois centimètres devant le conduit auditif externe gauche. Ce point d'impact, de onze millimètres de diamètre, révèle l'existence d'un trou en forme de biseau. Ce trou interne en forme de biseau est caractéristique de l'entrée d'une blessure par balle dans un crâne.* [Ici, on insère une citation qui renvoie à ce sujet précis dans la littérature scientifique.] *Il n'y a aucune trace de poudre dans l'os.* »

Même si nous en apprenons énormément lors de cette formation sur le tas, nos professeurs nous conseillent de ne pas sécher les cours pour nous consacrer entièrement à une affaire. Toutefois, à cette étape, comme nous n'avons que quatre ou cinq heures de cours par semaine, nous pouvons réagir rapidement lorsqu'on nous réclame sur les lieux d'un crime. Notre équipe compte une dizaine d'étudiants diplômés, dont six sont prêts à répondre vingt-quatre heures sur vingt-quatre à toutes les agences policières de l'État du Tennessee.

Le docteur Bass nous accompagne souvent. Mais même lorsqu'il n'est pas présent physiquement, nous savons qu'il est le grand responsable. À titre d'inspecteur en chef, il revoit tous nos rapports et appose sa signature au-dessus de la nôtre. Si nous échouons, nous savons que cela ne passera pas inaperçu ; si nous réussissons, sa réaction sera encourageante. Une fois de plus, j'ai d'excellentes raisons d'apprécier les exigences du docteur Bass. L'expérience que j'acquiers m'apprend à penser comme un enquêteur, à me servir de mon bon sens, de mon instinct et de mon intuition – à quoi s'ajoutent mes connaissances livresques.

Presque toutes les affaires débutent par une visite au lieu du crime. Nous n'entendons jamais parler de corps « frais » – qui appartiennent au pathologiste. Par contre, lorsqu'on découvre des restes en décomposition, des organes, des os ou des membres séparés, le pathologiste fait alors appel à l'anthropologue.

Celui-ci se précipite sur les lieux. Ce peut être une ferme incendiée où gisent deux corps fumants, ou un appartement avec une cache d'os sous les lattes du plancher. Il s'enquiert auprès du policier responsable, qui a déjà établi un périmètre de sécurité. Ensuite, il collabore avec les policiers afin d'élaborer un plan pour recueillir et documenter la preuve.

C'est là que je réalise combien les renseignements puisés sur les lieux d'un crime sont cruciaux. Bien sûr, l'analyse en laboratoire est d'une importance capitale. Mais chaque enquête prend son départ sur les lieux du crime… si l'on sait où regarder.

Lors de l'une de mes premières affaires, moi, la novice, je ne vois rien qui sort de l'ordinaire. Puis un camarade de classe, Bill Grant, me fait remarquer que le corps calciné, dans l'auto, est recouvert d'asticots brûlés. C'est la preuve irréfutable que l'homme et son auto ont été brûlés bien *après* le début de la décomposition.

Dans une autre affaire, le shérif me prend à part pour me dire que le meurtrier vient tout juste d'avouer qu'il a battu la victime à l'aide d'un bâton de golf. Je me rends compte que je suis à deux doigts de laisser de côté la barre de fer tordue que nous venons de trouver dans un tas d'ordures, au bord de la route…

Un autre jour, je me lance sur une mauvaise piste lorsque j'examine un corps de femme décomposé et partiellement réduit à l'état de squelette. Le cadavre est assis contre un arbre, les jambes écartées dans une position obscène. La scène est très visible du chemin qui se trouve à proximité. J'en conclus que la victime est morte à cet endroit… jusqu'à ce que je trouve, un peu plus loin, des dents, une section de mâchoire, des bijoux et un morceau de cuir chevelu, le tout arraché lors des premiers stades de la décomposition. Manifestement, quelqu'un a déplacé le corps et l'a installé avec l'idée macabre de l'exposer aux passants. Après un examen minutieux d'environ deux heures, je finis par découvrir le pot aux roses. Je me dis que la prochaine fois je me garderai bien d'émettre une hypothèse tant et aussi longtemps que je n'aurai pas passé les lieux du crime au peigne fin.

Après avoir glané tout ce que nous pouvons recueillir sur les lieux du crime, nous apportons les éléments de preuve, dûment étiquetés, au laboratoire universitaire. L'ensemble porte le nom de « chaîne de preuves » dans les milieux policiers. Chaque fois qu'un élément de preuve change de mains, quelqu'un doit signer et dater un document indiquant le nom de la personne qui l'emporte et l'endroit où il l'achemine.

De retour au laboratoire, nous entreprenons la deuxième phase de l'analyse. Notre tâche consiste le plus souvent à aider les policiers à identifier les victimes en leur fournissant les renseignements de base qui leur permettront de faire une demande de dossiers médicaux ou de communiquer avec la famille en vue d'avoir une identification formelle. Les policiers nous demandent aussi de déterminer l'heure de la mort. Les pathologistes peuvent le faire s'il s'agit d'un corps frais sur lequel les tissus mous sont intacts. Les anthropologues, eux, sont les experts de l'examen de la peau en décomposition, des tissus calcinés et des os.

Nous avons la chance de disposer d'un laboratoire dans lequel nous pouvons trouver des références utiles. Imaginons, par exemple, que nous devons examiner des restes osseux recouverts d'une chemise de flanelle et d'un blue-jean. Nous nous plongeons d'abord dans la documentation ayant trait aux corps habillés de vêtements similaires afin de savoir combien de temps s'est écoulé avant que la moisissure, sur ces vêtements, n'en soit au même stade que sur ceux de notre victime. Si nous avons un corps en décomposition, nous pouvons revoir les notes prises par le docteur Bass lors de ses travaux de recherche documentant le rythme et le processus de la perte de dents après décès, de l'infestation par les asticots, de la décomposition des tissus mous, de la liquéfaction et, ultimement, de la disparition.

Chaque jour, nous trouvons des réponses à nos questions et chaque réponse suscite de nouvelles questions : Combien de temps faut-il aux plantes entourant un corps pour se décolorer, mourir et puis reprendre vie ? Est-ce que les corps plus ensanglantés affectent davantage les plantes que des corps relativement intacts ? Combien de temps faut-il pour que les cheveux d'une personne tombent, et dans quelles circonstances tomberont-ils plus rapidement ? Que se passe-t-il si un animal utilise des cheveux pour faire son nid ? Dans quel rayon faut-il chercher pour retrouver ces cheveux, et comment les reconnaître ? Est-ce que les cheveux changent de couleur après la mort ? Comment peut-on voir si les cheveux ont été contaminés par la peau en décomposition ou les excréments d'animaux ? Nous apprenons à nous poser ces questions et des milliers d'autres et, petit à petit, nous parvenons à y répondre. Et nous savons que toutes ces réponses seront utiles dans les autres affaires auxquelles nous serons confrontés.

* * *

C'est « le Cas des amis et de la famille de 1993 » qui m'ouvre les yeux. Tout commence quand l'escouade de sauvetage de Grainger County retire le corps relativement frais de Richard Carpenter d'une citerne. Précision : *presque* tout le corps, puisque la tête et le pénis sont manquants. Le docteur Cleland Blake, médecin légiste de l'État du Tennessee, demande à notre équipe, installée dans la cour arrière d'une ferme à Bean Station, de se rendre à Grainger County, dans le nord-ouest de l'État. Selon lui, la tête et le pénis sont sans doute restés dans la citerne, mais personne ne peut le jurer.

Les enquêteurs rassemblent déjà des preuves impliquant un individu portant le nom de Donald Ferguson. Le mandat d'arrêt stipule que ce dernier « s'est glissé derrière » Richard, un ami de longue date, et qu'il « l'a frappé à la tête à l'aide d'un marteau ». Donald aurait ensuite tranché la tête et le pénis de sa victime à l'aide d'un couteau électrique provenant dans la petite maison de bois qu'il partage avec sa mère. Selon le *Knoxville News-Sentinel*, Nannie, la mère de Donald, aurait entendu un « bruit sourd » pendant la nuit. Le lendemain, elle découvre le corps de Richard dans la cour, la tête dans un sac de plastique.

Nannie, victime à plusieurs reprises de violence psychologique et physique de la part de son fils, reçoit une nouvelle raclée du susdit. Au lieu d'endurer en silence, comme d'habitude, elle se rend tout de suite au bureau du shérif de Grainger County et dépose une plainte. « J'ai des ecchymoses partout sur le corps… et il y a longtemps que je veux en parler », dit-elle. Elle révèle également aux autorités que Donald a jeté le corps de sa victime dans une citerne.

Le procureur du comté, Al Schmutzer, pense que le meurtre a été commis le jeudi 19 août dans la soirée. Le vendredi matin, lorsque les gendarmes de Grainger County arrivent sur les lieux, Donald est à l'extérieur, en train de balayer. Le camion de Richard Carpenter est garé dans l'entrée et son chien attend. La malheureuse bête s'en ira dans l'après-midi. On ne le reverra jamais.

Plus tard dans la journée, les pompiers et l'escouade de sauvetage du coin ont retiré le corps de la citerne, et le docteur Blake nous a appelés. Il a bien vu les marques de coupures sur les os du cou de la victime, et il s'attend à découvrir des marques correspondantes sur les vertèbres encore reliées à la tête. Il veut que les anthropologues déterminent si ces marques ont été faites par un couteau ou par une scie.

Nous sautons dans notre camionnette blanche. Au moment précis où j'arrive sur le site avec mes camarades de classe Tom Bodkin et Lee Meadows-Jantz, les bénévoles sont en train de retirer de la citerne, avec un grappin, le sac de plastique contenant la tête de la victime. Les gendarmes surveillent l'opération de la porte arrière de la ferme, fumant et buvant du café. Nous les rejoignons, nous disant qu'ils vont nous laisser examiner la tête fraîchement découverte. Mais après l'échange de plaisanteries habituel – une marque de civilité dans le Sud –, les gendarmes nous conduisent dans la chambre à coucher du suspect.

Lorsqu'ils ont mis Ferguson sous arrêt, ils ont insisté pour qu'il vide ses poches sur le lit. Parmi les clés et la petite monnaie se trouve une rotule humaine. Celle-ci a un aspect luisant, comme si elle avait été polie par le frottement constant d'une main humaine. Ferguson a du reste déclaré aux autorités qu'il possédait cette rotule depuis un an. Puis il leur a révélé que, deux ans plus tôt, il avait jeté sa femme Shirley dans la citerne après l'avoir battue à mort. Il a inventé une histoire selon laquelle sa femme avait fugué avec un autre homme, mais les policiers l'ont cru.

Ferguson est incarcéré dans la prison locale et ne coopère plus du tout avec les autorités. C'est alors que Tom, Lee et moi nous réunissons dans la cour de sa maison en compagnie du docteur Blake, des gens du Tennessee Bureau of Investigation (TBI) et du bureau du shérif, et des secouristes locaux.

« Nous avons déjà fouillé la cour et les dépendances lorsque nous recherchions Richard », déclare un gendarme à forte carrure. Il ajoute que ses collègues et lui ont trouvé des petites éclaboussures de sang sur les murs et le sol de la cuisine. Quelqu'un s'était donné beaucoup de mal pour les faire disparaître, mais il en restait. C'est alors que les enquêteurs, poursuivant leurs recherches, ont découvert la rotule que Ferguson gardait dans sa poche. En dépit du fait que la brute a admis qu'il s'agissait d'une rotule humaine, les policiers veulent que nous le leur confirmions. Je le lui confirme. À n'en pas douter, il y a d'autres restes à découvrir. Des équipes se mettent au travail : l'une d'elles dans la maison, une deuxième dans la cour et les dépendances ; une troisième, enfin, est chargée de vider la citerne.

Partout dans la région des Appalaches, la citerne fait partie intégrante des habitations. Les régions rurales ne bénéficient pas toujours des services d'égout et d'aqueduc, et creuser un puits coûte cher. Les habitants doivent recueillir de l'eau de pluie, ou l'amener par camion, pour remplir une citerne – soit un trou à parois de béton. Certains utilisent un bidon de polychlorure de vinyle de quatre mètres de profondeur, enfoui dans le sol. Le fond a environ deux mètres de large et le dessus un mètre.

Les enquêteurs ne sont pas encore descendus dans la citerne de béton : ils se sont servis de cordes et de grappins pour remonter le corps de Carpenter, ainsi que sa tête. S'il y a d'autres ossements, le grappin n'est pas indiqué. Pendant que nous élaborons notre plan, le docteur Blake nous fait voir la tête déjà photographiée. Un bout sanglant du pénis de la victime est inséré dans sa bouche. Horrifiés, nous fixons le bout de chair tandis que les sauveteurs continuent de draguer le fond de la citerne avec un filet. Ils en remontent quelques sacs de plastique, une chemise détériorée et un seul os, qu'un pompier brandit au-dessus de sa tête. Tous les anthropologues savent immédiatement qu'il s'agit d'un radius – os de l'avant-bras humain.

« D'accord, dis-je, nous savons maintenant que Ferguson a dit la vérité. Nous devrons donc draguer la citerne. » J'ai prononcé ces mots d'un ton assuré qui me surprend moi-même. Je m'attends à ce que les autres enquêteurs hochent la tête et regardent « la jeune snob » de travers. Au contraire, ils acquiescent et me demandent comment faire pour remonter les os restants sans endommager un seul élément de preuve crucial.

Tous les yeux sont tournés vers moi. Lee est, de fait, le membre le plus expérimenté de l'équipe, tandis que Tom est le dernier venu. Mais en raison de mon âge, les enquêteurs croient que je suis le membre le plus ancien de l'équipe. Ils en ont conclu que je suis la personne à consulter.

Je sais que je sortirai un jour de l'école et que je dirigerai des opérations de récupération comme celle-ci. Mais, pour l'heure, je ne me sens pas prête, tandis que les enquêteurs qui se trouvent dans la cour de Ferguson ont, eux, des décennies de formation et d'expérience derrière eux. Les pompiers locaux connaissent sans doute mieux les citernes que moi. Enfin, les enquêteurs ont accumulé des années d'expérience dans la recherche et la documentation de preuves.

Je décide néanmoins de proposer une approche que je favorise encore de nos jours, à savoir : réunir les chefs de chaque équipe et exploiter leurs compétences. « Allons-y, messieurs, dis-je à l'adjoint en chef du shérif, au représentant principal du TBI, au chef des pompiers bénévoles et au docteur Blake. Mettons un plan sur pied. Il faut que nous retirions toute l'eau de la citerne sans déplacer quoi que ce soit. Nous ne pouvons perdre aucun élément de preuve. Quelle est la meilleure façon de faire, selon *vous* ? »

À ma grande joie, cette approche fonctionne. Sans la moindre hésitation, les membres de l'équipe lancent des suggestions.

D'aussi loin que je me souvienne, mon âge joue en ma faveur. À 45 ans bien sonnés, j'ai au moins *l'air* d'une personne capable d'occuper un poste de commande. Quelques enquêteurs du TBI ont déjà travaillé avec moi et ils savent que je suis étudiante, mais ils savent aussi que je travaille avec le docteur Bass depuis près de trois ans et que j'ai agi comme enquêteur clé dans ses dossiers majeurs les plus récents. À l'évidence, ils sont prêts à se fier à mon bon sens, ce qui me donne envie de me fier au leur.

Je m'occupe d'abord de l'équipe qui draguera la citerne. Le service d'incendie a trouvé le moyen de vider l'eau. J'y vais d'une petite suggestion, c'est-à-dire placer une moustiquaire sur le tuyau de trop-plein afin de retenir toutes les petites particules et tous les os qui vont sortir avec l'eau. Les gars doivent improviser ; ils arrachent une moustiquaire à la fenêtre d'un bâtiment et l'installent sur les blocs en béton. Quelques minutes plus tard, nous remportons notre premier prix : quelques os provenant d'une main.

Lee s'affaire maintenant dans un dépôt d'ordures sis à la limite de la propriété. Dans un tas de cendres, elle y découvre ce qui semble être un autre morceau d'os. C'est un gros morceau de l'os pariétal d'un crâne. Au grand étonnement de tout le monde, il semble y avoir un trou rond, très net, en plein milieu. L'analyse de cet indice doit attendre, toutefois, parce que Lee et moi sommes appelées à examiner le contenu d'un poêle à bois dans la salle de séjour. Il contient bel et bien des os. Nous nous préparons à le démonter et à le fouiller.

Pas tout de suite, cependant, car un autre enquêteur m'appelle de la cuisine. Il a découvert quelques os sur le buffet, appuyés contre une boîte à épices, près d'un verre contenant une brosse à dents et un tube de dentifrice. De prime abord, il croit qu'il s'agit d'os de soupe, ou même d'os mis de côté pour un chien, mais en y regardant de plus près, je me rends compte que ce sont des os d'un talon, auxquels s'ajoutent quelques fragments d'un sternum. Comme pour les os du tas d'ordures, il y a un trou rond très net en plein milieu. Que diable s'est-il passé ici?

À peine ai-je identifié ces os qu'un pompier entre en trombe. «L'eau est presque toute siphonnée, lance-t-il, et vous ne croirez pas ce que nous avons trouvé là-dedans, Doc. On dirait un squelette complet!»

Cette découverte ne m'étonne pas, mais qu'on m'appelle «Doc» me sidère. Le bénévole ne connaît sans doute pas mon nom. Néanmoins, même si je n'ai pas encore droit à ce titre, je ne reprends pas le pompier. Après tout, je ne veux pas l'embarrasser, n'est-ce pas?

À partir de ce moment, les événements se bousculent. En scrutant l'intérieur de la citerne, je découvre, au fond, des douzaines d'os humains enchevêtrés. S'ils étaient disposés selon la position de la victime quand elle est morte – soit en position couchée, soit blottie contre un mur, soit les mains et les pieds liés – j'aurais dû documenter cette position. Mais, comme les os sont en désordre, nous envoyons tout simplement quelqu'un dans la citerne pour les récolter. (Plus tard, je me suis demandé ce que buvaient le meurtrier et sa mère. Peut-être pensaient-ils que ces os donnaient une saveur intéressante à l'eau! Quoi qu'il en soit, le corps en décomposition ne semble pas avoir eu d'effet négatif sur leur santé. (Ou alors ils ne s'en sont pas rendu compte.)

Descendre dans la citerne est plus difficile qu'il n'y paraît. Celui qui va le faire va se mouvoir dans un espace souterrain réduit, où un cadavre est en train de se décomposer, avec tout ce que cela comporte d'émanations toxiques. Le chef des pompiers insiste pour que la personne chargée de cette sinistre expédition porte un appareil respiratoire autonome – ce qui ajoute au danger de l'opération. Tom se porte volontaire.

Pendant ce temps, Lee et moi avons d'autres tâches à accomplir. Les chercheurs découvrent des os partout sur la propriété, et l'on fait appel à nous pour examiner ces trouvailles dans la cour, derrière la grange et sous les dépendances. En fin de compte, tous ces os sont des os de lapins, de rats, d'opossums et de chats, apparemment morts depuis longtemps. Par contre, il y a beaucoup d'os humains dans la citerne, dans le poêle et sur le buffet.

Comme la nuit tombe, nous sécurisons les lieux en les entourant de ruban jaune. Un adjoint du shérif est chargé d'éloigner les civils. Peine perdue ! Le lendemain matin, alors que nous nous engageons sur le petit chemin qui mène à la ferme, nous faisons face à un bouchon de voitures et de camionnettes de résidents curieux. Les rumeurs au sujet des meurtres ont circulé rapidement et les lieux du crime se sont transformés en un espace de pique-nique. Les gens ont déployé leurs chaises de jardin ; les paniers de pique-nique sont ouverts ; les enfants jouent.

« C'est incroyable ! » dis-je à Lee. Elle n'est pas surprise car elle a grandi dans ce coin de pays. « Ici, répond-elle d'une voix traînante, c'est tout à fait normal. Je ne peux pas dire que je les blâme. Ça coûte moins cher que le cinéma. »

Ainsi, tout au long de la journée, nous avons un auditoire qui nous lance des mots d'encouragement lorsque nous passons au tamis une zone utilisée comme dépotoir par Ferguson. Un immense hourra s'élève au moment où les enquêteurs démantèlent le poêle à bois et nous l'apportent afin que nous en tamisions les cendres. Lee est enceinte de sept mois. Comme elle doit se pencher souvent, l'un des badauds lui offre sa chaise pliante.

« Pourquoi pas ? répond Lee. Merci. » Je propose d'aller la chercher, mais une petite fille s'amène avec deux chaises ! Lee et moi reprenons le travail dans un confort relatif, pendant que la foule pique-nique au son de la musique country qui sort de la radio d'une camionnette.

Un peu plus tard, les adjoints amènent Ferguson sur les lieux. Ils lui demandent où il a caché le reste des os de sa femme. Jusqu'à présent, nous avons trouvé des os mêlés à sa petite monnaie, ainsi que dans la citerne, sur le buffet de la cuisine, dans le poêle, et dans un dépôt d'ordures. Mais il en manque. L'adjoint me demande d'interroger le suspect.

C'est la première fois que je m'adresse à un meurtrier présumé. Je ne sais trop à quoi m'attendre, mais je n'aurais jamais deviné, même en faisant preuve d'une imagination débridée, ce qu'il allait me répondre quand je lui ai demandé où étaient les os.

« Oh ! dit-il calmement, je les ai retirés de la citerne et je les ai utilisés pour me chauffer cet hiver. Il fait parfois très froid ici. » Étonnamment, il connaît le nom de chaque os et me fait une description détaillée de ceux qu'il a cachés dans la cuisine, les différenciant de ceux qu'il a mis dans la chambre à coucher. Et ce n'est pas tout. Il lève le voile sur le mystère des trous. Lorsqu'il s'ennuyait ou se sentait seul, il retirait un os de la citerne et y perçait un trou juste assez gros pour y passer une lanière de cuir. Il portait ensuite le collier autour du cou – ce qui donne un tout autre sens à l'expression « femme trophée ».

Ferguson nous confirme que nous avons ratissé toutes ses cachettes (et, ultimement, il plaidera coupable pour les deux meurtres). La cour a assez d'éléments pour le faire condamner et assez d'os pour identifier la victime. Les enquêteurs nous disent de rentrer chez nous.

Après avoir remballé notre matériel, nous nous dirigeons vers la camionnette. Surprise ! Les badauds se mettent à applaudir. Pour eux, nous ne sommes pas uniquement des étudiantes anthropologues judiciaires sales et fatiguées. Nous sommes des héroïnes.

Nous éclatons de rire. Mais je ne craignais aucune réaction inappropriée. Que *serait* une réaction inappropriée dans un tel contexte ?

Une page importante de mon évolution professionnelle vient de se tourner, à Bean Station, au Tennessee. Pour la première fois, on me considère comme un enquêteur principal au sein d'une équipe d'anthropologues judiciaires. Des enquêteurs d'expérience comptent désormais sur moi. Dorénavant, je vais devoir prendre des décisions rapides qui, bonnes ou mauvaises, auront un effet sur le résultat d'une enquête. J'ai l'impression d'avoir réussi un examen de passage – mais un examen que je devrai reprendre sans cesse. Il n'y aura jamais de guide de conduite sur les lieux des crimes que j'aurai à résoudre. Je m'appuierai sur le bon sens, sur ma formation universitaire et sur ma capacité d'improvisation, tout comme je viens de le faire.

La prochaine fois, cependant, j'apporterai ma chaise de jardin.

CHAPITRE 3

WACO

Le mal que font les hommes se prolonge après eux ;
Le bien est souvent enterré avec leurs ossements.
WILLIAM SHAKESPEARE
Jules César, acte III, scène II

« Il y a deux torses dans ce sac ! »
« J'ai une main de bébé. Qui a besoin d'une main de bébé ? »
« Est-ce que ce pied va avec ma jambe ? »

Nous allons souvent à la morgue, mais nous entendons difficilement les réponses à nos questions à cause du gémissement des scies à amputation, du cliquetis des plateaux de métal et du mugissement des broyeurs à déchets industriels. L'odeur d'os et de tissus brûlés emplit mes narines ; j'ai l'impression d'en sentir le goût, mais j'essaie de rester en contact étroit avec les professionnels présents sur les lieux : pathologistes spécialistes des éclaboussures de sang ; anthropologues et dentistes en train de trier activement fragments et éclats de toutes sortes – soit les restes de gens qui se réclamaient de la secte des Davidians.

Deux mois auparavant, c'était un groupe d'hommes, de femmes et d'enfants vivant presque secrètement à Mount Carmel, enclave bien protégée située en banlieue de Waco, au Texas. Aujourd'hui, des parties de leur corps ont envahi la morgue. Leur sort est le résultat d'une série de mauvais calculs et d'actes violents que l'on ne comprendra et n'expliquera jamais. En ce moment, toutefois, je fais partie d'une équipe qui cherche à découvrir qui étaient ces gens et comment ils sont morts. Nous pouvons au moins faire cela.

* * *

La tragique aventure débute avec Vernon Howell, mieux connu sous le nom de David Koresh. L'homme est à la tête d'une secte baptisée de son nom : the Branch Davidians. Koresh est un être charismatique qui dirige sa communauté d'une main de fer, imposant des peines très sévères à tous ceux qui s'opposent à lui. Il convainc les Davidians de déménager dans l'enceinte de Waco, où ils seront, dit-il, protégés du monde souillé par le péché. En outre, il les persuade de lui remettre tout ce qu'ils possèdent. Il se sert de ce pactole pour constituer une immense cache d'armes illégales. C'est par les armes qu'il veut assurer sa défense contre l'apocalypse imminente promise dans la Bible.

Cette grande quantité d'armes et d'explosifs attire l'attention du Bureau of Alcohol, Tobacco and Firearms (ATF), qui envoie vers l'enceinte des agents munis d'un mandant de recherche. Au moment où les agents de l'ATF arrivent à l'entrée, des Davidians ouvrent le feu depuis les fenêtres, les portes et les toits. Ils tuent quatre agents et en blessent plus d'une douzaine. L'ATF riposte. Cinq Davidians meurent et Koresh est blessé.

Les Davidians se barricadent. Un siège de cinquante et un jours commence. Le Federal Bureau of Investigation (FBI) prend la relève de l'ATF à titre d'agence responsable et demande aux Davidians de se rendre de façon pacifique. Quelques-uns sortent de l'enceinte, mais la majorité reste à l'intérieur.

Le FBI décide d'employer les grands moyens. Le matin du 19 avril 1993, des chars défoncent les murs et lancent des nuages de gaz lacrymogène dans l'enceinte avec l'espoir que les Davidians sortiront à l'air libre. Ces derniers restent sur leurs positions et se mettent à tirer. Les agents du FBI reculent. Les Davidians aspergent alors les bâtiments d'essence et y mettent le feu. En quelques minutes, des flammes poussées par le vent dévorent les édifices délabrés et mettent le feu à la réserve de munitions. Les explosions qui en résultent créent d'énormes nuages de feu et de fumée en forme de champignons – dignes de l'holocauste annoncé par Koresh. Lorsque la fumée retombe, quelque quatre-vingts personnes sont mortes.

* * *

Hypnotisée, j'assiste à cet incendie sur le petit téléviseur de mon bureau. Les flammes emplissent l'écran. Les reporters tentent désespérément de se faire une idée de ce qui se passe, mais les rapports contradictoires ne leur facilitent pas la besogne. Les Davidians n'ont pas quitté les édifices parce qu'ils ne le voulaient pas, ou parce qu'ils ne le pouvaient pas ? Qu'en est-il de ces coups de feu entendus à l'intérieur de l'enceinte pendant qu'elle brûlait ? Les Davidians tiraient-ils en direction du FBI ou était-ce tout simplement la chaleur du feu qui faisait exploser les munitions prétendument stockées à l'intérieur ?

Une chose est certaine : Personne ne pouvait survivre à cet enfer. En compagnie de mes confrères étudiants en anthropologie, je surveille le tout pendant des heures, alors que le nombre des victimes présumées grimpe à soixante, soixante-dix, quatre-vingts…

Aujourd'hui, quand des désastres de masse frappent, les autorités font appel à une unité d'élite, composée d'enquêteurs chevronnés placés sous la gouverne d'organismes comme le DMORT. En 1993, il n'existe aucune structure nationale et le travail de morgue repose sur les épaules des médecins légistes locaux qui doivent, en cas de besoin, faire appel à leur propre réseau d'experts. Puisque notre docteur Bass est reconnu dans le monde entier pour ses compétences en identification de victimes, nous sommes certains que les autorités lui feront signe. Tous les finissants en anthropologie judiciaire du département espèrent bien sûr l'accompagner.

Après des années de travail d'équipe avec le docteur Bass sur des lieux de crime où les traces de meurtre avaient été volontairement effacées par un incendie, nous n'avons aucune peine à imaginer ce que Waco représente. Les corps des Davidians sont tellement carbonisés qu'ils sont méconnaissables. On ne peut recourir aux méthodes d'identification habituelles, comme les empreintes digitales. Pour identifier les restes et mettre des noms sur les tombes, il va falloir recueillir les éclats d'os et les fragments de dents et de crânes dispersés dans les décombres, en espérant trouver assez de morceaux pour les comparer utilement à ce qui figure dans les dossiers médicaux et dentaires des victimes.

Le plus petit incendie, même rapidement maîtrisé, peut tuer très vite en raison de la fumée. La victime qui succombe en inhalant de la fumée n'a pas de blessure apparente. Une exposition plus longue au feu produit des ampoules sur la peau et fait enfler les yeux et la langue. Des morts au visage partiellement défiguré peuvent être identifiés. Mais la plupart du temps, les incendies sont très violents et détruisent tout.

Le cuir chevelu disparaît en premier, puisque les cheveux se transforment en cendres. En quelques secondes, des cloques se forment sur la peau du visage, qui se fendille, rapetisse, et se carbonise. Les flammes consument rapidement la mince couche qui nous distingue les uns les autres et ne laissent qu'un masque noir et durci, qui recouvre les joues et la mâchoire. Il faut oublier taches de vins, cicatrices et tatouages – tout ce qui peut permettre d'identifier aisément une victime. Ils n'existent plus.

Puis ce sont les muscles qui brûlent. Ensuite les os. Les parties du corps peu ou pas recouvertes de tissu – tête, doigts, orteils, mains et pieds – brûlent en premier. Quelques minutes après la transformation de la tête en crâne, les bras et les jambes se changent en cylindres secs, presque momifiés.

Le bas de la colonne, les hanches et le bassin sont plus résistants. Faits d'os solides et pesants enrobés de beaucoup de tissu, ils brûlent moins vite que toute autre partie du corps. Entre-temps, la chaleur du feu enveloppe l'estomac et la poitrine, ce qui fait gonfler les organes et les intestins, même quand la peau rétrécit et se fend. Résultat, les organes internes sortent parfois de l'abdomen ; ils font irruption comme des monstres de science-fiction. Le sang se met à bouillir et à cailler en s'échappant des vaisseaux.

Une heure ou deux plus tard, il ne reste que les os. Mais il ne s'agit pas d'ossements d'un blanc immaculé, comme ceux que l'on voit dans les laboratoires d'anatomie. Dans leur état naturel, les os sont pâles, d'un jaune rappelant la couleur du beurre. Rôtis par un brasier, ils virent au brun, puis au noir, au gris bleu, au bleu, au blanc et, enfin, ils retournent en cendres. Les plus petits os franchissent ces étapes rapidement. Par contre, quand on a de la chance, on peut quasiment voir des cendres de bande dessinée : les os conservent leur taille et leur forme d'origine jusqu'à ce qu'un coup de vent ou un frôlement les réduisent en poussière.

Même les os les plus durs ont tendance à se tordre et à se fracturer lorsque les muscles et la peau qui les isolent ont brûlé. Le crâne disparaît assez vite après que le cuir chevelu s'est consumé, laissant les os exposés à la chaleur. Le crâne se fend quand le cerveau se réchauffe, une vapeur se forme alors à l'intérieur, qui gicle à travers les os brûlés. Cependant, même un crâne qui survit à la cuisson du cerveau finit par se briser après une exposition prolongée à la chaleur.

Une fois que le feu a fait son œuvre, les os qui n'ont pas été réduits en cendres ont souvent perdu tout lien avec la matière organique, de sorte qu'il ne leur reste plus que leurs sels minéraux. (Ce sont les sels minéraux qui proviennent des os d'animaux qui donnent à la porcelaine sa texture à la fois forte et délicate.) On utilise le terme « calcination » pour décrire cette réduction de minéral blanc par combustion. En très peu de temps, un corps humain de quatre-vingts kilos peut être réduit à quelques kilos d'os calcinés et de morceaux de muscles noircis.

N'oublions pas que les dents sont les os les plus résistants du corps. Les fausses dents durent moins longtemps, bien sûr, mais elles disparaissent bien après les hanches et la colonne. Quant aux dents naturelles, elles peuvent se conserver pour l'éternité, à la grande satisfaction des enquêteurs judiciaires. Bien sûr, les dents brûlées se fissurent et l'émail se détache. Et si les os environnants brûlent, comme cela se produit souvent, les fragments de dents tombent dans les débris. Quoi qu'il en soit, si vous tamisez avec application et assez longtemps, vous aurez peut-être la chance de retrouver un ou deux indices dentaires, même après un incendie violent.

En réalité, les dents, de même que certains fragments de gros os, survivent même à l'incinération. C'est pourquoi les crématistes professionnels ne se fient pas entièrement au feu. Ils placent les restes incinérés dans un pulvérisateur qui réduit les fragments, les morceaux d'os et les dents brisées en cendres, qu'ils versent dans une urne. Heureusement pour les enquêteurs, tout incendie, même un brasier aussi dévastateur que celui de Waco, laisse des fragments d'os et de dents.

Je peux fort bien imaginer la tâche ardue de récupération qui attendait les enquêteurs, à Waco, dès que la fumée s'est dissipée : je les vois, à genoux dans les décombres, tamisant cendres et débris. Quel travail horrible ! Non seulement ces victimes étaient brûlées au point d'être méconnaissables, mais leurs restes étaient « amalgamés », comme nous disons dans le métier. J'imagine ces pauvres gens, dans les édifices délabrés et surpeuplés, collés les uns contre les autres, ou courant comme des fous vers la sortie, ou essayant d'échapper aux flammes, blottis dans des endroits qui leur paraissent sûrs. Et lorsque l'incendie a réduit leurs corps en amas fragiles d'os et de muscles carbonisés, des parties brisées d'un corps se mêlent aux restes d'un autre corps : un bras jeté par-dessus une jambe, un torse effondré près d'un crâne… Des pans entiers d'édifices sont tombés sur les corps en feu, les brisant, pendant que la chaleur intense faisait fondre la peau sur les muscles et collait les tissus sur les os calcinés. Le bois brûlé, les ongles et les débris de toutes sortes s'ajoutaient au mélange de chair et de cendres pour former une masse noire charbonneuse, d'où sortaient des fragments de dents et d'os fendus.

Les enquêteurs doivent faire tout ce qu'ils peuvent pour extraire des restes humains de ces débris. Ils font un tri sur le terrain et envoient les restes à la morgue locale de Fort Worth, dans Tartant County. (Même si la catastrophe de Waco a lieu dans McClennan County, c'est le bureau du médecin légiste de Tarrant County qui fait les autopsies de McClennan, par entente contractuelle.) Habituellement, il n'y a que des pathologistes dans une morgue, c'est-à-dire des experts qui examinent les tissus et procèdent à des autopsies classiques. Mais les tissus des quelque quatre-vingts victimes (et plus) ont été réduits en cendres et en charbon. C'est pourquoi on a appelé les dentistes et les anthropologues judiciaires pour qu'ils examinent les dents et les os.

Dans le cas d'un incendie « normal » faisant plusieurs victimes – disons un feu de friture hors de contrôle dans un bar bondé ou dans un club social –, les enquêteurs ont à relever un défi compliqué : rassembler chaque reste humain et lui donner un nom. Mais le présent incendie n'est vraiment pas ordinaire. Il a été allumé de façon délibérée pendant une intervention controversée des forces de l'ordre qui a suscité une énorme couverture médiatique. En conséquence, l'équipe présente à Fort Worth mène une enquête criminelle très médiatisée, traitant chaque os et chaque tissu comme des éléments de preuve. Les anthropologues doivent posséder bien plus que leur science universitaire ; ils doivent respecter des mandats de confidentialité et les protocoles concernant l'historique de la conservation des éléments de preuve. À Knoxville, ce mélange de savoir-faire anthropologique et judiciaire a un nom : « B-A-S-S ».

Hélas, l'épouse du docteur Bass vient tout juste de mourir d'un cancer et il est en train de mettre ses affaires en ordre. Avec réticence, il décide de rester à Knoxville. Il délègue des étudiants diplômés à Waco. Bill Grant, Theresa Woltanski et moi-même sommes très fiers d'avoir été choisis. Nous sommes enthousiastes, et remplis d'appréhension.

* * *

Nous nous entassons dans ma Jeep Cherokee après y avoir jeté, pêle-mêle, sur le siège arrière, des vêtements, de la nourriture et du matériel de travail. Si nous sommes assignés à la morgue pour examiner les restes, on nous fournira l'équipement de protection habituelle : blouses, gants et masques. Par contre, si l'on doit plutôt se rendre sur les lieux pour y récupérer des restes, il nous faudra alors utiliser nos propres vêtements : bottes, casque, imperméable et outils d'excavation spécialisés. Nous sommes très bien équipés.

Nous roulons toute la nuit et arrivons à Fort Worth à 6 heures, soit une heure à peine avant notre réunion au bureau du médecin examinateur en chef Nazim Peerwani. Par expérience, nous savons qu'il n'est pas question d'entrer chez lui comme dans un moulin. Le bureau d'un médecin examinateur est presque toujours un endroit secret dissimulé derrière des portes closes et des postes de contrôle. L'accès au public y est extrêmement limité. Derrière ces portes closes, le personnel du médecin examinateur s'affaire à reconstituer les scénarios de crimes les plus mystérieux et les plus violents. Des familles éperdues de douleur, souvent promptes à s'attaquer à tout ce qui se trouve sur leur chemin s'y présentent à l'occasion. Parfois, c'est l'auteur d'un crime qui, dans un besoin irrépressible de punir davantage ses victimes, espère faire disparaître la preuve clé, ou s'imagine qu'il va protéger sa liberté en tuant ou en estropiant des limiers affectés à son cas.

Lorsqu'il y a plusieurs victimes, il y a bien sûr des dizaines de membres des familles qui se présentent pour identifier les corps. Il est encore plus important, dans ce cas, de limiter l'accès à la morgue. Voulant épargner aux familles les horreurs d'un corps calciné ou d'un visage défiguré, les médecins examinateurs limitent le nombre de civils à la morgue, même si des parents insistent pour voir un être cher une dernière fois. Influencés par la télévision, plusieurs s'imaginent que la morgue est une sorte de maison funéraire où s'alignent paisiblement des corps au repos. C'est une image très loin de la réalité. La morgue est une salle pleine d'éclaboussures de sang, où règne le chaos.

En outre, il importe d'éloigner les amateurs de sensations fortes qui se rassemblent inévitablement sur les sites de désastres. Leur curiosité morbide est attisée par les médias et se transforme parfois en désir fanatique de pénétrer derrière des portes fermées. Des gens d'ordinaire rationnels et bien élevés agissent soudain comme des spectateurs de cirque romain. Ils se bousculent pour avoir une vue rapprochée et intime des cadavres ; ils se croient à la télévision !

Ainsi, même si Bill, Theresa et moi n'avons jamais travaillé sur ce genre de lieu, nous ne sommes pas surpris lorsqu'un homme très poli du bureau du shérif nous barre le chemin aussitôt que nous descendons du trottoir.

« Le docteur Peerwani nous attend ! S'il vous plaît, laissez-nous passer ! » dit Theresa, impatiente. Theresa, une de mes amies, réagit toujours promptement devant une injustice. Elle secoue la tête avec véhémence ; ses longs cheveux blonds lui fouettent le visage tandis qu'elle s'adresse à l'agent.

« Au moins, appelez le docteur Peerwani par radio », suggère Bill. Grand, ancien combattant décontracté qui ne s'énerve devant rien, Bill est mon autre copain et, coïncidence, c'est l'ami de Theresa. Je le regarde avec reconnaissance, rassurée. Ses talents de diplomate et son autorité tranquille vont nous ouvrir la voie.

On nous conduit enfin dans une salle de réception, où l'on nous remet des badges d'identification personnels, tout frais imprimés et valides uniquement pour l'affaire pour laquelle nous avons été appelés. Toute personne voulant accéder à la morgue doit porter un macaron très visible, en tout temps.

« Un instant, lance la réceptionniste alors que nous nous dirigeons vers la porte. Le docteur Peerwani va arriver, il va vous faire faire une visite guidée. »

« Oh, *allons donc* ! » dis-je, agacée. Nous avons roulé toute la nuit et nous sommes impatients de commencer à travailler. Plus tard, toutefois, j'apprécierai la prudence du docteur Peerwani. Il sait que, dès que nous mettrons les pieds dans son laboratoire, nous participerons immédiatement aux autopsies. Il veut donc que nous recevions un bref cours d'orientation avant d'entreprendre cette tâche terrible et de longue haleine. De plus, c'est son «atelier», et nous y sommes à sa demande. Nous devons apprendre comment travailler sous sa surveillance. Il veut que notre intégration se fasse en douceur.

Nous connaissons le docteur Peerwani grâce à ses apparitions presque quotidiennes à la télé. Lorsque cet oriental élégant passe la porte dans sa blouse blanche empesée, nous sommes emplis de respect. Il secoue la tête, sourit, nous fait signe de le suivre dans le sanctuaire de la morgue.

Nous pressons le pas pour pouvoir le suivre. Le docteur Peerwani nous fait visiter l'édifice, s'arrêtant à peine pour nous présenter les personnes avec lesquelles nous allons travailler. Tout en identifiant les différents locaux de la morgue, j'essaie de mémoriser chacune de ses paroles, qui trahissent un léger accent britannique. L'édifice ressemble à un labyrinthe, je me demande si j'y retrouverai mon chemin. Peu à peu, un plan s'inscrit dans mon esprit.

Tout d'abord, il y a la «zone des bureaux», réservée à la paperasserie et à la recherche. À cette heure matinale, les employés commencent à entrer. Ils allument les lumières, ouvrent la porte de leur bureau personnel, ainsi que celle de la bibliothèque et de la salle de réunion. Le mobilier de cette salle est digne d'un cabinet d'avocats cossu. La moquette est luxueuse. De grandes fenêtres laissent entrer la lumière; des luminaires à éclairage tamisé sont installés pour les réunions de fin de soirée. Une musique classique s'infiltre sous les portes des bureaux. Les employés portent les vêtements professionnels traditionnels.

Plus profondément dans le sanctuaire, l'atmosphère change en même temps que le décor. C'est comme si on suivait toute la palette des gris, allant du gris pâle au gris foncé. Il n'y a plus de grandes fenêtres; le carrelage a pris la place de la moquette; les lampes fluorescentes bourdonnent. Nous sommes dans le laboratoire, où les experts en criminalistique, qui viennent de pointer à l'arrivée, enfilent une blouse par-dessus leur T-shirt et leur jean. Ils s'apprêtent à recevoir les fioles de sang, les échantillons de tissus et les éléments de preuve prélevés sur les corps qui se trouvent à l'étage inférieur, dans la salle d'autopsie.

Nous descendons. Les uniformes changent à nouveau. Les employés de la morgue portent des blouses de chirurgien bleu pâle. Soudain, le docteur Peerwani s'arrête pile. Nous faisons de même, dérapant un peu sur le sol glissant. Il se retourne, jette un regard sur nos vêtements, puis s'engage dans une autre direction.

« Allez mettre des vêtements de chirurgien », nous dit-il en nous indiquant deux salles de bain. Theresa et moi nous nous retrouvons dans une grande salle qui ressemble au vestiaire d'un centre de conditionnement physique, avec des casiers le long du mur, des douches et des toilettes. Des étagères débordent de blouses de toutes tailles. Nous enlevons notre jean et notre T-shirt et enfilons une blouse par-dessus nos sous-vêtements. De retour dans la salle, nous ressemblons aux employés rencontrés pendant notre visite, sauf que ces derniers portent, sous leur blouse, des cols roulés, des sous-vêtements thermiques et d'épaisses chaussettes. La raison est simple : il fait très froid. Tandis que nous nous rapprochons de la salle d'autopsie, l'air se refroidit encore. Et l'odeur est plus forte.

Je n'oublierai jamais cette odeur. Rien de ce que j'ai connu jusqu'à présent ne s'apparente à cette odeur suffocante, que ce soit la salle d'opération de la Body Farm ou les endroits dans lesquels j'ai travaillé à certaines affaires. L'odeur rance du kérosène, jointe à celle, âcre, de la poudre, se mélange à l'odeur nauséabonde de la chair brûlée – à laquelle je ne pourrai jamais m'habituer. Et, pour couronner le tout, plane la puanteur des corps en décomposition.

Bill, Theresa et moi roulons des yeux ahuris, puis nous nous regardons avec horreur. Lorsque le docteur Peerwani ouvre les portes battantes de la salle d'autopsie, nous nous attendons à voir des corps carbonisés en décomposition empilés jusqu'au plafond.

Il n'y a rien. La morgue est vide à cette heure matinale. Quatre ou cinq éviers d'autopsie en acier inoxydable longent le mur. Derrière la porte, une armoire pleine de gants de caoutchouc, de masques et d'autres équipements de protection. Les planchers sont récurés, les éviers luisants de propreté. Seules quelques lampes sont allumées. Je commence à comprendre que les odeurs s'insinuent par les pores microscopiques du plancher, du plafond et des murs.

L'eau fait disparaître la preuve visible de la mort, mais pas ses odeurs, qui persistent longtemps, très longtemps…

Le docteur Peerwani est sur le point de nous conduire dans la salle de radioscopie adjacente, lorsqu'il jette un coup d'œil à sa montre. Il s'arrête au milieu d'une phrase. « Venez », dit-il. Nous pédalons pour le suivre jusqu'à la salle de réunion, où des enquêteurs sont réunis pour la rencontre de 7 h 30.

Je sais qu'il faut identifier les corps de Waco aussi vite que possible : les familles éplorées espèrent avoir des nouvelles ; les autorités gouvernementales subissent d'énormes pressions politiques ; et les enquêteurs du FBI doivent déterminer ce qui a pu se passer dans l'enceinte. Je ne vois donc pas pourquoi on consacre un temps précieux à une réunion.

Aujourd'hui, je sais que ces rencontres font partie d'un protocole standard qui se met en branle lors de catastrophes au cours desquelles la mort a frappé un grand nombre de gens. Ces rencontres rassemblent de nombreuses agences et des professionnels qui travaillent ensemble dans des délais très courts. Ils doivent être mis au courant de toutes les modalités de l'enquête, et il est important qu'ils puissent disposer de périodes de discussion afin d'examiner certains problèmes inévitables. Un retard de travail au service de radioscopie est plus rapidement comblé lorsque les pathologistes se montrent plus sélectifs dans les radiographies qu'ils réclament. Il faut parfois installer de nouvelles lignes téléphoniques afin que les enquêteurs puissent communiquer plus facilement avec les membres des familles. Et quand il faut plus d'enquêteurs sur les lieux d'un crime qu'à la morgue, cela demande un réaménagement des sites d'affectations. En outre, dans ces circonstances où il se passe tant de choses et où les rumeurs courent à un rythme d'enfer, il est important de tenir le groupe de travail bien informé à l'aide de rapports quotidiens. Il est réconfortant d'entreprendre une journée en sachant clairement où l'on en est – soit ce qui ne fonctionne pas et ce que l'on espère accomplir.

Ce jour-là, je découvre une autre raison justifiant ces réunions quotidiennes. Elles offrent à tous les participants de cette grande équipe l'occasion de se rencontrer. Parmi les trente personnes ou plus qui se trouvent dans la salle, la plupart ne se connaissent presque pas et n'ont commencé à travailler ensemble que le 19 avril.

Après une semaine, cependant, il semble qu'ils se soient bien acclimatés. Bill, Theresa et moi sommes les nouveaux venus. À notre grand étonnement, le docteur Peerwani nous présente.

«Voici trois anthropologues judiciaires fraîchement arrivés du Tennessee. Ils vont travailler avec les pathologistes médicolégaux de la morgue, où l'on va trier et identifier les restes osseux.» Les personnes qui sont dans la salle nous sourient; nous leur répondons avec reconnaissance.

Je sais que plusieurs bureaux de coroner s'occupent généralement des morts suspectes dans leur communauté sans avoir à recourir aux services spécialisés prodigués par ma discipline. Mais lorsqu'il y a plusieurs morts à la fois, ils font appel à nous. Le médecin légiste doit donc être au fait de ce que font les anthropologues judiciaires. S'il ne l'est pas, il est difficile de coordonner les deux disciplines.

Heureusement, le bureau du médecin légiste de Tarrant County a déjà un anthropologue sur place. Mark Houck a d'abord été analyste d'indices matériels, c'est-à-dire qu'il examinait les petits éléments de preuve trouvés sur les lieux de crime – comme des particules de cheveux ou de peinture sur les vêtements d'une victime, par exemple. Mais il a également une formation d'anthropologue. Autrement dit, les pathologistes de son bureau sont accoutumés à faire équipe avec quelqu'un qui travaille comme nous. Plus tard, après avoir œuvré sur plusieurs affaires de décès collectifs, je comprendrai l'importance de ce genre d'équipe. Même s'il n'est pas à la réunion d'aujourd'hui, Max a mis ses collègues au courant de ce qui les attend. En fait, il passe tout son temps sur les lieux du crime, repérant et triant des restes humains.

Bien que je ne sois pas encore allée sur les lieux, je ne vais pas tarder à apprendre ce que représente la mission de Max. Dans un incendie comme celui de Waco, il y a une hiérarchie dans les dommages. Certaines victimes sont carbonisées mais relativement intactes. Leur corps se trouve peut-être à la périphérie, ou leurs restes ont sans doute été protégés du brasier par des murs écroulés, des meubles, voire d'autres corps. Certaines victimes, par contre, sont réduites en pièces, ou en fragments éparpillés sur une assez grande surface et mélangés à des fragments provenant d'autres personnes. Il est presque impossible à Max et à son équipe de Rangers du Texas et d'enquêteurs médicaux de trier sur place les tas de torses calcinés, de jambes et de bras amalgamés et les fragments de crânes. Ils mettent dans des sacs les restes étiquetés de plusieurs personnes amalgamés par la chaleur du brasier, et envoient le tout à la morgue. On trouve parfois dans ces sacs une main, un bout de chair carbonisée dans un morceau de T-shirt noirci, un biberon de bébé… Nous serons peut-être en mesure de relier ces fragments à des morceaux présents dans d'autres sacs.

Max et son équipe ont mis au point un système permettant de situer l'endroit d'où provient chaque sac : un diagramme des lieux du crime. Chaque sac étant numéroté, nous pouvons, en consultant le diagramme, situer l'endroit où ont été trouvés les fragments. Une reproduction agrandie de ce diagramme est affichée bien en vue dans le corridor jouxtant la morgue : les numéros des sacs mortuaires y sont inscrits en rouge. La zone entière est divisée en une sorte de grille alphabétique. Le fait de savoir où les parties ont été récupérées aide les pathologistes et les autres enquêteurs à reconstituer ce qui s'est passé avant, pendant et après l'incendie. Ces renseignements peuvent se révéler cruciaux lors du procès. Grâce au diagramme, nous avons une norme commune pour entreprendre le processus d'identification à la morgue. Certes, des parties de corps ont parfois été soufflées à l'autre bout du lieu du sinistre, les pieds peuvent alors se trouver dans le secteur A, et les mains dans le secteur D. Mais d'une façon générale, la plupart des restes demeurent dans un même secteur. De cette façon, au moins, nous avons une chance raisonnable de restituer des fragments à leur propriétaire original – surtout si quelqu'un trouve un torse et un crâne assez près l'un de l'autre pour les identifier. Avec un peu de chance, chaque numéro renvoie à un nom à la fin de l'enquête.

À force de travailler sur des dossiers de morts collectives, j'ai appris que chaque incident présente un problème particulier d'identification. Par exemple, lors d'un écrasement d'avion à impact majeur, les autorités ont en main une liste fiable des victimes présumées. Certes, les tissus humains sont fragmentés, amalgamés et éparpillés, mais nous savons au moins à qui ils sont censés appartenir. Par contre, lorsqu'un immeuble à bureaux s'affaisse ou s'envole en fumée, nous ne sommes pas certains de l'identité des personnes qui se trouvaient à l'intérieur. Cependant, nous pouvons toujours essayer de trouver des pièces d'identité, comme un permis de conduire, par exemple, ou espérer que certaines victimes portaient des bijoux ou des vêtements dont se rappelleront un conjoint, une conjointe ou un parent.

Ici, à Waco, nous n'avons aucun de ces indices. La liste des résidants est incomplète et, dans certains cas, les noms ont été dissimulés par les personnes elles-mêmes. Ces gens étaient soit des fugitifs, soit des étrangers utilisant un faux nom, ou des citoyens américains ayant changé d'identité pour se conformer aux croyances de la secte. Du fait qu'ils étaient quasi emprisonnés dans le complexe, on n'a pas la moindre idée de ce qu'ils portaient. Les Davidians ne se promenaient pas avec des portefeuilles contenant des pièces d'identité ; ils ne s'adonnaient pas non plus à des pratiques matérialistes, comme le port de bijoux (sauf pour les étoiles de David accordées par Koresh à ses membres favoris.) Personne ne connaît le nombre exact d'individus qui vivaient dans l'enceinte. Mais, d'une façon ou d'une autre, l'équipe d'experts rassemblés sur les lieux doit fournir une liste.

Cette équipe, *mon* équipe, est maintenant revenue à la morgue, et la salle auparavant tranquille (mais malodorante) reprend vie. Je suis debout dans un coin et j'observe les employés qui ouvrent les portes des salles adjacentes. La porte de la salle de radioscopie affiche un trèfle magenta – symbole international de la radiation nucléaire – tandis qu'une éclatante lumière rouge coiffe le haut du chambranle. « Ne pas entrer lorsque la lumière rouge est allumée », dit un grand panneau. Une deuxième salle sert à l'équipe d'identification dentaire, une autre aux experts en dactyloscopie. En ce moment, toutefois, tous les membres de l'équipe grouillent autour des armoires. Ils enfilent leur vêtement de sécurité.

Personne n'a le temps de me dire ce que je dois faire. Je continue donc à regarder les employés chevronnés et à les imiter, passant mes bras dans une blouse en gros coton, dont les cordons s'attachent dans le dos. J'attrape un masque chirurgical jaune, que j'attache derrière ma tête avant de le faire glisser sur ma bouche et mon nez. Ce dispositif ne supprime pas l'odeur, mais il protège des éclaboussures de sang. Je fouille dans une boîte, en retire une paire de chaussons de papier à pointure unique que j'enfile par-dessus mes chaussures de sport, comme des caoutchoucs. Une autre boîte contient des bonnets en papier très fin, qui s'ouvrent comme des bonnets de douche.

Theresa me jette un coup d'œil en coin et sourit. « C'est un strip-tease à l'envers ! »

Sa plaisanterie fait baisser la tension et nous rapproche des autres employés. Nous éclatons de rire. Quelques femmes, plus hardies, brandissent leurs vêtements au-dessus de leur tête et improvisent une danse burlesque, avant de recouvrir prestement la moindre parcelle de chair exposée : recevoir sur la peau le sang d'une victime n'est pas très plaisant. Ces plaisanteries nous aident à rire de nous-mêmes.

Je mets ensuite un écran facial, soit un carré de plastique mince d'environ trente centimètres carrés, attaché à une couche de rembourrage de mousse qui épouse gentiment mon front. J'attache l'élastique qui le maintient derrière ma tête. L'écran recouvre complètement mon visage ; le dessus encercle ma tête comme le bandeau d'un Indien d'Hollywood. J'aimerais que l'on ait inventé quelque chose pour supprimer l'odeur. Hélas non.

La protection des mains est essentielle. Les gants que nous portons sont à l'épreuve des coupures. Ils sont faits de fil métallique tissé fin et ressemblent à une version miniature d'une cotte de mailles du Moyen Âge. Notre superviseur nous prévient qu'il y a du verre brisé et des éclats de métal dans les restes que nous allons examiner. Même s'ils sont inconfortables, ces gants nous évitent blessures et infections. Des gants de caoutchouc épais peuvent s'ajouter aux premiers pour une protection accrue.

Couverts des pieds à la tête de tissu, de plastique, de papier et d'une cotte de mailles, on ne distingue plus que nos yeux. Nous sommes enfin prêts à nous mettre au travail.

Quelques déclics : toutes les lumières s'allument et d'énormes ventilateurs d'aspiration se mettent en branle. Les techniciens poussent les tables dans la salle. Différentes des tables d'opération, celles-ci sont asymétriques, une des extrémités un peu plus élevée que l'autre. Chaque table arrive avec un sac mortuaire portant un gros numéro rouge inscrit au pulvérisateur. Par exemple, MC-23 signifie qu'il s'agit du vingt-troisième sac de restes récupérés à Mount Carmel. La peinture en aérosol, imperméable, est idéale pour identifier les sacs.

Chaque poste d'autopsie mesure environ trois mètres de long sur un mètre de large et possède, de chaque côté, un évier en acier inoxydable surmonté d'un plan de travail. Sur chaque évier, trois robinets sont reliés à un gicleur, un tuyau de caoutchouc et un col-de-cygne, ce qui donne une gamme d'options pour rincer le sang coagulé. L'ensemble s'élève jusqu'à un dosseret d'un mètre de haut, muni de lampes, tandis que l'évier est pourvu d'un énorme broyeur à déchets.

Deux grands anneaux d'acier, devant les éviers, s'alignent parfaitement sur les deux gros crochets placés à chaque bout de table. Lorsque les techniciens approchent les tables des éviers, ils passent les crochets dans les anneaux et, avec le pied, bloquent les verrous des quatre roues de la table. Les tables font maintenant partie de notre poste d'autopsie. Chaque table, sur sa partie la plus basse, possède un trou d'environ cinq centimètres fermé par un bouchon de caoutchouc. Cette extrémité se place au-dessus de l'évier. On ôte le bouchon pour vidanger les liquides ou pour rincer la table. Le plus souvent, les sacs demeurent sur les tables.

Bill se joint au docteur Gary Sissler, Theresa au docteur Peerwani. Je fais partie de l'équipe du docteur Charles Harvey. Ce dernier est un homme dans la cinquantaine ; il est un peu plus petit que moi, mais mieux nourri. Il se met rapidement au travail et semble très bien savoir où il va. Il me tend un bassin bleu, rectangulaire, dont la couleur ressemble à s'y méprendre à celle de ma vaisselle de cuisine – à la différence que le bassin du docteur Harvey est rempli de restes sanguinolents. Je vois immédiatement qu'il s'agit de morceaux de crâne mêlés à une boulette faite de sang et de cerveau cuits ensemble. La boulette est grosse comme un ananas.

« Il y a quelque chose qui ne colle pas, dit le docteur Harvey en regardant par-dessus mon épaule. Nous pensions d'abord que toutes ces personnes avaient péri par le feu. Mais cette femme ne semble pas avoir été brûlée grièvement. Son corps est presque intact et il n'y a pas de suie dans ses voies respiratoires. »

J'acquiesce. D'habitude, les victimes d'incendies meurent à la suite de l'accumulation rapide de monoxyde de carbone ; autrement dit, la fumée les asphyxie. Mais cette femme est morte *avant* d'inhaler quoi que ce soit. Pourquoi ?

« Il y a autre chose, poursuit le docteur Harvey. Les enquêteurs n'ont relevé aucun indice démontrant que les débris d'un édifice sont tombés sur elle. Pourtant, son crâne est en morceaux. S'il ne s'est pas fracassé lors d'une chute ou n'a pas été brûlé par le feu, qui l'a brisé ? »

Je jette un coup d'œil inquisiteur sur les restes calcinés. Ils cachent un secret que je dois découvrir.

« Je suis impatient de voir ce que vous allez faire de ceci », dit le docteur Harvey. Puis il retourne vivement à sa propre victime.

Pendant un moment, je demeure perplexe au milieu du va-et-vient de la morgue. Tout le monde vaque à ses occupations d'un air résolu, mais moi, que suis-je censée faire ? La salle d'autopsie du docteur Harvey est déjà remplie à craquer de techniciens ; un tas d'instruments jonchent le sol. Finalement, j'emporte mon bassin vers un évier de porcelaine blanche. Je m'assure qu'il ne s'agit pas d'un évier « propre », soit un évier réservé au lavage des mains – et surveillé attentivement par des gardiens. Je retire les morceaux du bassin avec précaution. J'ai déjà rempli cette tâche, mais pas dans un laboratoire où je suis entourée d'étrangers. Le fait que je sois partie prenante dans un événement sans précédent me trouble. Je respire profondément, ce qui force mon esprit à se concentrer sur la preuve étalée devant moi. Et, comme cela arrive souvent, mes mains prennent vie par elles-mêmes et se déplacent instinctivement pour retirer les os du cerveau.

Ce sont eux qui captent mon intérêt. Le feu et le processus de décomposition ont détruit le cerveau et d'autres tissus mous. Cependant, les os durs recèlent des secrets que je pourrai sans doute déchiffrer si je réussis à enlever toute la « matière molle ».

Au début, saisir les plus gros morceaux du crâne brisé et les enlever de ce qui reste du cerveau est chose facile. Après avoir gratté les dernières traces de sang coagulé et de tissus, je lave les fragments de crâne dans un bassin d'eau chaude savonneuse, puis je les mets à sécher sur une serviette bleue. J'ai l'impression de faire la vaisselle après un gros repas.

Il faut que je reconstitue le crâne pour pouvoir y lire l'histoire de la mort de cette femme. Pour récupérer tous les fragments, je dois démonter le cerveau pièce par pièce, comme si je séparais des morceaux de pâte à pain. Mes doigts doublement gantés sondent soigneusement les tissus sanglants à la recherche des bouts d'os qui y sont enfoncés. Lorsque j'extrais et lave les plus petits morceaux, le sang et l'eau sales giclent sur ma poitrine et mon écran facial. Pour rendre les choses plus difficiles, une mouche atterrit sur l'écran et s'y balade. Si je tente de l'éloigner avec mes gants sales, du sang coagulé tombera sur l'endroit où, précédemment, la petite mouche a laissé de minuscules taches. J'essaie donc d'ignorer les insectes et les éclaboussures de sang qui recouvrent mes vêtements et mon écran facial. C'est comme si je regardais à travers un pare-brise éclaboussé de rouge et de noir – mais sans essuie-glaces.

Je discerne peu à peu la forme qui émerge graduellement des fragments du crâne. Je suis sûre de moi à présent. À cette étape, je peux déjà voir que les fractures ont été causées par autre chose que le feu, ainsi que l'a suggéré le docteur Harvey. Grâce à ma formation d'anthropologue, je suis en mesure de reconnaître quelque chose de familier dans les os, et je n'en crois pas mes yeux. Il n'y a qu'une explication possible. Je sais comment le crâne de cette femme a été fracassé. Toutefois, rien de ce que j'ai entendu lors des bulletins ou lors de la rencontre de ce matin ne confirme ce que je crois voir.

J'ai envie de courir vers le docteur Harvey afin de lui faire part de ma certitude. Mais le bon sens et mon instinct de conservation prennent le dessus. J'ai eu ma part d'ennuis avec des professeurs universitaires qui ont eu recours à moi pour « élaborer des théories avant les faits ». Non, pas cette fois. Je vais d'abord accumuler tous les éléments de preuve avant de présenter au docteur Harvey ce que je crois instinctivement être la vérité.

Je retire le dernier morceau de matière poisseuse sur les os du crâne, puis je les mets à sécher tous sur une serviette en papier. Prochaine étape, recoller les pièces. De cette façon, je verrai le crâne tel qu'il était lorsqu'il était « vivant ». Ma découverte pourra alors être révélée à tous. Les bouts d'os doivent être parfaitement secs avant que je puisse y appliquer la colle ; pour l'instant, ils sont encore détrempés. Je les garde impatiemment à l'œil. Et si je les frottais avec une serviette ?

L'une des techniciennes qui m'a vue frotter maladroitement un os avec un bout de serviette me tape sur l'épaule. Je me retourne ; elle tient un sèche-cheveux dans sa main gantée. Elle aussi porte un masque de chirurgien. Je peux voir, aux plis qui se sont formés au coin de ses yeux, qu'elle me fait un grand sourire. Je lui souris moi aussi, et prends le sèche-cheveux. Quelques minutes plus tard, je suis en train de recoller les os.

C'est ici que la poursuite acharnée de la perfection que m'a inculquée Bill Bass porte ses fruits. Tout autre professeur m'aurait permis de quitter le cours sans avoir identifié et replacé les petits fragments épars. Grâce au docteur Bass, qui insistait toujours sur les détails, je suis en mesure de lire les variations subtiles du contour des os et de discerner le délicat motif tridimensionnel des veines sur les surfaces internes du crâne – indices qui me disent en un clin d'œil où se trouvaient les os. Comme je l'ai fait lors des enquêtes entourant quelques meurtres au Tennessee, je place les morceaux brisés côte à côte, comme si je recollais un vase brisé.

En peu de temps, la forme originale du crâne de la femme émerge : le front d'abord, puis les orbites, puis les trous du système auditif et de la colonne. En reliant deux gros morceaux, je vois exactement ce à quoi je m'attendais : la preuve que je voulais partager avec le docteur Harvey, soit un trou rond très net aux contours biseautés là où l'os aurait dû être lisse et plein. Un cerne de suie noire entoure l'extérieur du trou, autre indice significatif. La première impression du docteur Harvey est donc juste. Ni le feu, ni l'écroulement d'un mur n'ont fracassé le crâne de cette femme. Elle est morte parce que quelqu'un a tenu une arme près de sa tête et a fait feu.

La suie noire me dit combien le fusil était près du crâne. Ce « tatouage de poudre » apparaît uniquement lorsqu'une arme est appuyée contre la tête de la victime. En outre, je peux voir par où la balle est entrée, car elle a creusé un trou dans un bouchon osseux[*] en se frayant un passage à travers les trois premières couches du crâne, soit l'os crânien externe mou, l'os crânien interne et l'os spongieux pris en sandwich entre les deux. Comme cela se produit souvent lors d'une blessure par balle dans le crâne, les trois couches du bouchon sont percées dans un certain angle, ce qui forme un trou de forme conique, comme la fenêtre ronde à l'arrière

---

[*] Morceau rond qui s'éjecte à l'endroit où un projectile transperce le crâne. N.D.T.

d'un avion à réaction dont la circonférence intérieure est plus large que la circonférence extérieure.

Parfois, une balle crée une blessure de sortie. Cette blessure laisse également un trou biseauté mais en sens contraire de celui de l'entrée. Je n'en vois pas ici, ce qui veut dire, en théorie, que la balle est toujours dans le cerveau de la femme. Je n'ai pas encore relevé de trace de cette balle; il faut dire que lorsque j'ai tâté la matière cervicale, c'était pour y rechercher de fragments. Y a-t-il une balle, oui ou non?

Je scrute le crâne et remarque qu'il y manque plusieurs fragments, sans doute des morceaux dispersés par le coup de feu. Il est possible que le trou de sortie fasse partie de ces morceaux manquants.

Il est temps que j'aille voir le docteur Harvey pour lui demander d'examiner mon crâne reconstruit. Lorsque je m'approche de lui, il interrompt son propre travail sans dire un mot. Il a l'air exténué. Je lui présente le crâne dans son bassin de plastique comme un élève présente un projet bizarre dans un cours d'art plastique. Il le prend doucement à deux mains, le soulève et le fait tourner sur lui-même.

Sans crier gare, il quitte la salle avec le crâne.

Debout, tenant le bassin bleu devant moi, je jette un coup d'œil du côté des membres de l'équipe de l'autre salle d'autopsie. Ils viennent d'ouvrir un sac contenant des centaines de fragments d'os brisés et brûlés.

«Vous êtes anthropologue, n'est-ce pas?» La voix sort de l'un des masques anonymes. Je fais un signe affirmatif de la tête et me dirige vers la table de la personne qui vient de m'interpeller. «Vous pourriez être utile ici», ajoute la voix. Et c'est ainsi que tout commence: deux semaines à jouer à la marelle, à sauter d'une tâche à l'autre, à aider là où on me le demande...

Tantôt, je classe des groupes d'os par ordre anatomique, séparant tibias, péronés et omoplates brûlés et fragmentés dans l'espoir qu'un compte d'os semblables – deux fémurs par exemple – m'aide à déterminer combien il y a de fragments de personne dans ce groupe d'os. Tantôt, je dissèque les os pelviens d'une victime, examinant les articulations afin d'établir son âge. Mais la plupart du temps, je nettoie des fragments de crânes et je les recolle, comme pour mon premier cas. J'ignore encore que la blessure par balle que j'ai découverte n'est que la pointe de l'iceberg.

En plus de la rencontre de 7 h 30, nous devons assister à cinq sessions l'après-midi, où le personnel médical et les enquêteurs du FBI font état de leurs découvertes du jour. Le premier jour, je suis fatiguée et soulagée d'enlever mes vêtements de protection, couverts d'éclaboussures de sang, de traces de charbon de bois, d'une matière poisseuse qu'il est préférable de ne pas identifier, et de ma propre sueur. Je n'ai pas revu Bill et Theresa depuis que le docteur Harvey m'a pris le bras ce matin. Je suis impatiente de comparer nos notes. J'enfile donc mes vêtements de ville et je me dirige vers le hall pour rejoindre mes amis. Nous avons à peine le temps de nous saluer avant d'entrer dans la salle de réunion. Nous, les novices, nous nous asseyons près du mur arrière, tandis que les pathologistes et les agents fédéraux prennent place autour de la table de conférence qui se trouve au milieu de la salle.

Comme d'habitude, le docteur Peerwani ouvre la séance. Il commence avec la liste des cas du jour et un relevé des identifications positives. Il fait un rapport d'étape et remercie toutes les personnes présentes pour leur travail de la journée. Puis il cède la parole au docteur Harvey.

« J'ai une grande nouvelle à vous annoncer », dit ce dernier. Bill, Theresa et moi nous nous penchons, intrigués par ce qu'il s'apprête à dire. « Elle concerne une femme découverte sur les lieux. Bien que ses restes soient carbonisés, elle n'est pas morte par le feu. Elle est décédée d'une blessure par balle à la tête. »

Mon Dieu, me dis-je. C'est ma victime, celle dont j'ai découvert la blessure par balle !

Personne ne dit mot. Les participants se regardent, déconcertés. Certains secouent la tête, d'autres massent leurs tempes douloureuses, d'autres griffonnent furieusement dans un carnet. Derrière moi, deux ou trois personnes tapotent le clavier de leur ordinateur portatif.

J'apprendrai plus tard que ma découverte n'était pas totalement inattendue. Des preuves apportées lors des premières autopsies ont révélé que certaines victimes n'ont pas péri par le feu. C'est pourquoi le docteur Harvey m'a demandé d'examiner le crâne en premier lieu. Comme d'autres membres de l'équipe, il soupçonnait que des Davidians avaient été exécutés ou s'étaient suicidés avant que la fumée et les flammes ne les atteignent. La découverte d'aujourd'hui est un virage important, la preuve irréfutable qu'une victime au moins a succombé à une blessure par balle.

Du coup, l'enquête tout entière prend une nouvelle tournure. L'identification des victimes n'est plus notre seule mission. Nous devons maintenant examiner scrupuleusement les restes à la recherche des signes les plus ténus de blessures, ensuite, nous devons bien documenter nos découvertes. Il faut faire la distinction entre les blessures occasionnées avant, pendant et après la mort. En outre, il faut déterminer la cause et les circonstances de la mort : par inhalation de fumée, dans les flammes, ou lors de l'effondrement d'un édifice. La victime a-t-elle été abattue ou poignardée avant même que le feu n'éclate ? Ensuite, il faudra identifier les morts.

La réunion terminée, on nous promet un nouveau protocole pour le lendemain, un protocole qui abordera tous les sujets qui sont en train de remonter à la surface. Pendant ce temps, Bill, Theresa et moi devons trouver une chambre pour la nuit. Avant de quitter Knoxville, nous avons convenu que, à défaut de motel, nous ferions du camping. Plus tôt, nous avons quand même demandé à des collègues de nous suggérer un endroit où passer la nuit. Ils nous ont dit de nous adresser au grand bonhomme à cheveux blancs que nous avons vu circuler dans la morgue toute la journée. Il s'appelle Harold Elliott. Il est aumônier au service de police d'Arlington.

Harold devient notre ange gardien. Il nous invite à loger dans sa maison, où il habite avec son épouse Norma. Leur jolie demeure se trouve dans un village voisin d'Arlington, au Texas. Nous acceptons l'offre avec gratitude et rentrons avec lui dans ce qui nous apparaît bientôt comme un havre de paix, à l'abri de la démence que nous retrouverons demain. Épuisés, nous tombons dans les bras de Morphée.

Et tout recommence le lendemain matin.

* * *

Chaque jour démarre de la même façon. Brève rencontre, deux rappels importants : photographier tous les éléments de preuve ; ne pas parler aux médias. Et hop ! nous enfilons nos vêtements et retournons à la morgue. J'accueille chaque nouvelle journée avec enthousiasme et un esprit d'aventure. Chaque cas est différent.

Non seulement j'arrive à mettre à profit mes nouvelles connaissances en anthropologie judiciaire, mais j'emmagasine des tonnes de renseignements à propos des morts collectives.

Ce qui me surprend le plus, c'est l'ordre qui règne malgré le chaos. Les sacs numérotés, qui arrivent des lieux de crime, sont répertoriés dans un registre puis entreposés dans une chambre froide. Lorsque nous sommes prêts à nous en occuper, nous les sortons un à la fois et les mettons sur les tables pour faire l'examen de leur contenu. Tout se passe comme sur une chaîne de montage.

La séquence peut varier selon le contenu de chaque sac, mais une procédure a été prévue pour chaque situation. Documenter une preuve dès l'arrivée d'un sac est une opération critique, d'autant plus que nous savons que la catastrophe qui s'est déroulée ici n'est peut-être pas seulement un terrible accident. Les rumeurs de suicide et d'exécution se propagent jusqu'au public; les théoriciens de la conspiration et les journalistes s'en donnent à cœur joie. Les hypothèses se multiplient. Les équipes de sauvetage du FBI ont-elles criblé les Davidians de balles lorsqu'ils tentaient de fuir les flammes? Ou, comme le suggère une folle rumeur, les agents du FBI ont-ils mitraillé les cadavres pour venger leurs camarades morts de l'ATF?

Personne, parmi nous, ne saura jamais ce qui s'est passé dans l'enceinte. Mais notre tâche est d'établir la meilleure base scientifique possible pour interpréter la preuve. À l'évidence, cette affaire ira devant les tribunaux, et il y aura certes d'autres enquêtes. Il est crucial de sauvegarder l'intégrité de la preuve recueillie et d'empêcher les distorsions médiatiques. Un seul photographe, Chip Clark, est affecté à la morgue; on ne permet à personne de s'approcher des lieux du crime. Les enquêteurs savent qu'ils peuvent avoir confiance en Chip. Il travaille au Smithsonian Institute, ce qui en fait un employé fédéral, et il connaît parfaitement les protocoles en usage pour documenter une preuve qui tiendra la route devant la cour.

Chip doit prendre différentes sortes de clichés. Tout d'abord, il photographie le contenu de chaque sac afin d'avoir une idée d'ensemble de la situation. Mais il est plus important encore de documenter des images particulières susceptibles de raconter l'histoire de ce qui s'est déroulé à l'intérieur de l'enceinte. L'image d'un poignet brûlé entouré d'une montre de plastique qui a fondu sur le magasin de la mitrailleuse est une preuve évidente que la main et des munitions ont été en contact pendant l'incendie. Un masque à gaz encore collé sur le visage d'un enfant suggère que cet enfant était vivant au moment où le gaz lacrymogène s'est infiltré dans l'enceinte. Un bijou original entourant le cou d'une victime peut se révéler un élément crucial d'identification. La main brûlée d'un petit enfant tenant la main d'une femme adulte devient une illustration crève-cœur de leurs derniers instants. Ce sont là autant de détails que le procureur et la défense ajouteront à leur compte rendu de ce qui s'est passé le 19 avril. Dernier aspect, mais non le moindre, les photos de Chip nous font un rapport permanent concernant les preuves médicales, tandis que nous poursuivons notre recherche de la vérité sur cette journée fatidique. Après la photographie vient l'analyse. Un pathologiste ou un anthropologue ouvre le sac afin que Chip prenne des photos. Les scientifiques examinent ensuite les restes en dictant leurs observations à voie haute. Un scribe prend des notes, qu'une secrétaire transcrira plus tard dans un fichier informatique.

En s'efforçant de ne pas trop déplacer les tissus, le pathologiste ou l'anthropologue essaie d'abord de déterminer le sexe, la race et l'âge approximatif de la victime. Ce travail est parfois impossible à l'étape initiale de l'examen, étant donné la destruction des restes ou le désordre dans lequel ils se trouvent. Le rapport préliminaire s'en tient alors à l'état du contenu du sac, au degré des brûlures et à des observations d'ordre général – comme le fait de savoir, par exemple, si le sac contient une grande partie d'un torse ou seulement quelques bouts de tissus méconnaissables.

Une visite à la salle de radioscopie… Lors de la plupart des morts collectives, les radiographies se font en dernier lieu, car on les utilise souvent pour voir si la victime a de vieilles blessures guéries, par exemple, ou une hanche en titane. Ces renseignements peuvent servir à l'identification en bout de ligne, mais ils sont de peu d'utilité au début. Ce qui constitue *la* priorité absolue, c'est de s'assurer que les sacs ne contiennent pas de pièces d'artillerie non explosées, comme une grenade à main ou un autre explosif. Les radiographies disent également si les tissus recèlent une ou plusieurs balles, ou des fragments, ce qui permet de les localiser, de les documenter et de les retirer à l'autopsie.

De plus, les radiographies préliminaires révèlent parfois la présence d'appareils chirurgicaux, comme un stimulateur cardiaque, par exemple. Le cas échéant, l'étape suivante consiste à ôter ces appareils du corps afin d'en vérifier le numéro de série. Avec un peu de chance, quelqu'un trouvera un numéro correspondant dans les dossiers médicaux d'une victime de notre liste (peu fiable). Les techniciens essaient de dépister également les broches, vis ou plaques servant à réparer des fractures. Peut-être trouveront-ils une radiographie ou un dossier médical qui documente la facture et sa réparation, ce qui les aidera à faire une identification positive.

Si on examine la mâchoire et qu'il y reste des dents, les spécialistes de l'identification dentaire se penchent rapidement sur la question et prennent des notes. Ces experts peuvent tirer des secrets du plus petit morceau d'émail ou de racine brûlée. Plus de la moitié des victimes de Waco seront identifiées grâce à des comparaisons entre dents. Le hic, comme pour les empreintes digitales, c'est de trouver le dossier correspondant. Heureusement, plus d'un adulte à Waco a un dossier dentaire fiché. Après une recherche rapide, les dentistes peuvent se mettre à fouiller dans des dossiers pour y retrouver des liens possibles. Après l'autopsie, ils ont tout le temps voulu pour examiner les dents.

Lorsque la salle de réunion ne sert pas à des rencontres, les enquêteurs y sont constamment au téléphone, priant les membres des familles, les dentistes et des médecins du monde entier de faire parvenir leurs dossiers à Fort Worth. Les experts en dactyloscopie font de même, mettant la main sur toutes les copies imprimées disponibles et cherchant frénétiquement à établir des liens. Plusieurs mains sont sérieusement brûlées, de sorte qu'il reste peu de chair pour prélever une empreinte. Mais les experts du FBI peuvent parfois faire des merveilles et tirer des empreintes des fragments de tissus les plus carbonisés.

Bien évidemment, la prise d'empreintes la plus réussie peut donner des résultats décevants puisque, contrairement à ce qu'on voit dans les séries télévisées, les empreintes de la plupart des gens ne sont pas fichées. Il existe certes une base centrale de données informatisées qui établit la comparaison d'empreintes et crache des identifications dès que l'on appuie sur un bouton. Mais on découvre rapidement qu'elle ne renferme pas la plupart des empreintes que l'on recherche. En fait, elle ne contient que les empreintes des personnes ayant un casier judiciaire. La plupart des personnes décédées lors d'un épisode de morts collectives n'en ont pas.

Les protocoles varient selon le type de mort collective. Lors d'un écrasement d'avion, quand on dispose de la liste de passagers, on peut demander à leurs employeurs s'ils possèdent leurs empreintes dans leurs dossiers. Ou bien, si l'on sait que Madame X était à bord de l'avion, on peut demander à son mari de nous permettre de relever des empreintes sur le miroir de leur salle de bains, ou sur le flacon de vernis à ongles de sa femme. À Waco, toutefois, nous n'avons aucune liste de noms fiable, et peu de mains sur lesquelles nous pouvons relever des empreintes. Il est très difficile de combler ces vides...

Les enquêteurs répondent au défi en transformant une partie de la salle de réunion en centre de commandement consacré à la cueillette de renseignements sur les hommes, femmes et enfants décédés. Des gens discutent constamment au téléphone, retirent des feuilles du télécopieur, font de multiples copies de documents et scrutent les écrans des ordinateurs dans un effort effréné pour se tenir au courant de toute information utile. Ils inscrivent alors les renseignements vitaux sur une liste qui ne cesse de s'allonger. On y trouve l'âge, la race, le sexe, la taille, le poids, la couleur des yeux, la couleur et la longueur des cheveux des personnes répertoriées. Si c'est possible, le personnel ajoute d'autres détails distinctifs : blessures antérieures, opérations, cicatrices, tatouages. Les autorités gardent en réserve la méthode d'identification la plus fastidieuse, et qui exige beaucoup de temps : la nouvelle science (à ce moment-là) de l'analyse de l'ADN mitochondrial. Ultimement, l'ADN nous racontera l'histoire de plusieurs victimes, mais, pour l'heure, dans une volonté de rapidité et d'efficacité, il est préférable de s'en remettre aux méthodes traditionnelles – d'autant plus que les tests d'ADN sont compliqués et se font en plusieurs étapes qui peuvent prendre de deux semaines à un an.

De retour à la morgue... Les sacs continuent à affluer, véritable procession sans fin de débris humains. Les anthropologues sont constamment appelés à aider à l'identification des victimes. Si un corps n'est qu'un torse carbonisé, nous essayons de déterminer l'âge, la race et le sexe de la victime en examinant les os. Cela peut au moins réduire quelque peu la liste des noms qui correspondent.

À ce stade, les enquêteurs soupçonnent qu'il y avait, dans l'enceinte des Davidians au moment de l'incendie, cinquante-cinq adultes, cinq adolescents et vingt-trois enfants. En divisant la liste des victimes en catégories homme/femme, Noir/Blanc/Asiatique, il est plus facile de comparer les restes carbonisés aux noms figurant sur notre liste.

Ce sont les enfants qui sont les plus difficiles à traiter, tant sur le plan de la science que des émotions. Max et son équipe ont découvert plusieurs enfants enveloppés dans des couvertures et épargnés par le feu. Apparemment, les Davidians adultes avaient installé leurs petits dans le «bunker». Les murs se sont alors effondrés, enterrant les enfants sous plusieurs mètres de béton, de débris de charpente et de corps. Lorsque les enquêteurs parviennent sous les décombres, les corps des enfants ont commencé à se décomposer. Ils n'ont cependant pas subi les dommages plus graves causés par le feu. Pour repérer les petits os et les dents des bébés, il faut souvent y aller sur la pointe des pieds. Chaque petit corps a été réduit en une masse de chair pourrissante qui ne révèle rien, même à l'œil le plus exercé. Pour en apprendre davantage, il faut tâter l'intérieur du corps mutilé. On trouve les os du crâne assez aisément, parce qu'ils sont relativement gros, plats et regroupés – même s'ils ne présentent plus leur forme arrondie caractéristique. Toutefois, pour les petits morceaux d'os et les dents en croissance, il faut commencer par la tête de la victime, en pressant avec la main sur les tissus froids, graisseux et décomposés jusqu'à ce que l'on repère les petites masses dures que l'on recherche. La colonne vertébrale d'un bébé est en croissance; chaque vertèbre est composée de trois pièces irrégulières, qui ressemblent à un ensemble de crics miniature. Lorsque nous examinons les tiges des avant-bras des nouveau-nés, nous constatons qu'elles sont à peine plus grosses que des allumettes. Quant aux os des doigts et des orteils, ils ont à peu près la taille d'un grain de riz cuit. Cette description peut paraître macabre, mais il est surprenant de voir avec quelle facilité nous réussissons à nous concentrer sur les détails physiques d'un corps en faisant totalement abstraction du petit être humain qui l'a habité.

Lorsque nous avons enfin rassemblé tous les os dont nous disposons, nous les plaçons sur un tamis à mailles fines et nous les rinçons avec de l'eau chaude savonneuse. Ensuite, nous essayons d'identifier l'enfant en estimant d'abord son âge, et peut-être son sexe. La première fois que j'ai travaillé sur un enfant, son corps contenait des tissus mous encore identifiables ; en examinant les organes génitaux, j'ai donc pu déterminer qu'il s'agissait d'une petite fille. Plus tard, j'ai reçu des enfants réduits en une pile d'os brûlés ; pas de tissus mous, rien qui puisse révéler leur sexe. Sur un adulte, cela importe peu. Je peux habituellement déterminer le sexe grâce à un os du bras ou de la jambe, en les mesurant aux articulations. Je peux également rechercher des traits sexués sur le bassin ou sur des caractéristiques morphologiques, comme les points d'insertion d'un muscle – là où le muscle s'emboîte dans l'os. Ces parties du corps sont habituellement plus grosses chez l'homme. Cette recherche est plus difficile sur les enfants car les os des garçons et des filles se ressemblent beaucoup jusqu'à l'âge de la puberté.

Plus tard, en travaillant sur des sites de morts collectives, j'utiliserai les vêtements pour déterminer le sexe, mais je ne peux le faire ici. On nous a dit que dans l'enceinte communautaire des Davidians, tous les enfants portaient les mêmes vêtements unisexes. Donc, lorsque je travaille sur un enfant qui n'est pas brûlé, je dois m'en remettre à la couleur et à la longueur de ses cheveux pour l'identifier. Je coupe une mèche de cheveux, la lave et la mets à sécher, puis je note ses caractéristiques dans le dossier permanent de l'enfant – ce qui, je l'espère, réduira la liste de liens possibles.

Ma tâche serait plus simple si l'enfant avait des dents. Mais comme dans la plupart des cas, les dents se sont détachées du corps décomposé, je dois, pour les retrouver, mettre les mains dans les tissus mous, froids, putrides et semblables à du gruau qui ont envahi le crâne. J'en retire patiemment quatorze dents, que je dépose sur un tamis à mailles fines. Je les arrose ensuite à l'eau chaude, puis je les remets dans leurs trous. Je continue à extraire des os de la matière visqueuse ; je les glisse doucement dans un bassin d'eau savonneuse et les place par ordre anatomique sur une feuille de papier blanc : les fragments du crâne, en premier lieu, puis les os du cou, les clavicules, les omoplates, les côtes et ainsi de suite jusqu'aux orteils. Je dispose alors d'un petit squelette complet.

Je confie l'analyse finale du squelette à l'un des membres chevronnés de l'équipe d'anthropologie judiciaire, soit le docteur Doug

Ubelaker, ou le docteur Doug Owsley, tous deux anciens étudiants du docteur Bass, – qui fait maintenant partie du Smithsonian Institute. Le protocole du médecin légiste exige que seuls certains experts émérites procèdent à l'analyse finale et signent le rapport officiel de l'autopsie. C'est normal. Je suis encore étudiante, je connais mes limites, et j'accepte d'être une « abeille diligente ».

Alors que je mettais en place la dernière partie du squelette, j'ai demandé à Chip de photographier l'avant du crâne avec son appareil Polaroïd. Bien que prendre des photos de dents au Polaroïd soit une procédure courante, personne ne m'a jamais expliqué à quoi serviront les clichés. J'apprendrai plus tard que, pendant le siège, les négociateurs ont exigé que les adultes responsables leur envoient des vidéos des enfants afin qu'ils puissent s'assurer qu'ils ne manquaient de rien et qu'ils n'étaient pas maltraités. Les agents du FBI et des dentistes examinent les plans figés de ces vidéos et les comparent à nos « dents sur Polaroid ». Puisque la plupart des enfants ne sont jamais allés chez un dentiste ou un médecin, le processus de comparaison est le seul moyen de les identifier – en dehors de l'analyse de l'ADN.

En toute honnêteté, je suis fière de mon habileté à reconstituer des squelettes d'enfants. Cette fierté m'aidera à affronter de longues journées exténuantes. La satisfaction du travail bien accompli m'envahit chaque fois que je côtoie Chip et que je refais le plein d'énergie devant une nouvelle pile d'os à décortiquer.

Un jour, alors que je remets en place une petite dent d'un enfant, quelqu'un me demande de me rendre à la salle de réunion pour faire part de mes découvertes. J'entre dans la salle, aspirant à la pause-café. Sur l'écran, apparaît le plan figé d'un enfant ressemblant étonnamment à celui que je viens d'étudier : joli minois, un grand sourire laissant paraître de petites dents ; il fait « au revoir » à la caméra…

Je suis stupéfaite. Des larmes coulent sur mes joues ; j'ai la gorge serrée. Je détourne les yeux, mais il est trop tard. L'image s'est imprégnée dans ma rétine et, soudain, mon corps perd le contrôle ; il tremble et s'agite de façon désordonnée.

Il faut que je sorte de là. Je suis sûrement très pâle. Figée sur place. C'est alors qu'une main puissante me saisit le coude. Sans avoir le temps de réagir, je me retrouve dans le sanctuaire du bureau privé du docteur Peerwani, ahurie comme une somnambule. Lorsque je reviens à moi, je sanglote de façon incontrôlable dans les bras de Harold Elliott, l'aumônier si fort et si gentil de la police, qui est aussi mon hôte.

Harold me laisse pleurer pendant ce qui me semble être cinq longues minutes. Puis il me fait sortir du bureau, loin de la morgue, de la salle de réunion, de la vidéo, loin de cette image déchirante d'un enfant heureux et souriant, dont la petite main fait au revoir à celui ou celle qui le filme.

« Tout va bien. Laisse sortir tes émotions », me dit doucement Harold, tandis qu'il me fait asseoir sur la banquette avant de sa voiture.

Je secoue la tête. Comment pourrai-je faire mon travail si je me mets dans des états pareils ?

Harold m'emmène dans un jardin botanique, tout près, où, pour la première fois depuis de longs jours, je vois le soleil de l'après-midi et j'entends chanter les oiseaux. Lorsque je me sens mieux, je me mets à parler. Harold m'écoute. Il sait écouter.

« Je me sens tellement sans défense », dis-je, me surprenant moi-même. J'ignorais que je ressentirais cela, et je ne savais pas non plus que j'éclaterais en sanglots. « Toutes ces personnes, tous ces *enfants*… conduits comme des agneaux à l'abattoir par des gens en qui ils avaient confiance. Et je ne peux rien faire pour eux. Il est trop tard.

— Je sais, dit calmement Harold. Tout ce que tu peux faire, c'est ce que tu fais maintenant. Mais ça ne veut pas dire que c'est facile. »

Harold a passé le plus clair de sa carrière comme aumônier du service de police d'Arlington. Il est habitué à aider des hommes forts à faire face au désespoir et à l'incapacité qui surgissent de façon routinière dans des circonstances où la mort et la barbarie humaine sont au menu quotidien. Il sait que si je passe ma vie à m'occuper des morts, je devrai apprendre à me protéger *des* morts. « Tu n'es pas différente des autres, me dit-il. Si tu ne te sentais pas aussi impuissante, une fois de temps en temps, tu serais une machine.

— Mais ils m'ont tous vue, dis-je, honteuse d'avoir perdu mon sang-froid devant mes collègues. Que vont-ils penser ? »

Harold hausse les épaules. « Ils sont tous passés par là. Ceux qui ont appris à y faire face seront de mon avis : tu ne peux pas remplir ta tâche sans craquer à l'occasion. Ce qui compte, c'est ce que tu vas faire maintenant. »

Nous restons assis dans cet endroit paisible, le soleil scintillant sur l'herbe verte à nos pieds. Je réalise que je n'ai vu que la lumière crue des fluorescents de la morgue depuis fort longtemps. Depuis quand ai-je senti autre chose que des os brûlés, de la chair pourrie et de la fumée ? Je prends une grande respiration. « Très bien, dis-je. Allons-y. »

Entrer dans la morgue cet après-midi-là est l'un des gestes les plus difficiles que j'aie faits dans ma vie. Harold sait très bien ce qui m'est arrivé… mais ces gens sont des professionnels ! *Ils* n'ont pas perdu leur sang-froid, eux, et je ne m'attends pas à ce qu'ils me donnent l'absolution. De fait, quelques collègues refusent de me regarder lorsque j'entre. Ils me tournent ostensiblement le dos, ou m'ignorent, tout simplement. Cependant, la femme qui m'a prêté un sèche-cheveux me sourit gentiment et me fait un signe de tête. Quant au médecin qui m'a confié ma première autopsie, il m'appelle et me tend un autre bassin bleu en plastique rempli de fragments de crânes. J'y jette un coup d'œil furtif et je me dirige vers mon évier. Je ramasse les morceaux un par un, les lave soigneusement dans de l'eau chaude savonneuse. Je recolle le crâne, comme je l'ai fait le premier jour… Une impression de déjà-vu flotte au-dessus de mes épaules lorsque je discerne une nouvelle blessure par balle.

* * *

Plongée dans les détails quotidiens de l'enquête, j'oublie facilement l'événement dans son ensemble. Toutefois, au cours de la semaine suivante, je commence à me rendre compte que nous avons récupéré un tas d'éléments suggérant que plusieurs Davidians sont morts à la suite d'un suicide collectif. La demi-douzaine d'anthropologues qui se trouvent sur les lieux ont découvert dix-huit blessures par balle : huit sont évidentes, deux sont probables, les huit dernières sont « possibles ». Les pathologistes médicolégaux qui ont examiné les tissus mous ont trouvé d'autres preuves irréfutables de blessures par balle et de matraquage. Il semble y avoir eu au moins une agression à l'arme blanche. Les restes fragmentés et incinérés cachent souvent la cause et les circonstances de la mort de certaines victimes, mais quand nous mettons les preuves au jour, celles-ci sont irréfutables et nos superviseurs les documentent dans les moindres détails. Ils étiquettent les restes, font des autopsies approfondies et reconstituent chaque crâne fracassé.

Depuis le premier jour, du fait que j'ai réussi à refaire un crâne en quelques heures, mes collègues m'appellent la « femme au crâne ». C'est mon talent personnel dans ce que nous appelons la « chaîne d'assemblage ». C'est en forgeant qu'on devient forgeron. Je suis maintenant en mesure de défaire et de refaire ces casse-tête tridimensionnels en un temps record. Mais l'opération n'est pas toujours aussi aisée que la première fois. Certains crânes sont extrêmement fragiles, car des sections d'os ont été soufflées ou brûlées. Lorsque j'ai besoin d'aide pour tenir les os pendant que je les recolle ou que je place un support de fortune entre des trous, Bill ou Max sont toujours à mes côtés.

À mesure que notre enquête tire à sa fin, nous prouvons de façon irréfutable que plus du tiers des victimes de Waco ont subi des « traumatismes non reliés à la chaleur » – ce qui inclut des blessures par balles tirées à bout portant ou de très près, des blessures faites par des éclats d'obus, et des traumatismes résultant de la force brute – sévices qui ont eu lieu avant que les corps ne soient en contact avec le feu. Selon nous, plus d'un tiers des Davidians sont morts assassinés. Mais sans éléments pour le prouver, les médecins légistes classeront les circonstances de la mort de nombreuses victimes sous la rubrique « causes indéterminées ».

Les médias continuent à dire – et certains d'entre eux persistent à l'affirmer aujourd'hui – que les Davidians ont tous péri par le feu. Nous savons qu'il n'en est rien. Et même lorsque ces reporters pointent du doigt le gouvernement fédéral, ils refusent encore de parler des conclusions de l'autopsie, qui sont publiques et font la preuve sans équivoque que la tragédie de Waco s'est terminée par un meurtre-suicide collectif orchestré et perpétré par les Davidians eux-mêmes.

Au fil des jours, notre enquête se concentre sur une nouvelle cible : David Koresh, le leader de la secte. Ce personnage charismatique a acquis un statut quasi mystique. On dit même qu'il a échappé au brasier avec quelques-uns de ses comparses. Cette hypothèse repose sur le rapport « d'un témoin oculaire », paru dans le *National Examiner*. Ce témoin prétend avoir vu Koresh s'enfuir dans une voiture garée dans un tunnel menant à l'extérieur de l'enceinte. À moins d'identifier ses restes de façon concluante, personne ne peut dire si Koresh est mort ou vivant. La dernière chose que nous aimerions apprendre est que ce messie autoproclamé a acquis un statut mythique et que sa secte pourrait renaître. En tout cas si le FBI pensait qu'il est toujours en vie, il le placerait sans aucun doute en tête de liste des personnes les plus recherchées.

De retour au laboratoire, nous scrutons les restes que l'on pourrait associer à Koresh. Notre premier coup de chance se produit dans l'après-midi du 1er mai, lorsque les pathologistes entreprennent l'examen du sac mortuaire MC-08. Nos dentistes ont reçu un modèle des dents du leader de la secte, ils connaissent par cœur le type de preuve à rechercher. Rechercher dans chaque sac la couronne en acier inoxydable et la prémolaire manquante de Koresh fait partie de la routine quotidienne. Je me souviendrai toujours du spectacle offert par Rodney Crow, le dentiste médicolégal en chef, lorsqu'il s'est soudainement figé après s'être penché sur le sac MC-08. Nous retenions notre souffle.

Crow s'est redressé avec une expression triomphante. « C'est lui !

— Vous en êtes sûr ? » a demandé quelqu'un, caché sous son masque.

— J'en suis sûr. C'est lui. »

Crow avait un sourire fendu jusqu'aux oreilles, mais il a immédiatement retrouvé son sérieux. Nous avions enfin retrouvé David Koresh !

Le lendemain matin, l'autopsie de Koresh se déroule suivant la procédure normale. Mais compte tenu du degré de controverse entourant sa disparition, un plus grand nombre de personnes vérifient et revérifient la preuve. Chip Clark, appareil photo à la main, ne quitte pas le docteur Peerwani d'une semelle pendant la radiographie du corps, son examen et son identification. La salle est pleine à craquer. Le docteur Peerwani fait un rapport détaillé de la preuve dentaire. Puis il me demande de me tenir à ses côtés tandis qu'il tamise les débris et les os brûlés découverts près de la tête de la victime.

« Il semble qu'un petit boulot vous attend, Emily, dit-il à voix basse. Dès que j'aurai rassemblé tous les fragments, j'aimerais que vous les recolliez. »

Il refuse d'émettre des hypothèses sur ce qu'il pourrait découvrir. Moi aussi d'ailleurs. J'ai enfin appris à « ne pas élaborer de théorie avant les faits ». Néanmoins, j'ai reconstruit assez de crânes fracassés par balles au cours des cinq derniers jours pour savoir repérer le même genre de blessure. Malgré tout, je réponds simplement : « D'accord, monsieur ». Je fais signe à Max Houck, qui a terminé sa besogne sur les lieux du crime et qui travaille maintenant à la morgue.

« Ça va être gros, Max. Je pense que nous devrions faire ce boulot ensemble. Je me sentirai plus à l'aise avec deux autres mains et deux autres yeux pour m'accompagner à chaque étape. »

Max accepte et nous prenons place devant l'évier. Nous y disposons les brosses à dents, les ciseaux et les couteaux qui nous serviront si nous trouvons des restes de tissus accrochés aux os. Je remplis mon bassin en plastique d'eau chaude savonneuse, retire mes deux paires de gants protecteurs et les remplace par deux paires de gants chirurgicaux. Je suis un peu nerveuse ; cette affaire m'impressionne. Mais je sais que je peux compter sur ma dextérité manuelle.

Une demi-heure plus tard, le docteur Peerwani, qui a disposé sur un plateau plusieurs douzaines de fragments de crâne, la plupart brûlés, certains pas plus gros qu'une pièce de dix cents, nous apporte le tout, cérémonieusement.

Nous accordons bien évidemment une attention toute spéciale à cette étape très importante de l'autopsie. Les agents du FBI, les pathologistes et les anthropologues nous entourent, essayant de se placer dans le meilleur angle pour bien voir le déroulement des opérations, mais ils sont rapidement écartés par Chip Clark, notre intrépide photographe qui va prendre les photos préliminaires. Cette proximité me rend un peu nerveuse, tandis que je saisis des morceaux d'os fragiles, les rince et les range dans un semblant d'ordre anatomique : les morceaux du visage à part, puis les os de l'arrière de la tête, puis les fragments des côtés.

Comme cela m'arrive souvent, j'oublie où je suis et je concentre toute mon attention sur la nécessité de placer chaque pièce au bon endroit. Max et moi nous formons une bonne équipe; nous nous partageons les tâches sans mot dire. Parfois, il trouve un morceau qui correspond à la couleur de la pièce que je tiens à la main. Il arrive que nous ramassions simultanément des fragments dont les côtés fracturés s'emboîtent. À nouveau, je songe à mon casse-tête tridimensionnel. Dans ce cas-ci, toutefois, il y manque de grosses pièces.

Quoi qu'il en soit, à midi, nous sommes prêts à recoller les morceaux. Si c'était un jour normal, ce serait l'heure du déjeuner, mais nous sommes trop absorbés pour penser à nous restaurer. Max m'apporte la nouvelle colle en «deux temps» que nous utilisons pour la reconstruction des crânes. Elle est parfaite sur des éléments humides et sèche rapidement; elle remplit même les trous quand c'est nécessaire. Il faut toutefois être deux pour l'appliquer: l'un tient les pièces ensemble, l'autre presse l'applicateur. Une petite quantité de liquide aqueux coule lentement dans les fissures pendant que le «colleur» dépose prestement l'applicateur et vaporise un mélange de vin et d'eau gazeuse là où il le faut – opération qui fait parfois jaillir une petite bouffée de fumée spectaculaire. La réaction chimique est instantanée et irréversible. Si la personne qui tient les os reste immobile pendant tout le processus, ils ne se décolleront jamais.

Il faut répéter ce manège pour chaque fragment. Nous changeons de rôle, Mac et moi. Maintenir des os sans faire de faux mouvements est stressant. Après quelques minutes, les doigts commencent à trembler, et même à se retrousser à cause des crampes.

La nouvelle du «recollage» du crâne de Koresh se rend jusqu'à la salle de repos. Nous avons bientôt un auditoire attentif pour qui cette opération est plus importante que le déjeuner. Il manque de grandes portions des os frontaux et pariétaux, mais, peu à peu, devant nos yeux, le crâne prend forme. Les blessures par balle apparaissent.

Max et moi sommes tellement pris par notre travail que nous ne nous rendons pas compte que la salle est étrangement calme. Les spectateurs n'ont pas dit un mot depuis l'apparition des trous faits par les balles, mais j'entends respirer ceux qui se trouvent juste derrière moi. Est-ce à cause de leur souffle chaud ou de la nervosité, les cheveux qui pendent sur ma nuque commencent à me chatouiller ! Enfin, je mets les derniers morceaux en place. Max et moi échangeons un regard. Ses pupilles se dilatent, réaction incontrôlable traduisant l'excitation et le plaisir. J'imagine que mes yeux ont la même expression ; je me sens rougir, le sang tambourine dans mes oreilles. Je suis convaincue que les gars et des filles, derrière moi, entendent mon cœur battre.

Le charme se rompt quand les deux portes s'ouvrent et que le docteur Peerwani entre en trombe dans la salle, sa longue blouse blanche bruissant dans son sillage.

« J'ai entendu dire que vous aviez trouvé des blessures par balle dans la tête ! »

Max et moi répondons presque à l'unisson : « Oui, monsieur ! »

« Veuillez me montrer cela, s'il vous plaît, Mademoiselle Craig. » Les bonnes manières du docteur Peerwani et son respect envers ses collaborateurs ne se démentent jamais, même dans les moments les plus critiques.

Je prends le crâne et désigne le trou semi-circulaire qui se trouve au milieu du front. Il est biseauté vers l'intérieur et entouré du tatouage de suie caractéristique prouvant que le coup de feu a été tiré à bout portant. Je retourne prudemment le crâne afin que le docteur puisse voir la blessure de sortie. La balle est sortie par la région inférieure gauche du crâne, non loin de la colonne vertébrale.

C'est un moment inoubliable. Silencieux, nous nous remémorons les semaines passées : tous les restes que nous avons identifiés ; les enfants sur lesquels nous nous sommes penchés ; la mort et la destruction semées par Koresh. Nous songeons aux gens dont les restes sont passés entre nos mains, aux familles qui ne reverront jamais leurs êtres chers. Nous pensons à l'horreur du 19 avril, aux flammes illuminant nos écrans de télé. Nous nous rappelons les rumeurs qui ont circulé sur ces mêmes écrans, les accusations contre le FBI, affirmant que des agents avaient abattu Koresh et ses disciples. Nous nous souvenons des allégations voulant que le Bureau ait mis le feu au complexe pour éliminer tout le monde. Je brandis le crâne de Koresh afin que tout le monde puisse l'examiner : on y voit la preuve irréfutable que la mort du leader de la secte est le fait d'une main amie. Aucun agent du FBI n'aurait pu s'approcher assez près du leader pour lui coller le canon d'un fusil sur la tête de la victime. Ce trou biseauté encerclé de suie n'a pu être fait que par le canon d'une arme pressé sur la tête. Koresh est mort d'une blessure par balle tirée à bout portant. Ensemble, nous en avons fait la preuve.

Chip n'a pas cessé de prendre des photos. Nous aimerions maintenant qu'il fasse voir sur un même cliché les blessures d'entrée et de sortie, mais aucun appareil ne peut faire cela, quel que soit l'angle adopté. Je me penche vers Max et lui fais une suggestion. Il fait oui de la tête. À la suite de nos petites discussions passées, il sait que je suis illustratrice médicale. Je vais faire des esquisses des blessures – que le docteur Peerwani pourra ensuite utiliser pour illustrer ses conclusions. Max accepte avec empressement. Le docteur Peerwani nous donne immédiatement son autorisation, tout comme le docteur Doug Owsley, le chef des anthropologues judiciaires à Waco.

Je m'attends à ne dessiner que la tête, mais le docteur Peerwani me demande de faire également des esquisses de la hanche. Pendant que Max et moi recollions le crâne de Koresh, nos collègues examinaient une de ses hanches et le bas de sa colonne. Les radiographies de la colonne vertébrale concordent avec celles prises par le chiropraticien de Koresh avant le siège – preuve supplémentaire que nous avons trouvé notre homme. Le docteur Peerwani a découvert que Koresh avait une grosse blessure en train de cicatriser sur la hanche gauche au moment de sa mort, blessure sans doute subie lors de la première fusillade de l'ATF en février. (Les transcriptions des conversations téléphoniques et des vidéos faits pendant le siège ont conduit les enquêteurs à la même conclusion à propos de la blessure de Koresh.) Chip a bien documenté l'os iliaque grâce à ses photos, mais le docteur Peerwani veut malgré tout un dessin.

Tandis que je commence mes esquisses, en utilisant du papier blanc et un crayon numéro 2 comme dans mes cours avec le docteur Hughston, je ne peux m'empêcher de penser que je boucle la boucle. Je travaille tard, cette nuit-là, faisant des esquisses des blessures sur le crâne reconstitué, dans quatre angles différents, ainsi qu'un dessin de la hanche de Koresh. Ces esquisses font partie du rapport d'autopsie, confirmant que Vernon Howell, alias David Koresh, est décédé d'un énorme «traumatisme cranio-cérébral à la suite d'un coup de feu tiré à bout portant au milieu du front». Le lendemain soir, mes dessins sont envoyés au directeur du FBI, William Sessions, et à sa patronne, la procureur générale Janet Reno.

Les esquisses remportent un tel succès que le docteur Peerwani me demande de faire des illustrations d'autres blessures par balle. C'est ainsi que je passe ma dernière semaine à Fort Worth : nettoyant des cerveaux sanguinolents, recollant des fragments d'os et documentant mes découvertes. Étant donné le déroulement de ma première journée, ces activités sont une manière de conclure tout à fait adéquate.

* * *

Une page de ma vie professionnelle s'est tournée au cours de ces quelques semaines. Plus que jamais, je considère l'anthropologie judiciaire comme le meilleur moyen de découvrir ce qui s'est passé sur les lieux d'un crime. C'est aussi le meilleur moyen d'aider les enquêteurs à résoudre l'énigme entourant un ou des décès. Mais je bute sur une contradiction qui sera toujours présente dans mon travail. Mes capacités et mon professionnalisme ne feront que croître, mais ma joie, lors de la résolution de problèmes judiciaires, coexistera toujours avec mon désespoir devant la tragédie vécue par les victimes.

À mon retour à l'université, je me consacre à mon travail de fin d'année avec un nouveau sentiment d'urgence. Je suis de plus en plus déterminée à trouver un emploi à temps plein dans le type de travail accompli à Waco. Pour cela, je dois absorber toutes les connaissances possibles pendant les quelques mois de cours qu'il me reste. Mon initiation sur le terrain, à Waco, m'a permis de travailler sous les ordres de quelques-uns des anthropologues judiciaires les plus réputés au monde. Mais dès que j'aurai un diplôme en main, je volerai de mes propres ailes...

CHAPITRE 4

QUE JUSTICE SOIT FAITE !

Les morts ne peuvent réclamer que justice soit faite.
C'est aux vivants de le faire à leur place.
LOIS MCMASTER BUJOLD
Immunité diplomatique – La Saga Vorkosigan

Les mouches à viande sont tellement lourdes et lentes dans l'air de l'été que je peux les assommer à main nue. Les deux cadavres autour desquels elles tournoient grouillent déjà d'asticots, progéniture des mouches arrivées sur les lieux quelques jours avant moi. Je m'agenouille près du corps de la femme ; la sueur coule sur mon front et s'accumule sur les verres de mes énormes lunettes. J'ai l'impression qu'on m'a enveloppé les épaules dans une couverture chaude et humide.

Les corps – celui d'une femme et d'un petit garçon – reposent à quelques mètres de distance l'un de l'autre. En les examinant, j'ai découvert qu'ils en étaient au même stade de décomposition. Ils ont été tués à peu près à la même heure. Si l'on en juge par l'herbe vert pâle qui se fraie un chemin dans tous les interstices, le meurtre est récent. Si les cadavres avaient été là depuis plusieurs jours, l'herbe aurait jauni. S'ils l'avaient été depuis longtemps, elle serait desséchée.

Je suis à peu près certaine que quelqu'un s'est débarrassé des corps à cet endroit. Cette femme et cet enfant étaient morts quand on les a abandonnés ici. Leurs bras et leurs jambes sont dans une position étrange. Aucune plante n'est déplacée, aucune tige brisée, aucun pédoncule fané, ce qui aurait été des indices de lutte. L'absence d'une mare ou d'éclaboussures de sang dans l'herbe confirme ma certitude : on a déposé les corps ici après leur mort, lorsque le sang reste à l'intérieur du corps parce que les battements de cœur nécessaires pour qu'il puisse couler se sont arrêtés.

Il ne s'agit pas d'une mort douce. Les crânes ont été littéralement déformés par les coups. Cela arrive fréquemment lors d'un traumatisme causé par des coups assenés lentement : l'os plie tout simplement avant de se briser. Le meurtrier est le seul à savoir quelle force il a déployée pour défoncer les crânes et les mettre en pièces. Je peux néanmoins lire une partie du martyre des victimes grâce aux brèches créées par les os manquants et les marques de fractures qui s'entrecroisent sur les crânes affaissés. Je sais aussi que, tandis que les corps reposaient à cet endroit, les mouches ont choisi les parties humides et chaudes pour y déposer leurs premiers œufs, soit les crânes brisés et pleins de sang coagulé. Les larves sorties des chrysalides se sont concentrées à ces endroits et dévorent tout, sauf les cheveux, les os et les dents. Cela fait plus d'un an que j'ai travaillé à Waco, et il s'agit de la première affaire que je mène tout à fait seule. Il y a trois jours à peine, soit le premier juillet, j'ai signé mon contrat d'anthropologue judiciaire d'État. Je suis maintenant responsable de l'analyse et de l'identification de tous les corps en décomposition et de tous les restes osseux qui seront découverts sur le territoire du Commonwealth du Kentucky. Même si j'ai déjà une certaine expérience, puisée dans mon travail sur un grand nombre de cas, je sais que celui-ci va me donner du fil à retordre.

L'affaire débute lorsqu'un fermier découvre les corps d'une femme et d'un enfant dans les hautes herbes, au bout d'un pâturage en friche, près de la communauté tricotée serré de Somerset, dans le comté de Pulaski. Au moment où je me présente sur les lieux, les adjoints du shérif ont déjà identifié les victimes : une jeune femme de vingt et un ans et son frère de quatre ans, vus pour la dernière fois sur les marches de l'église, le dimanche après-midi, soit quatre jours auparavant. *Où ont-ils été tués ? Quand ? Comment ?* À l'évidence, le meurtrier leur a fracturé le crâne, mais a-t-il tiré sur eux avant ? Les a-t-il battus à mort ? Ou sont-ils morts à la suite d'une agression à l'arme blanche, ou par strangulation, les derniers coups ne constituant qu'une séquelle violente du meurtre ? Si je réussis à aider les enquêteurs à trouver des réponses à ces questions, nous répondrons à l'interrogation la plus importante : Qui a tué ?

Le médecin légiste Alan Stringer m'a donné un coup de fil peu après midi et a réclamé ma présence sur les lieux du crime. Mon nouvel emploi avait trois jours à peine, je n'aurais même pas pu repérer Somerset sur la carte! Heureusement, je me suis rendue sur les lieux avec deux techniciens de laboratoire de la police d'État affectés à l'affaire. Je ne connais aucun des enquêteurs qui se tiennent derrière moi en demi-cercle, à bonne distance de l'odeur suffocante. Le shérif Sam Catron s'avance et se présente, me proposant gentiment de m'aider dans cette affaire, qu'il juge difficile. Un groupe de gendarmes amicaux en uniformes et de détectives en vêtements civils se tient assez près pour surveiller chacun de mes gestes et voir comment je vais travailler avec leur chef. Je balaie sans succès la nuée de mouches bourdonnant autour de moi, tout en me demandant si l'odeur nauséabonde ne va pas me faire perdre connaissance. Mais le moment est venu de recueillir des échantillons de mes bons vieux amis les asticots.

Je m'occupe tout d'abord de la femme, dont les os du crâne émergent d'une masse de cheveux foncés, détrempés et remplis d'asticots. En temps normal, je ramasse les bestioles avec une petite pelle en forme de cuillère, mais l'appel du shérif m'a tellement prise au dépourvu que je n'ai pas eu le temps de garnir ma trousse de tous les outils indispensables. Réprimant une grimace, je glisse une main gantée de latex dans la masse d'asticots et en ramasse une grosse poignée. Tandis qu'ils se contorsionnent sur ma paume, je me sers de mon autre main pour en cueillir une douzaine, longs et dodus, que je mets dans un petit pot de plastique semblable au récipient que les médecins emploient pour les analyses d'urine. Mon but est de les «geler», donc de les tuer tout en gardant leurs corps intacts, de façon à ce qu'un entomologiste puisse me dire quel âge ils ont.

À l'école, je faisais mourir les asticots en versant dans mon bocal à échantillons de l'alcool isopropylique à 70%, mais je n'en ai pas dans ma trousse. Et si je les recouvrais d'eau bouillante?

«D'accord, mais où diable vais-je trouver de l'eau bouillante dans cet endroit?» Je pense tout haut pendant mon travail – m'adressant à mes collègues entre chaque manipulation. C'est une technique que j'ai élaborée au cours de mes enquêtes au Tennessee; je me suis rendu compte que lorsque je ne le faisais pas, mes gestes n'avaient, au mieux, aucun sens, et au pire, semblaient carrément étranges. En outre, partager ses connaissances avec d'autres leur donne l'occasion de se rendre utiles.

Sur ces entrefaites, l'un des détectives s'écrie : « Le radiateur de votre fourgonnette ! Vous avez fait cent soixante kilomètres, n'est-ce pas ? L'eau doit encore être très chaude.

— Quelle idée brillante ! » dis-je. Je lève la tête vers mes collègues enquêteurs, leur tende mon récipient rempli d'asticots. « Qui veut s'occuper de cela pour moi ? »

Je m'accroupis et j'attends. Les enquêteurs se regardent du coin de l'œil. Finalement, le médecin légiste adjoint Tim Phelps se penche et prend le récipient. Il l'emporte vers la fourgonnette, tandis que je poursuis ma cueillette d'asticots sur le corps de la femme. J'entends bientôt le bruit d'un capot qui s'ouvre, suivi des exclamations de Tim devant les contorsions des vers aspergés d'eau bouillante. J'essaie de dissimuler un sourire.

Au grand désarroi de Tim, je n'en reste pas là. Désespéré, il me regarde extraire des échantillons de la masse d'asticots qui grouillent autour du pubis de la femme. Bravement, il fait un second voyage vers la fourgonnette. Je me déplace pour cueillir des échantillons sur l'enfant et j'inscris, sur chaque pot, l'endroit du corps où je les ai prélevés, ainsi que la date, l'heure, le numéro du dossier et mes initiales.

Au grand soulagement de Tim – et au mien –, l'étape du ramassage est bientôt terminée. L'heure est venue de prendre la température de la masse, tâche qui requiert le long thermomètre du médecin légiste, celui-là même qu'il plonge dans le foie ou le rectum des cadavres afin de mesurer leur degré de refroidissement. En glissant le thermomètre dans la masse d'asticots recouvrant la femme et de l'enfant, je pourrai déterminer le moment du décès.

Par la suite, il faut documenter la température et l'humidité de l'air qui enveloppe les corps, cet air chaud et collant qui m'empêche presque de respirer. L'entomologiste a besoin de ces données climatologiques, de sorte qu'aujourd'hui et tous les jours durant une semaine, le médecin légiste ou un adjoint reviendra sur les lieux pour les relever. L'entomologiste pourra alors analyser ces données, ainsi que les asticots, en remontant le temps, en quelque sorte, ce qui va lui permettre de découvrir à quel moment les mouches ont pondu leurs premiers œufs, et quand les asticots ont commencé à se nourrir des cadavres. On saura alors à quel moment les corps se sont retrouvés dans le champ.

Je continue à prendre des notes sur l'emplacement des corps, ainsi que des photos, tout en faisant une esquisse rapide qui me rappellera dans quel contexte environnemental se trouvaient les cadavres. Les adjoints du shérif sont de véritables experts en la matière. Je les laisse donc à leurs esquisses plus élaborées et me penche de nouveau sur les victimes. La région crânienne antérieure de chaque victime est intacte, ce qui signifie que tous les indices concernant cette région font partie du territoire du pathologiste médicolégal. Bien que certaines parties se chevauchent, les pathologistes s'occupent habituellement des tissus mous, tandis que je m'intéresse aux tissus durs, soit les os et les dents. Si le corps est suffisamment intact pour faire une autopsie traditionnelle, le pathologiste s'en charge. Il décrit alors l'aspect général de la personne et de ses organes internes et prélève des échantillons de sang et de tissus pour fins d'analyse. Par contre, s'il ne reste pas assez de tissus pour fournir des indices, nous devons alors nous en remettre aux os, sur lesquels je travaille habituellement. Le partage des tâches – tissus mous par opposition aux tissus durs – est parfois déroutant pour les amateurs d'émissions sur le sujet, dans la mesure où les pathologistes de la télé ont tendance à être des experts en tout. Dans le vrai monde de la criminalistique, cependant, une personne a soit étudié les tissus mous et obtenu son doctorat en médecine, soit étudié les tissus durs et obtenu une maîtrise ou un doctorat en anthropologie. Personne ne se spécialise dans tous les domaines.

« On peut les mettre dans le sac », dis-je au médecin légiste. Ses hommes vont transporter les corps à la morgue et, demain, le pathologiste médicolégal et moi ferons l'autopsie ensemble ; lui se concentrera sur les tissus mous, moi sur les os.

Le médecin légiste et son adjoint enveloppent chaque corps d'une couverture blanche et le glisse dans un sac individuel. Jusqu'à ce que l'on puisse identifier les victimes, les sacs porteront les mentions Monsieur et Madame X.

Pendant que le médecin légiste ferme le premier sac, je me dirige vers l'endroit où reposait la tête du petit garçon. À l'aide d'un déplantoir, je fouille la terre mêlée à l'herbe. Un petit trésor apparaît : des fragments gris brun de son crâne fracassé, de minuscules dents qui se sont détachées durant la décomposition, et de petites touffes de cheveux qui sont tombées quand le cuir chevelu s'est détaché. Je scelle mes trouvailles dans un sac de plastique que j'identifie avec une étiquette sur laquelle j'écris : « partie crânienne d'une victime enfant », et je glisse le tout dans le sac du garçon. Tandis que les hommes emportent le sac vers la fourgonnette du médecin légiste, je procède de la même façon pour le corps de la femme.

Les policiers et les hommes du shérif continuent à documenter les lieux et ratissent le champ tout autour de l'emplacement où se trouvaient les corps, à la recherche d'autres éléments de preuve. Pour ma part, j'ai terminé mon travail. J'enlève mes gants, ouvre une boîte de lingettes désinfectantes et essuie mon visage en sueur et mes mains. Je me laisse tomber sur un carré d'herbe propre pour y boire le contenu d'une bouteille d'eau de source.

Alan, le médecin légiste, se laisse tomber à mes côtés. « Eh bien, je suis désolé que nous ayons eu à nous rencontrer dans de telles circonstances, mais je suis heureux d'être venu », lance-t-il.

— Hé ! un double homicide trois jours après mon embauche ! C'est comme si je venais de plonger dans la partie profonde d'une piscine ! »

Alan sourit et me tend un présentoir plein de formulaires à remplir.

« Vous savez, Alan, c'est ma première affaire ici au Kentucky. Vous pourriez m'aider à remplir cette paperasserie ? »

Il sourit. « Ne vous inquiétez pas, Doc, nous vous couvrons. » Nous parcourons les documents ensemble tout en continuant à parler de l'enquête. Finalement, Alan me demande : « Alors, c'est vous qui faites l'autopsie demain en compagnie du docteur Hunsaker ?

— Oui, et nous devrons travailler côte à côte, si ça vous va. »

Tout cela n'est que routine pour Alan, mais je n'en suis, moi, qu'au stade de l'apprentissage des procédures en vigueur au Kentucky. Comme le Kentucky est un très grand État rural, chaque comté a son propre médecin légiste, qui est le premier enquêteur sur les lieux de crime. Il a bien sûr reçu une formation en la matière. Habituellement, les légistes ne sont pas médecins, mais même s'ils le sont, ils ne font pas les autopsies. Normalement, le médecin légiste travaille sur les lieux d'un crime et fait parvenir les corps à l'un des quatre bureaux régionaux du médecin légiste de l'État, où des pathologistes, qui sont médecins, les autopsient. En dernier ressort, le médecin légiste est responsable de son comté. C'est lui qui donne l'autorisation aux pathologistes de faire une autopsie, qui reçoit le rapport final, et qui émet, s'il peut le faire, le certificat de décès.

Parfois, le médecin légiste a recours aux services d'un expert des os, auquel cas il fait appel à moi. Je peux me présenter sur les lieux du crime et assister à l'autopsie, ou bien j'emporte les os à mon laboratoire de Frankfort. Le docteur John Hunsaker, pathologiste, s'occupe des tissus mous tandis que j'essaie de découvrir ce qui est arrivé aux crânes.

« Qu'en pensez-vous, à première vue ? me demande Alan.

— À l'évidence, on a fracassé les crânes, dis-je, mais je ne peux pas encore dire de quelle manière. Selon moi, les victimes n'ont pas été tuées ici, elles y ont été déposées. » Je suis presque certaine qu'elles ont subi un traumatisme causé par des coups violents, qu'elles ont été battues. Il n'y a pas eu de coups de feu, ni d'arme blanche. Mais je ne pourrai en être certaine que lorsque j'aurai reconstruit les crânes dans mon laboratoire. Étant donné que les crânes se brisent de façon assez prévisible, les crânes reconstruits – ou même les fragments – nous permettent souvent de découvrir ce qui les a endommagés. En tout cas, je peux au moins éliminer certaines armes. Les blessures par balle sont très nettes, mais les traumatismes causés par une force brute laissent aussi des traces. Le bout d'un marteau à panne ronde, par exemple, laisse souvent un renfoncement en forme de balle, tandis qu'un démonte-pneu ou la tige d'un bâton de golf font une encoche longue et étroite.

Pour en avoir une meilleure idée, il est important de recueillir le plus de fragments possible. Dans la présente affaire, même si j'ai trouvé un tas de fragments éparpillés sur le sol, plusieurs sont encore incrustés dans le sang coagulé et dans les tissus en décomposition entassés dans la boîte crânienne. Demain, John et moi devrons nous livrer à une véritable chorégraphie pour ne pas détruire nos éléments de preuve.

Pour John et moi, les asticots aident et nuisent tout à la fois. C'est une aide, parce qu'ils permettent de calculer l'intervalle après la mort, ou « le laps de temps depuis la mort ». C'est aussi une nuisance parce qu'aussi longtemps qu'ils sont dans le corps, ils continuent de dévorer la chair, même si le médecin légiste a placé les cadavres dans le réfrigérateur de la morgue.

Une fois installés dans une carcasse, les asticots y vivent à leur manière. Des milliers d'entre eux s'accumulent au creux de la poitrine ou dans le pelvis ; on croirait voir une carcasse de poulet débordant de riz crémeux et trop cuit. Puis ils s'agglutinent en un groupe homogène qui grouille et bouillonne lorsque la température de l'air se rafraîchit. Chaque asticot tente alors désespérément de se rapprocher du foyer de chaleur en repoussant ses voisins malchanceux vers la périphérie, où il est à son tour chassé par d'autres asticots plus robustes. Le soir, ou à la morgue, le métabolisme de l'ensemble des asticots peut être inférieur de 10 degrés à la température du corps, de sorte que lorsqu'on retire le corps du réfrigérateur, un nuage de vapeur s'élève de la poitrine effondrée ou à demi dévorée de la victime.

« Mettez les corps dans le congélateur et non dans le réfrigérateur », dis-je aux hommes. La plupart des asticots peuvent survivre à une température au-dessous de zéro, mais le froid extrême met un frein à leur appétit insatiable et les rend apathiques. Saisissons toutes les occasions que nous avons, nous les humains, de les neutraliser. Ils ressusciteront bien assez tôt !

* * *

Le lendemain, à l'autopsie, les cavités de la poitrine des victimes sont pleines à ras bord d'asticots. Pour l'instant, ils sont immobiles, assommés par le froid. Mais dans une heure ils recommenceront à bouger. John et moi devons faire diligence.

Je porte les vêtements traditionnels bleu-vert, blouse de chirurgien, gants, masque et écran facial. Je me félicite d'avoir fait « l'apprentissage par le toucher » avec Tyler, dans nos cours d'ostéologie, car nous devons recourir souvent à la compression de tissus mous pour retirer des fragments d'os et des dents, comme avec les enfants de Waco. Les fragments de crânes et de dents se glissent souvent à la base du crâne, du cou ou même dans la cavité thoracique en décomposition. Je dois donc tâter à l'aveuglette au milieu de tissus brun vert qui ressemblent à du pudding au chocolat auquel on aurait ajouté des grumeaux de vomissure.

Pendant ce temps, le corps héberge encore des dizaines de milliers d'asticots qui sortent de la poitrine comme de l'eau savonneuse débordant d'une machine à laver. Quelqu'un m'a déjà demandé naïvement pourquoi on n'enlevait pas les asticots avant de faire l'autopsie. J'ai tout simplement hoché la tête et répondu : Si on enlevait tous les asticots, il ne resterait rien du corps.

Fumiger un corps rempli d'asticots est une idée saugrenue. J'ai essayé. Une fois mes mains plongées dans le chaudron, les asticots ont commencé à grimper le long de mes manches grâce à la couche de mucosité gluante qui les recouvre et leur permet de s'accrocher à toutes sortes de surfaces. Ils rampaient sur mes gants et mes bras et se dirigeaient sans coup férir vers les orifices tentants de mon visage. Leur périple lent, déterminé, me dégoûtait au point où mes réflexes ont pris le dessus : j'ai secoué violemment les poignets pour les faire tomber sur le sol. Ils ont semblé apprécier cet endroit... puis ont rampé sous les comptoirs et grimpé le long de la jambe d'un employé du laboratoire et d'un étudiant en médecine venu en observation. Nous avons dû les écraser. Marcher sur des asticots adultes gavés de sang, c'est comme écraser de minuscules raisins. Ils éclatent et leurs entrailles couleur de pus maculent le plancher, ce qui est particulièrement dégoûtant. Mais je les préfère sous mes semelles que sur mon visage.

Au fil des ans, j'ai mis au point des petits trucs pour faire face à mes amis les asticots. Je travaille rapidement, et je maintiens la salle d'autopsie aussi froide que possible. Cela rend les asticots apathiques et nous donne un certain avantage, à nous les humains. Les asticots détestent encore plus la lumière vive que le froid ; alors, quand c'est possible, je couvre la partie centrale du corps à examiner d'un grand sac à ordures noir. Après quelques instants, les asticots s'y réfugient. Je tire alors, lentement, le sac à l'autre bout de la table ; les asticots le suivent et me laissent travailler en paix. Cela me réconforte de me sentir plus intelligente qu'un asticot.

« Eh bien, Emily, la journée commence sur les chapeaux de roue », déclare John lorsque nous nous attaquons à l'autopsie. John projette l'image stéréotypée du professeur d'université, beau dans le sens studieux du mot, soit grand et un peu voûté, lunettes se balançant au bout d'un lacet passé autour du cou. Pour contrer la fraîcheur de la morgue, il porte toujours un pull brun Mr. Rogers et fume une grosse pipe de bois pour neutraliser l'odeur.

« Je sais, dis-je tandis qu'il découpe le corps et fait tomber quelques asticots sur le plancher. Un double meurtre. Pas si mal, trois jours après mon embauche !

– N'oublie pas de trouver d'autres locataires pour ton "motel d'asticots" », dit-il avec un grand sourire. Je sais ce qu'il veut dire, mais je défie quiconque d'entendre « motel d'asticots » sans pouffer. Étant donné que plusieurs espèces d'asticots se ressemblent, l'entomologiste doit pouvoir observer les mouches adultes. Je me vois donc confier l'agréable tâche de ramasser une autre douzaine de larves et de les mener à maturité. Même si les pathologistes savent comment s'y prendre, ils sont encore plus hypersensibles que moi devant les asticots. En conséquence, lorsque je suis à proximité, mes collègues sont plus qu'heureux de me refiler le boulot, que ce soit ou non une affaire de squelette. J'utilise une simple boîte de lait avec de la boue au fond et un petit morceau de foie de poulet grossièrement enveloppé dans du papier aluminium. Les asticots se ruent sur le foie, puis s'enterrent dans la boue pour se métamorphoser. L'un des aspects les plus bizarres de mon travail consiste à vérifier la literie du « motel d'asticots » pour m'assurer que les petits qui sont sous ma responsabilité sont bien vivants, en bonne santé, et qu'ils se gavent autant qu'ils le peuvent.

« Je ne m'habituerai jamais à cela, dis-je. Hé, John, rends-moi service. Tire quelques bouffées de ta pipe. » Dieu merci, je bénéficie de la fumée secondaire.

* * *

L'autopsie terminée, je nettoie les crânes et les fragments, les immergeant dans de l'eau chaude savonneuse et les récurant à l'aide d'une brosse à dents, tout comme à Waco. Je laisse sécher pendant la nuit et, le lendemain, je me lance dans un dur labeur : recoller les crânes.

Dans le dossier en cours, mes interrogations s'adressent uniquement aux crânes. En d'autres occasions, il faut plutôt nettoyer et examiner chaque os, à la recherche d'un traumatisme ou d'une vieille blessure, afin de déterminer l'identité de la victime. Cela n'arrive qu'une fois sur cinq, mais lorsque cela se produit c'est une véritable corvée, salissante, accaparante et puante. C'est un peu comme si l'on désossait un poulet pourri, mais un très gros poulet. J'utilise des radiographies et des photographies pour voir comment je peux arracher les os à la chair en décomposition sans les endommager. Quelques os portent peut-être des traces de coupure ou d'autres éléments de preuve, et je ne veux pas voir mes propres marques les recouvrir.

S'il n'y a pas trop de chair, je peux retirer les os en les ôtant d'un petit coup sec. Comme lorsqu'on enlève la queue d'une pomme. Toutefois, si je sens la moindre résistance, je détache les os à l'aide de petits ciseaux à pointes arrondies et à lames recourbées. J'essaie de ne pas faire d'entaille ; je veille bien à ne pas briser un cartilage ou un os. Je retire chaque os de son enveloppe de chair et le place sur une autre table, alignant ma récolte par ordre anatomique. Ainsi, je peux faire l'inventaire du squelette tout en travaillant, et noter les os qui manquent. C'est un premier moyen de rechercher des fissures, des meurtrissures ou des anomalies qui peuvent donner des indices.

Lorsque les os sont trop charnus pour livrer leurs secrets, je les transporte dans le coin de mon laboratoire, que mes collègues ont baptisé, en plaisantant : la «cuisine de Mademoiselle Em.». Je fais bouillir les os à feu doux. Tous les restes de chair cuisent. Ce processus s'appelle «macération thermique».

Comme toute bonne cuisinière, j'ai ma propre recette. Je remplis deux mijoteuses et une grande rôtissoire d'eau et de détersif à vaisselle, pour dissoudre la graisse. J'aime que tous mes contenants soient pleins et prêts avant la récolte d'os. De cette façon, je peux les jeter tous dans l'eau et allumer tous les appareils à la fois. Ainsi, je sais exactement combien de temps est nécessaire pour la cuisson de chaque os, et je peux m'assurer qu'il ne cuira pas trop longtemps. En outre, je veille à ce que l'eau se réchauffe graduellement afin que chaque os puisse s'ajuster à la chaleur.

Je suis heureuse de déclarer que la macération thermique détruit les asticots les plus tenaces, même ceux qui se cachent profondément dans les nerfs des os et dans les canaux artériels. En fait, lorsque je me sens d'humeur particulièrement sadique, je surveille l'eau et, lorsqu'elle bout, je regarde les asticots tenter frénétiquement de sortir des récipients. Ils montent à la surface du liquide fumant et se contorsionnent sur le film graisseux avant de succomber à la chaleur. Parfois, quelques asticots plus athlétiques réussissent à grimper jusqu'à la bordure en céramique de la mijoteuse. Peine perdue, ils grésillent puis éclatent en atterrissant sur le cadre de métal brûlant.

Cette fois, je n'ai pas à faire bouillir un seul os, mais je consacre de nombreuses heures à reconstruire les crânes, travaillant seule, et utilisant un tube de colle ordinaire. Debout devant ma table luisante, je vois les crânes de la femme et de l'enfant qui sèchent et je ressens une satisfaction amère. Mes collègues et moi avons accumulé une immense quantité d'éléments qui serviront un jour à épingler le tueur. Bien sûr, je suis une scientifique, et mon objectif est de découvrir la preuve et non le criminel ou le crime. En fait, au moment où j'écris ces lignes, aucun suspect n'a été épinglé, mais j'ai quand même ma récompense : la satisfaction d'avoir fait de mon mieux, d'avoir trouvé des preuves afin que la justice puisse suivre son cours. Je ne peux en dire davantage à propos de cette affaire, mais il suffit de souligner qu'il n'y a jamais prescription pour les meurtriers. Demain est un autre jour, et de nouvelles possibilités s'offrent à moi.

* * *

Il est vrai que le lendemain semble toujours apporter une nouvelle affaire. Au cours des six premiers mois de ma carrière, je m'occupe de l'exhumation d'un enfant battu à mort et enterré en 1972 ; d'une victime, partiellement réduite à l'état de squelette, attachée à un arbre et tuée d'une balle dans la tête ; d'un corps caché dans un réfrigérateur pendant un an ; d'un corps décomposé retrouvé dans la rivière Cumberland ; d'une affaire de restes réduits au minimum, tailladés à l'aide d'outils agricoles ; d'une personne battue et abandonnée le long d'une route ; et d'une autre victime, enfin, dont les restes ont été éparpillés dans la forêt. Avant la fin de l'année 1994, j'interviens dans huit dossiers différents, où les corps ont été carbonisés dans un incendie et dont il ne restent que les os. Sept dossiers concernent sans doute des accidents tragiques, mais le dernier est très certainement un homicide camouflé en décès par le feu. Et pour clôturer cette première moitié d'année, trois montagnards sont taillés en pièces par des mines plantées sur un lopin de marijuana.

Avec ce genre de dossiers à traiter, je comprends aisément pourquoi le Kentucky a besoin d'une anthropologue à temps complet. L'État affiche une histoire de crimes violents et de « justice montagnarde » qui remonte bien au-delà des célèbres querelles entre les Hatfield et les McCoy. Cette culture de l'anarchie a empiré avec l'ascension de la consommation de drogues illicites et de la marijuana, qui bat tous les records de production et est la plus lucrative du Commonwealth. Ajoutons à cela que de grandes zones de la région sont d'accès difficile – ce qui est idéal pour cacher des corps – et que le climat chaud transforme les cadavres en paquet d'os en quelques semaines. En bref, ce sont les conditions idéales pour produire des restes humains en grande quantité.

Parfois, les os que j'examine ne sont pas ceux de victimes récentes. Ce sont des os anciens, des vestiges qui sont exhumés lors de travaux de terrassement ou de fouilles archéologiques. J'essaie de refiler ces affaires à un archéologue ou à un anthropologue, professionnels formés pour ce genre d'analyse. Moi, je m'en tiens aux os qui racontent l'histoire de crimes plus récents, mais il m'arrive de consulter de temps à autre l'un de ces experts pour tirer avantage de ses connaissances.

L'une de ces spécialistes est Nancy Ross-Stallings. Cette scientifique autodidacte, experte dans son domaine, travaille dans la petite communauté de Harrodsburg à titre d'archéologue à contrat. Elle me vient en aide pour la première fois au cours de l'hiver 1995. Je viens de passer deux jours dans un sous-bois de McCreary County, dans la Daniel Boone National Forest, près de la frontière du Tennessee.

Bill Conley (nom fictif) a disparu au cours de l'été 1994. Six mois plus tard, son ami avoue aux détectives de Lexington qu'il l'a tué et a caché le corps dans un sous-bois près de Withley City, petite ville sise au sud-est du Kentucky. Les agents de la police d'État, les adjoints du shérif et les détectives de Lexington recherchent le cadavre pendant plus d'un an. Un après-midi du mois de décembre 1995, je reçois un coup de fil du bureau du shérif de McCreary County. Le corps de Conley a disparu depuis belle lurette, mais le shérif croit savoir où se trouve son crâne.

Il fait presque noir lorsque je rencontre le shérif adjoint David Morrow au Blue Heron Café, sur l'autoroute 27. Je suis ensuite sa voiture de patrouille jusqu'à un chemin de gravier, sinueux. David s'arrête près d'une Jeep Cherokee 4X4 verte appartenant au U.S. Forest Service. Par expérience, j'ai appris à préserver le bon état de mon équipement en le plaçant dans un solide sac à dos. J'ai rarement l'occasion de me rendre, avec ma grosse fourgonnette, sur des lieux de crime situés sur le territoire rural très accidenté du Kentucky. Nous montons dans la Jeep, dans laquelle j'ai transféré mon appareil photo, mon sac à dos et ma pelle.

Quelques minutes plus tard, après avoir franchi un chemin rocailleux et embourbé, nous arrivons à un endroit où trois arbres sont marqués de peinture phosphorescente orange. Cette marque indique l'endroit où l'adjoint a ouvert la route jusqu'au lieu du crime. On m'a collé le surnom de « Doc des os perdus » à cause du nombre d'heures que j'ai accumulées sur des lieux de crime perdus au milieu des bois ou sur des flancs de montagne. Où que j'aille, aussi éloigné que soit les lieux en question, la première chose que je vois en arrivant est un rassemblement de policiers en train de griller une cigarette en m'attendant.

« J'espère qu'il s'agit bien du crâne de Conley », dis-je aux policiers. Je suis sceptique. Au cours de la dernière année, des chercheurs ont trouvé, dans un rayon de cinquante kilomètres, les restes de trois *autres* personnes censées être Conley. « Comment savez-vous que c'est lui ? »

David vient tout juste de sortir de la Jeep. Il me tend mon sac à dos en souriant. « Tu vois ce gars efflanqué près de l'arbre ? » me demande-t-il.

Je fais oui de la tête.

« Il prétend qu'il est le tueur.

— Sans blague ! »

— Ouais, il raconte à tous les policiers qui veulent bien l'entendre qu'il a tué son amant à Lexington et a transporté le corps ici pour le cacher. Hélas, il a tellement bien fait les choses qu'il ne le retrouve plus !

— Pourquoi est-il passé aux aveux ? Puisque la victime est si bien cachée, on ne l'aurait jamais retrouvée ! »

David se met à rire. Il se penche et me souffle à l'oreille : «Le gars a le SIDA. Je suppose qu'il veut recevoir des soins médicaux en prison pour le reste de ses jours !

— C'est pour ça qu'il se sent tout à coup coupable et veut avouer?

— Tout juste. Quelles que soient ses raisons, il a bien fait. Mais il faut qu'on retrouve le corps avant de coffrer le gars. L'enquêteur de Lexington l'a mis en contact avec un agent de la faune qui connaît bien la région. Sa description des lieux a donné suffisamment d'indices pour retrouver le crâne. Mais il y a un revers à cette histoire, qui te fera dresser les cheveux sur la tête... »

Milford Creekmore, le médecin légiste de McCreary County, vient d'arriver. Je ne saurai donc pas tout de suite ce que signifie ce « revers de l'histoire ». Les gens de son équipe sortent d'une vieille ambulance en se bousculant et en nous inondant de salutations amicales. Je regarde le brinquebalant véhicule avec stupeur. J'ai peine à croire qu'il ait pu arriver jusqu'ici sur ce chemin accidenté ; mais je sais que là où Milford s'engage, les choses normales n'ont pas cours. Nous avons déjà travaillé ensemble sur quelques dossiers. C'est un type épatant et, jusqu'à sa récente défaite lors d'une élection chaudement disputée, il était l'un des médecins légistes les plus colorés du Kentucky. Né et élevé en montagne, Milford est à la fois rondelet et de haute taille ; il a quarante ans et a perdu presque toutes ses dents. Il fouille les dépotoirs à la recherche de véhicules bon marché sur lesquels il installe des sirènes et les feux clignotants les plus extravagants que l'on puisse imaginer. Ce soir, je ne sais trop comment, il a réussi à conduire son ambulance sur cette route difficile en la talonnant comme une mule récalcitrante. Lorsque son clan et lui s'occupent d'une affaire, personne ne regimbe devant le boulot : ni Milford, ni ses deux fils, ni son ex-femme, ni sa fille, qui a amené son bébé. Ils veulent tous voir le crâne et participer à l'enquête. Mais Milford leur fait bien comprendre que lui, et lui seul, sera mon bras droit dans cette affaire.

Marchant en file indienne sous une bruine froide, nous nous dirigeons vers les lieux du crime, à quelque six mètres en bas du talus qui longe la route. Un sac d'arpenteur orange indique l'emplacement. Je suis étonnée de ne pas voir le crâne. Gus Skinner, du U.S. Forest Service, s'agenouille et rabat les touffes d'herbes fanées qui recouvrent ce qui ressemble à l'entrée d'un terrier de marmotte. À environ 30 cm, je distingue un crâne humain, face contre terre, dans une mare claire comme du cristal.

Pour atteindre le trou – qui a été, à l'origine, un petit puits artésien –, je dois m'étendre à plat ventre et entrer un bras et une épaule dans le terrier. Mes joues frottent contre la terre où le corps de la victime s'est sans doute décomposé. Je suis peut-être habituée à la décomposition humaine, mais je ne suis certes pas prête à faire *cela*.

Dès qu'il s'aperçoit que j'ai un problème, Milford enlève son imper et l'étend par terre, dans un geste seigneurial que Sir Walter Raleigh n'aurait pas désavoué. Je me couche dessus, prends quelques photos et me penche pour saisir le crâne. Je m'assieds, le tourne et le retourne pour en faire un bref examen sous la lumière éblouissante des flashes des appareils photo des détectives.

De prime abord, je peux dire que le crâne est celui d'un homme adulte blanc, qui a le même profil biologique que la présumée victime. Je remarque aussi les alvéoles dentaires vides, aux rebords bien fermes – signe que les dents sont tombées après la mort. Elles doivent se trouver dans le trou. Je vois aussi qu'une alvéole commence à se remplir parce que ses rebords se sont ramollis. *Cette dent-là* a disparu bien avant le décès, à l'époque où l'alvéole était en train de cicatriser. Les données dentaires seront très utiles pour remplir notre fiche d'identification.

Je ne relève aucune fracture récente indiquant une blessure à la tête. Ce fait est également utile, car il nous dit que nous n'aurons pas à rechercher une balle ou un bâton de baseball.

Je mets le crâne dans mon sac d'éléments de preuve pour consultation ultérieure et je m'intéresse aux dents et aux os du cou qui se trouvent au fond de la mare. Mais je ne parviens pas à les atteindre. Les gars creusent un peu autour du trou, ce qui va me permettre d'y introduire ma tête, mes épaules et mes deux bras. Grâce à l'imper de Milford, j'arriverai à me glisser à l'intérieur, tête la première. Mais l'esprit chevaleresque n'est pas mort au Kentucky. Trois paires de mains m'attrapent par la ceinture, les hanches et les cuisses, m'évitant ainsi un shampoing glacé et nauséabond.

Une fois ces éléments en main, nous décidons d'abandonner la partie pour la nuit, pour mieux recommencer le lendemain. Milford nous a réservé des chambres dans un petit motel du coin.

Après nous y être inscrits, nous nous retrouvons tous dans un restaurant. Par «tous», j'entends aussi le meurtrier, plus coupable que jamais. En fait, je suis assise en face de lui. Tandis que je mange mon hamburger en parlant du temps qu'il fait, j'oublie qu'il est au centre d'une enquête pour homicide… jusqu'à ce qu'il se lève, apparemment pour aller aux toilettes. Trois hommes armés, portant un insigne de policier, sont debout avant même qu'il ne quitte sa chaise. Ce geste ne le déroute pas. Moi, si. Ils accompagnent l'homme aux toilettes. Nous sourions calmement afin de briser la tension. David Morrow, le shérif adjoint, se penche par-dessus de la table et me demande si je veux connaître la fin de l'histoire qu'il a commencé à me raconter en forêt. J'acquiesce.

«Je ne sais pas si tu as remarqué, mais à mi-chemin sur la route de montagne, il y a, accrochée à la falaise de calcaire, une grosse motte de terre avec un morceau de tuyau, commence-t-il par dire.

— Ouais, j'ai vu ça. Ça ressemble à une sorte de puits, ou peut-être à une source.

— C'est précisément ça, Doc. C'est la sortie d'une source où la plupart des gens de la région s'approvisionnent en eau potable.» Assis près de nous, prêtant une oreille attentive à ce que raconte David, Skinner, l'enquêteur buriné du U.S. Forest Service, hoche affirmativement la tête.

«Cette source est épatante, intervient Ethelbert, un des fils de Milford. En fait, je m'y suis arrêté et j'ai rempli quelques cruches d'eau.»

Skinner et l'adjoint échangent un regard. David dépose sa tasse de café et ferme les yeux. Skinner prend le relais.

«Mon fils, tu te souviens pourtant que, le printemps dernier, je t'ai demandé de placer un signal de danger du Forest Service près de cette source?»

— Oui, et tu sais que tout le comté s'est moqué de toi? Nous tirons notre eau de cette source et cela remonte aussi loin que le père de mon père se souvienne. Tout le monde sait qu'elle a un goût bizarre quand le temps change, mais il n'y a jamais eu de danger à la boire. Aucun écriteau du gouvernement ne peut empêcher les gens de ce comté de faire ce qu'ils ont toujours fait. C'est pourquoi l'enseigne disant que cette eau n'est pas potable a disparu dès qu'elle a été posée.

— Eh bien, Ethelbert, ils n'auraient pas dû faire cela, déclare patiemment Skinner. Et tu vas sans doute vider tes cruches. Cet après-midi la dame que tu vois ici est presque tombée dans le trou de la source. Et le gars qu'elle tentait d'en retirer avait le SIDA quand le meurtrier l'a jeté dedans. »

Tout le monde fige sur place. Nous, les « étrangers », nous jetons un regard aux Creekmore assis à l'autre bout de la table. Comme un seul homme, ils repoussent leurs chaises et quittent le café. On ne sait pas très bien ce qui s'est passé par la suite, mais la rumeur veut que les lignes téléphoniques de McCreary County aient été encombrées des heures durant.

Le lendemain matin, ils sont tous de retour sur les lieux du crime, prêts à mettre la main à la pâte. Personne ne mentionne la douteuse eau potable, mais lorsque Milford fils, l'un des plus gros travailleurs du groupe m'aide à ratisser le sable et le gravier de la petite source, il fronce les sourcils et se tient coi.

Nous récoltons des os jusqu'au milieu de l'après-midi. Nous en retrouvons à peu près la moitié. Les carnivores de la forêt – coyotes, renards, ratons laveurs et opossums – ont emporté des os pour les ronger ou les nettoyer de la chair qui les enveloppait. Mère Nature a camouflé le reste. La chute des feuilles a tapissé le sol ; les os se sont décolorés jusqu'à prendre la teinte gris brun des brindilles et des feuilles qui les recouvraient.

Ces os sont difficiles à repérer en raison de leur taille et de leur forme. Lorsqu'on les retrouve, il est important de ne pas les ramasser tout de suite. J'ai remis à tous mes collaborateurs des drapeaux très voyants d'arpenteurs géomètres, en leur demandant d'en laisser un près de chaque os trouvé. « Contentez-vous de planter les drapeaux, puis appelez-moi ! » Parfois, en reculant de quelques pas, on peut recréer une partie de la structure d'ensemble. Il arrive souvent que la pluie qui dévale une pente ou un animal qui suit une route d'instinct éparpille les os dans une direction qui peut nous conduire à une cachette d'os plus petits et plus légers – les plus difficiles à retrouver.

C'est exactement ce qui se produit. Après avoir planté environ quinze drapeaux, je vois clairement qu'ils délimitent un petit territoire en forme de quartier de tarte, la pointe se situant près de l'endroit où nous avons découvert le crâne. De là, les drapeaux semblent se déployer, l'un des côtés du triangle longeant le ruisseau, l'autre, le bas de la colline. Nous repérons l'une des côtes à environ 1 m 85 de l'embouchure de la source, qui constitue le troisième côté du triangle. Pour l'heure, ce triangle marque la limite externe de notre recherche, tandis que nous marchons coude à coude en une longue file, de gauche à droite, sur cette parcelle de terre, écrasant les feuilles sous nos pieds et plantant un drapeau chaque fois que nous trouvons un os.

Les enquêteurs prennent de nombreuses photos et font un croquis des lieux du crime afin de documenter la distribution des os. Le moment de ramasser arrive. Nous nous mettons au travail, Milford, David et moi. Je prends l'os, y jette un coup d'œil et dit à David de l'inscrire dans le journal de bord : # 1 = omoplate droite ; # 2 = humérus gauche, et ainsi de suite. Ensuite, Milton glisse l'os dans un sac portant le même numéro que dans le cahier.

Tout baigne dans l'huile lorsque je ramasse le # 63, un fémur gauche. En y regardant de plus près, je suis sidérée. Que diable est-il arrivé au bout distal de cet os, sous le genou ? Il semble qu'il se soit brisé. La plaie présente de profondes entailles auxquelles pendent de longues esquilles osseuses là où on devrait trouver l'articulation du genou. Je sais que cette forêt est le domicile des ours noirs et des *coydogs*, ces bâtards issus du croisement de chiens de ferme et de coyotes, et que ces charognards mâchouillent souvent des os humains jusqu'à la moelle. Mais, il semble qu'autre chose soit arrivé à l'os que je tiens dans la main.

Comme je ne veux pas ralentir le travail, je demande à David de prendre note de mes observations dans le journal de bord, et je demande à Milford de mettre l'os de côté pour un examen plus approfondi. À quelque trois mètres de là, je découvre le fémur droit. Le mystère commence à s'éclaircir. Cet os porte les mêmes striations, et l'articulation du genou manque également. Je décide de taire mes suppositions grandissantes avant la fin de la récolte des éléments de preuve. L'après-midi s'efface pour laisser place à la soirée. Les trouvailles sont de moins en moins nombreuses. Le reste de l'équipe a fait des recherches dans une zone sise à environ 45 mètres au-delà du triangle. Pour l'aider dans sa tâche, l'équipe de secours a fait venir des chiens renifleurs. Lorsque les hommes déclarent avoir fait tout ce qu'ils pouvaient pour retrouver les restes, nous décidons de nous retirer. Nous possédons assez d'os et de dents pour identifier la victime, et nous avons ceux du squelette de Conley.

Je ne suis pas surprise de n'avoir pas retrouvé un seul os des pieds et des jambes. Assise près du hayon de la Jeep, je prends les deux fémurs, enlève doucement les détritus de saleté et de feuilles qui les recouvrent et les place côte à côte. Je suis maintenant certaine que les entailles et les coches ont été causées par la main de l'homme. Les jambes de Conley ont bel et bien été coupées.

Il s'agit de mon premier cas de boucherie humaine. Lorsque je rassemble mes collègues pour leur faire part de mes découvertes, ils sont tout aussi troublés et choqués que moi. Bien sûr, le meurtrier a déjà avoué son crime, mais personne d'entre nous n'a envisagé la possibilité de l'existence d'un autre lieu de crime quelque part dans la forêt – en fait, l'endroit où l'individu a coupé les jambes de Conley au moment de sa mort, ou avant, ou après…

Les détectives de Lexington sont déjà retournés à leur port d'attache, ramenant le tueur avec eux. David les contacte par radio afin de savoir s'ils peuvent tirer d'autres renseignements du suspect avant que ce dernier ne voie son avocat. Manque de pot, le tueur ne veut plus parler. Il sait qu'il demeurera dans un pénitencier pour le restant de ses jours et c'est tout ce qui lui importe. Nous en sommes quittes pour essayer de deviner ce qui a bien pu se passer. Peut-être le corps n'entrait-il pas dans le coffre de l'auto à cause de sa rigidité ? Le tueur voulait peut-être conserver un trophée ? Peut-être était-il affamé et a-t-il imité Jeffrey Dahmner ?

On peut affirmer sans se tromper que personne ne saura jamais le fond de l'histoire. C'est à ce moment que je décide d'appeler Nancy qui, selon moi, sera en mesure de m'aider à identifier l'arme ayant servi à faire les entailles. Nancy a étudié la pratique macabre de la boucherie humaine et des marques qu'elle laisse sur les os – le type de science qui me permettra de clore le dossier. Nancy répond à ma demande. Elle confirme que les coupures préliminaires sur les jambes de Bill ont été faites à l'aide d'un gros couteau à lame lisse, tandis que l'amputation finale est le résultat de coups violents portés par un outil semblable à une hache. Elle m'explique qu'une scie ou un couteau laisse souvent « sa signature » sur un os. Par exemple, une scie à métaux produit des lignes irrégulières sur l'os, alors qu'une grosse scie circulaire le sectionne net. Une scie à chaîne déchire et ronge l'os en un clin d'œil, laissant des trous et des ébréchures dans son sillage, tandis qu'un couteau dentelé trace un motif de coches et de points, à ne pas confondre avec la marque droite et lisse laissée par un couteau de boucher ou un couperet à viande. Le travail exécuté sur des marques de coupures par Nancy et des collègues anthropologues judiciaires – Steve Symes, de Pennsylvanie, et feu Williams Maples, de Floride – m'a permis de faire coffrer plusieurs suspects.

À plusieurs occasions, je me suis servie des marques de coupures pour établir la preuve dans des affaires au Kentucky. Ce qui hante les enquêteurs, c'est de savoir qu'une personne peut mourir de mort violente – poignardée, tuée par balle ou empoisonnée – sans qu'il y ait une seule trace sur les os. Et, une fois le corps décomposé ou brûlé, il ne reste que les os.

Heureusement, dans la mesure où la nature des os change de façon radicale après la mort, ces derniers permettent de déterminer approximativement, et assez facilement, le moment où une blessure a été infligée. De son vivant ou tout de suite après sa mort, une personne a des os qui ressemblent à du bois vert. Quand on enfonce un couteau dans ce que nous appelons un « os vert », on peut tourner un peu le fer puisque l'os, tissu vivant, est encore flexible. Par contre, quelques jours ou quelques semaines après la mort, les os sont comme du bois de chauffage – sec – et ils n'ont plus la même souplesse. C'est pourquoi les marques produites au moment de la mort et celles faites après la mort diffèrent complètement. Lorsque Nancy et moi révisons la preuve dans l'affaire Bill Conley, nous en arrivons à la conclusion que l'os a été tranché au moment de la mort, immédiatement après ou peu de temps après. Bien que nous ne puissions deviner pourquoi cela s'est produit, Nancy peut au moins identifier les outils ayant servi à la boucherie.

* * *

Du point de vue de l'enquêteur, il y a deux sortes d'incendies : l'incendie accidentel et celui qui est déclenché par un individu pour camoufler un homicide. Le Kentucky a plus que sa part de la deuxième catégorie et personne n'en connaît vraiment la raison.

Est-ce parce que les enquêteurs des autres États sont beaucoup moins attentifs aux incendies criminels avec morts que nous ne le sommes ? Ou est-ce parce que les criminels du Kentucky n'ont pas encore compris que tout feu qui se consume laisse inévitablement derrière lui des ossements humains ?

Bien évidemment, je suis ravie qu'ils ne le sachent pas. Et j'hésite à leur expliquer de quoi il retourne. Mais, entre nous, voici : si jamais vous prévoyez d'incinérer une personne, ne croyez pas que le corps sera entièrement détruit. Essayer de brûler un corps humain – qui contient environ 80 % d'eau – c'est comme essayer de brûler une grosse éponge détrempée. Les organes remplis de fluides, les muscles et les os résistent souvent aux flammes les plus torrides. L'un de mes meilleurs dossiers d'homicide camouflé en incendie a eu lieu dans Pulaski County, incendie criminel d'abord découvert par mon bon ami le shérif Sam Catron. Au moment où éclate cette affaire, en 1995, Sam, comme plusieurs policiers du Kentucky, a toujours mes numéros de téléphone en poche. Mes collègues, dans tout l'État, savent que je suis disponible en tout temps. Je ne suis donc pas surprise de recevoir un coup de fil de Sam à 17 heures, un dimanche du mois d'avril...

« Voici l'histoire, me dit Sam après un bref échange de plaisanteries. Dans la région nord-est du comté, une petite ferme en bois a été réduite en cendres, tôt cet après-midi. Le service d'incendie a trouvé deux corps calcinés dans la salle de séjour. Nous en avons découvert un autre dans une des chambres à coucher. »

Sam et moi savons qu'il ne s'agit pas nécessairement d'un homicide. Au Kentucky, il n'est pas rare que des résidences isolées brûlent lorsque leurs occupants dorment. Elles sont parfois habitées par des invalides. De nombreux montagnards utilisent des poêles à bois ou des chaufferettes au kérosène pour se chauffer ; ils se servent de lampes à pétrole, ou même de chandelles pour s'éclairer. Les pompiers bénévoles des régions rurales font tout leur possible, mais ils arrivent souvent trop tard. Dans l'affaire qui nous préoccupe, Sam et moi, un voisin éloigné a aperçu les flammes par hasard et a fait appel au service d'incendie. À l'arrivée des pompiers, la vieille maison délabrée n'était plus qu'un amas de décombres fumants.

D'une façon générale, le médecin légiste, les policiers locaux et un expert des incendies criminels passent le site au peigne fin. Si l'incendie semble vraiment accidentel, on transporte les corps au bureau du médecin légiste pour autopsie et identification.

Qu'est-ce qui a mis la puce à l'oreille de Sam et du médecin légiste ? Tout d'abord, le feu a éclaté en pleine journée, en ce beau mois d'avril. On n'a pas besoin de chauffage en cette saison. Ensuite, il y a l'heure à laquelle a éclaté le sinistre. On ne peut imaginer que des personnes bien portantes aient été profondément endormies en plein après-midi, et incapables de sortir de leur maison à un étage pourvue de plusieurs portes et fenêtres. Troisième indice, le plus significatif aux yeux des enquêteurs : les corps reposent dans une position anormale.

Bien sûr, une victime calcinée n'est jamais dans une «position normale», mais sur le site d'un incendie criminel, il y a des éléments à examiner soigneusement. Lorsqu'une personne meurt à la suite d'inhalation de fumée – la cause la plus répandue dans ce genre d'affaire –, le monoxyde de carbone s'insinue dans son sang et cause une perte rapide de conscience. Cependant, même après s'être évanouie, la personne réagit encore. La trachée aspire la suie et la fumée, les organes et les muscles virent au rouge cerise lorsque le monoxyde remplace l'oxygène dans le sang. Des réactions chimiques de dernière minute dans les muscles forcent la victime à se tordre dans une position dite de «pugiliste», c'est-à-dire bras pliés aux coudes, poignets et avant-bras repliés vers les épaules et poings serrés, comme si la personne s'apprêtait à livrer un combat de boxe. En outre, les jambes se relèvent parfois à hauteur des hanches, de sorte que la victime semble assise dans une chaise imaginaire.

Sam me confirme qu'aucun des corps n'est dans cette position, ce qui signifie qu'il n'y a eu aucune réaction physiologique des muscles au feu. En outre, comme il peut voir les organes internes de la victime par les déchirures de la paroi abdominale, il sait qu'il n'y a aucun signe de cette décoloration rouge cerise qui accompagne habituellement l'inhalation de fumée.

Quand j'arrive sur le site, Sam m'accompagne dans les débris calcinés de la petite maison, m'exposant ses soupçons. Certains détails le chicotent. Sa voix, d'ordinaire si douce, est voilée, ce qui prête à cet homme joyeux et très professionnel un air de tristesse inhabituel. Tandis que nous marchons sur la pointe des pieds dans les décombres, Sam se penche soudain près d'un des drapeaux indicateurs d'un jaune brillant que l'on plante près des victimes. Je vois ce qui affecte profondément cet homme de loi. Il est indiqué sur le drapeau que la victime était petite. Selon moi, il s'agit d'un enfant de deux ou trois ans tout au plus.

« Il y a encore un autre enfant là-bas, Doc », dit-il, me prenant la main et me faisant passer par-dessus une pile de détritus fumants sur lequel s'est effondré un évier en porcelaine. Cette seconde victime est un peu plus grande, mais il ou elle mesure à peine 1 m 20.

« Je sais que tu n'aimes pas qu'on se promène sur le site d'un incendie alors qu'il s'y trouve peut-être encore des victimes, poursuit Sam. Dès que le médecin légiste et moi nous nous sommes rendu compte que nous nous trouvions devant des circonstances suspectes, j'ai donné congé à tout le monde jusqu'à ton arrivée. Le corps le plus grand est là-bas. » Il fait un signe du menton, tout en repoussant du pied une poutre brûlée. « Les pompiers l'ont trouvé tout de suite ; pour les deux autres, cela a pris plus de temps, parce qu'ils sont plus petits. Rien n'a été déplacé. Les pompiers ont même cessé leur arrosage intensif lorsqu'ils ont vu les corps. Ils s'en sont tenus à un simple jet afin de circonscrire le feu. »

Sam s'interrompt brusquement, comme pour s'éclaircir la voix. Je dois retenir un geste de la main pour le réconforter. Sur un ton décontracté, je lui dis : « Ça va, Sam, tout va bien. Pourquoi ne continues-tu pas à me raconter tout cela pendant que je vais chercher mon matériel ? »

Rasséréné, il me suit jusqu'à ma fourgonnette. « Le voisin prétend qu'une femme, Shirley Bowles, vivait ici en compagnie de ses deux enfants, Amy et Brian. Il semble qu'elle ait épousé, il y a un mois, un homme qu'elle connaissait à peine, croyant qu'il s'occuperait des enfants avec elle. Cet homme, McKiney, était là quand les pompiers tentaient d'éteindre le feu, mais il a disparu lorsque ces derniers lui ont demandé où se trouvaient Shirley et les enfants. Il est revenu un peu plus tard, mais il a disparu pour de bon quand les pompiers ont découvert les corps. »

Je jette un coup d'œil vers la forêt, de plus en plus sombre dans le soleil couchant. Je me demande où cet homme peut bien être…

Comme s'il avait deviné ma pensée, Sam sourit et me dit : « Je l'ignore, Doc, mais j'ai mis des hommes sur ses traces. Des tireurs d'élite cernent les lieux, au cas où il tenterait quelque chose de bizarre. Tu sais que je te couvre toujours. »

C'est vrai. Un jour, ses policiers m'ont protégée de leur corps lorsqu'un père désespéré s'est faufilé à la périphérie des lieux d'un crime. Fusil en joue, il a menacé de nous tuer, le médecin légiste et moi, tandis que nous procédions à l'exhumation de ses deux enfants, ordonnée par la cour.

À mon tour de sourire. « D'accord, Sam. Tu me protèges et je vous aide à épingler celui qui a fait ça. »

J'enfile la combinaison bleu marine que je porte sur la plupart des lieux de crime, et pose une casquette sur ma tête, portant fièrement les mots : « Médecin légiste de l'État ». Je mets mes bottes ignifugées et attache mes genouillères afin de pouvoir ramper sur tout ce qui se trouve sur mon chemin. Je me munis de gants de caoutchouc et emporte un tas de boîtes de plastique à couvercle à ressort pour la récolte d'éléments de preuve.

De retour à la ferme, je m'agenouille près de la victime adulte et retire les gros morceaux de bois brûlé qui ont calciné la moitié de son corps. À l'aide d'un pinceau d'environ 10 centimètres, je brosse doucement les débris de ce qui a déjà été la figure de la victime, prenant bien soin de ne pas déplacer des fragments d'os qui pourraient se trouver à proximité. Comme toute bonne ménagère, je balaie les cendres dans un ramasse poussières, mais, contrairement à ce qu'on enseigne dans la plupart des manuels d'économie domestique, je les verse dans un sac de papier afin de les examiner à la loupe plus tard.

Le feu a entièrement effacé le visage de la victime, mais je peux voir, d'après ses os, qu'il s'agit d'une femme. Ce qu'il reste de son front est lisse et arrondi, ou « en bosse », tandis que l'os surmontant les orbites ne présente pas la crête sourcilière caractéristique que l'on voit chez la plupart des hommes. Les os me disent également que le cadavre est celui d'une adulte : les os du crâne et les fontanelles, ou lignes de suture, sont complètement soudés, contrairement à ceux des enfants qui sont encore partiellement ouverts. À l'évidence, toutes les dents sont encore dans la bouche. Il manque une bonne partie du crâne, mais j'en vois les fragments : certains sont encore accrochés au corps, d'autres se trouvent dans les décombres. Me redressant, j'essaie de garder mes mains et mon corps hors champ alors que le détective accroupi près de moi puisse prendre des photos.

Sur les lieux d'un crime, et plus particulièrement sur le site d'un incendie où toute preuve est fragile, nous devons constamment nous rappeler qu'il faut *ralentir*. Après tout, les victimes sont déjà mortes, elles ne deviendront pas plus mortes qu'avant. Malgré notre tendance naturelle à respecter les personnes décédées en transportant et en nettoyant leurs corps aussi rapidement que possible, il est encore plus respectueux, selon moi, de les laisser sur place et de documenter soigneusement la preuve afin de découvrir les raisons du décès. Une fois que l'on a ôté une preuve des lieux d'un crime, on ne peut plus l'y remettre.

Pour bien faire les choses, j'ai mis au point mon propre protocole pour la récolte de preuves sur un site d'incendie suspect, démarche qui s'est avérée tellement fructueuse que les médecins légistes du Commonwealth l'ont adoptée dans leurs affaires d'incendie. On n'est jamais trop prudent ! Lorsqu'un accident présumé se révèle être un meurtre, cette façon de faire protège ce qui peut devenir un élément crucial de preuve.

Maintenant que j'ai découvert le corps et relevé sa position et son état, je travaille selon mon protocole. Première étape : la tête. Je ramasse des fragments qui ont été séparés du crâne. Plusieurs morceaux brisés sont tombés dans la pile de débris brûlés se trouvant près de la tête et des épaules de la victime. D'autres se trouvent en fragile équilibre sur la surface arrondie du reste du crâne. Avant qu'ils ne tombent, je les libère et les range dans une de mes boîtes à couvercle à ressort, qui fait partie des accessoires de mon protocole. Avant d'utiliser ces boîtes, je plaçais tout simplement les morceaux dans un sac mortuaire, où ils étaient souvent réduits en poudre pendant le parcours long et cahoteux des lieux du crime à la morgue. J'ai appris très tôt à abandonner cette pratique : les fragments sont trop précieux. Quand je les rassemble pour l'autopsie, je visualise souvent comment la victime est morte. Les boîtes sont une bonne assurance de protection, et je suis on ne peut plus heureuse que leur utilisation se soit répandue dans tout l'État.

La tête partiellement détruite de la femme repose donc devant moi. Je ramasse un petit morceau d'os du crâne dans les cendres et tente d'ajuster ses côtés irréguliers à la partie du crâne toujours accrochée au cerveau. Ces deux fragments ont déjà formé un seul os. Cependant, le morceau que je tiens dans la main est brun pâle, tandis que le morceau collé au cerveau est calciné et noirci par le feu. Comme l'os est fracturé de façon très nette, il est facile de le reconstituer. D'où viennent ces teintes différentes ? La réponse réside dans la science des écarts de combustion.

Le plus souvent, on associe les écarts de combustion à des blessures mortelles causées au crâne – première cible des meurtriers. Habituellement, dans le cas d'un incendie, il faut tenter de répondre à une question clé : est-ce la chaleur intense du feu qui a mis le crâne en pièces, ou a-t-on tiré, frappé ou écrasé ce crâne *avant* le début de l'incendie ?

Lorsqu'on sait « lire » les fragments crâniens, ils peuvent généralement révéler quelque chose. Quand un crâne intact éclate sous l'effet du feu, tous les morceaux brûlent uniformément, comme un vase dont la peinture se craquelle. Par contre, si le crâne a été fracturé avant l'incendie, chaque fragment brûle de façon différente. Quand on reconstruit ce genre de crâne, on a l'impression de se retrouver devant un vase brisé dont certains morceaux pris au hasard ont été repeints puis recollés.

C'est ce genre d'écart de combustion qui m'intéresse. Nous savons que tout n'est pas très clair sur les lieux de ce crime, et je ne veux pas prendre le risque de perdre un élément crucial de preuve. J'appelle à l'aide le frère d'Alan Stringer, Larry, qui est médecin légiste adjoint. Il soulève doucement les épaules rigides de la victime, sortant ainsi la tête des débris. Je déplie un sac à déchets blanc de capacité moyenne, pourvu d'un cordon, et y glisse cette tête. Si un élément devait se déplacer pendant le transport – une dent, une boucle d'oreille, une balle ou des fragments de balle –, il serait bien protégé.

La tête de la victime bien entourée de plastique, je ramasse les morceaux d'os du distal, soit les extrémités des bras et des jambes. Cette opération est plus difficile qu'on pourrait le croire. Imaginez un foyer dans lequel le bois a été réduit en cendres et en scories. Il faut maintenant examiner ces scories, toutes de la même couleur. Chacune a sa forme bizarre, tordue, et il faut distinguer celle qui provient d'un os de celle qui provient d'un morceau bois. Elles se ressemblent toutes ; la variation de la forme de chacune et, bien sûr, sa relation avec le torse sont les seuls indices que l'on possède.

En procédant aussi lentement et méticuleusement que possible, et en documentant chaque étape, je ramasse les os des extrémités : bras et main gauches, jambe et pied gauches, puis le bras droit et la jambe droite. Je les glisse dans mes boîtes de plastique bien identifiées. Je prends un soin tout particulier du bras droit, note quelques différences de couleur sur les fragments, ce qui indique des écarts de combustion. À mon avis, le bras a été fracassé avant de brûler.

Une fois tous les morceaux rassemblés, nous sommes prêts à mettre le torse dans un sac. J'ai appris qu'il faut absolument garder cette pièce pour la fin, ayant été témoin de nombreux accidents : lorsqu'on prend le torse avant le reste, les os fragiles des extrémités, ravagés par le feu, sont endommagés à tout jamais.

Une fois le corps emballé, nous n'en avons pas fini avec les éléments de preuve. En raison des nombreuses fractures, je soupçonne que cette femme a reçu au moins une balle dans la tête et une autre dans le bras. Nous ramassons les débris noircis qui se trouvaient sous la tête, souhaitant y retrouver une balle.

Quand une personne est tuée par balle, on peut espérer retrouver la balle dans son corps. Mais si le corps brûle, la balle peut fort bien passer à travers la chair calcinée et se retrouver dans les décombres de l'incendie. Je n'ai jamais pu me faire à l'idée de perdre une balle. Lorsque je suis sur les lieux d'un crime potentiel, je mets tous les débris dans des sacs, des boîtes et des seaux, et je les emporte à mon laboratoire. S'il y a une balle ou un morceau de balle dans le corps, la radiographie me le montre. Dans l'affaire qui nous occupe, nous avons emballé le corps et les débris. Mais une balle a peut-être traversé le corps pour se retrouver ailleurs. Sam et moi ne prenons aucun risque : la maison sera sécurisée jusqu'à la fin des autopsies. Et si je dois revenir et passer chaque morceau de bois dans un tamis d'archéologue, je le ferai.

Les corps des enfants récupérés et l'examen des lieux terminé, je suis en mesure de déterminer que les petits ont subi le même sort que leur mère. Le reste de l'équipe partage mes soupçons. Nous sommes de plus en plus déterminés à faire tout ce qui est en notre pouvoir pour que le meurtrier soit épinglé.

À cette époque, j'exerce ce métier depuis assez longtemps pour me rendre compte que la plupart des enquêteurs, moi y compris, ont tendance à diviser les affaires en deux catégories. Il y a les meurtres ordinaires, ceux que l'on veut résoudre mais dont on sait qu'on ne les résoudra pas nécessairement, et ceux qui nous touchent vraiment, ceux qui nous empêchent de dormir pendant des mois lorsqu'on ne réussit pas à faire mettre le tueur sous les verrous. La présente affaire fait partie de cette catégorie. Une jeune femme et deux enfants innocents ont apparemment été tués par balle et incinérés par la suite. Les professionnels chevronnés ne se reposeront pas tant et aussi longtemps qu'ils n'attraperont pas le coupable.

Il est plus de minuit lorsque j'arrive chez moi. L'odeur de chair brûlée, de fumée et de sang est toujours dans mes narines, sur ma peau et dans mes cheveux. Je reste sous la douche pendant une bonne demi-heure, essayant de chasser l'odeur de la mort, jusqu'à ce que je me rende compte que les vestiges ne sont pas sur mon corps mais incrustés dans mon cerveau. Ces deux semaines passées au Texas, ces corps d'enfants brûlés, ces odeurs de cheveux roussis et de chair calcinée me replongent dans des souvenirs que je ne parviens pas à oublier. Je me glisse sous les draps et me mets à pleurer – chose qui ne m'est pas arrivée depuis Waco. Heureusement, le sommeil est réparateur. Le lendemain, je suis prête à affronter une autre journée.

* * *

Moins d'une semaine plus tard, Gary Casper McKinney, le mari de Shirley Bowles et le beau-père de ses enfants, est arrêté. Il subit son procès en 1998, faisant face à trois accusations de meurtre qualifié, ainsi qu'à d'autres inculpations, dont altération de preuve matérielle, incendie criminel et mauvais traitements sur des corps. Les témoignages devant le tribunal fascinent les habitants de Pulaski County pendant plus d'une semaine et attirent des badauds qui se massent dans l'église, curieux d'apprendre ce qui s'est réellement passé sur la route Poplar Bluff en ce dimanche après-midi si tranquille. La foule est divisée – comme dans les mariages à la campagne – entre deux clans : les amis et parents des victimes d'un côté, la famille de McKinney de l'autre.

Le shérif, ses adjoints, ainsi que des experts en incendie criminel et en balistique témoignent à tout de rôle. Puis c'est mon tour.

Nous présentons chacun un élément de preuve, nous projetons même une vidéo des lieux du crime où l'on voit des gens en train d'ôter les corps calcinés de la maison incendiée. Lorsque les docteurs Hunsaker et Coyne, deux pathologistes judiciaires, livrent leurs témoignages, le sort de l'accusé en est jeté. La description de la mort de Shirley Bowles, consécutive à de nombreuses blessures par balle, paralyse les spectateurs, mais tout le monde est horrifié lorsque le docteur Hunsaker révèle qu'un fusil a déchargé trois balles dans la tête de Brian, petit garçon de onze ans. Quelques minutes plus tard, un autre mouvement d'horreur traverse la salle lorsque le docteur Carolyne Coyne déclare que la petite Amy, âgée de trois ans, est morte sur le coup quand une balle a été tirée d'un canon de fusil enfoncé dans sa bouche.

Le jour de mon témoignage, Sam m'attend à l'extérieur de la salle d'audience. Il s'avance vers moi, me donne une poignée de main et met un bras sur mes épaules. Nous nous regardons en silence; des larmes coulent sur ses joues. «Merci, Doc», finit-il par dire. Il me serre la main une dernière fois avant de s'en aller.

Après huit jours de témoignages et cinq heures de délibérations, le jury reconnaît McKenney coupable des trois chefs d'accusation de meurtre. Il est condamné à mort. De mémoire d'homme, c'est la première triple peine de meurtre prononcée dans ce tribunal itinérant de Pulaski County.

* * *

Le meurtre de Pulaski est le dernier qui me tire des larmes... jusqu'à l'assassinat de mon ami Sam, en avril 2002. Un tireur embusqué met fin aux jours de Sam alors qu'il participe à un rassemblement durant la campagne électorale où il se présente pour être réélu pour un quinzième mandat de shérif.

Kenneth White, l'un des plus gros trafiquants de drogue et contrebandiers d'alcool du pays, s'est dit que, si Sam disparaissait, un shérif plus conciliant lui succéderait – autrement dit, un homme qui regarderait dans une autre direction pendant qu'il se livrerait à ses activités criminelles dans Pulaski County. White réussit à convaincre Jeff Morris, l'un de ses tueurs à gages et ancien adjoint du shérif, de se présenter contre Sam. Mais il est très clair que personne ne battra Sam Catron dans une élection légale. White et Morris décident donc de prendre les grands moyens. Danny Shelley, un drogué, est le pion parfait pour mettre leur plan à exécution. Ils font croire à ce dernier que Sam le descendra s'il ne le tue pas en premier. Le soir fatidique, Shelley tire du haut de la colline qui surplombe le point de rassemblement, puis s'enfuit sur la motocyclette de White. Des hommes se mettent à sa poursuite à bord de leur camionnette. Après une course folle dans les montagnes, la voiture de Shelley fait un carambolage. Le groupe de choc improvisé le retient jusqu'au moment où les adjoints de Sam le menottent et le mettent aux arrêts.

Presque immédiatement, Shelley avoue tout aux autorités. Il plaide coupable avant même que sa cause ne soit portée devant le tribunal. Morris finira par plaider coupable lui aussi. Mais White décide de courir sa chance devant un jury. Après une semaine de témoignages, ce jury le déclare coupable. Il est condamné à une peine de prison à vie, sans possibilité de libération conditionnelle.

Sam était un personnage très aimé partout dans l'État et, sur le plan national, il était reconnu pour son dévouement, son honnêteté et ses compétences. La brutalité, voire la stupidité de son assassinat envoie une onde de choc dans la nation et dans le monde. Des médias d'Angleterre, de Pologne et de Russie, notamment, commentent les circonstances de sa mort. Plus de 2000 personnes en deuil assistent aux funérailles, et l'assemblée d'État du Kentucky suspend ses travaux pour une journée.

Chaque fois que je songe à Sam, je me souviens de notre travail sur une affaire que nous avions baptisée «les jambes de la rivière». Un canoteur avait découvert deux jambes en décomposition, flottant sur la rivière Rockcastle. Sam, le médecin légiste Alan Stringer et moi-même avions décidé d'explorer la rivière en compagnie de quelques policiers afin de rechercher d'autres restes.

La Rockcastle est une rivière sauvage sise au fond d'un ravin et encadrée par deux rives très escarpées. Sam et Alan faisaient un vol de reconnaissance à bord de l'hélicoptère Huey de Sam, qui avait appris à piloter pour patrouiller le grand territoire rural afin de repérer des champs de marijuana. Je me tenais sur un immense rocher, au bord de la rivière, couchée à plat ventre et scrutant les eaux claires avec mes jumelles. Un bruit de moteur tout proche m'a mise en alerte. Bien sûr, Sam et Alan volaient à basse altitude, mais là c'était vraiment *trop* bas, l'appareil se dirigeait sur moi à une vitesse vertigineuse. Alan, qui n'avait jamais volé en hélicoptère, avait changé malencontreusement de position, appuyant sa cuisse sur le levier qui contrôle le vol. À cause du poids pesant sur le levier, Sam ne pouvait changer la trajectoire. Sur le moment, j'ai cru ma dernière heure venue. L'appareil est passé si près de moi que j'ai pu regarder Sam dans les yeux. Dès lors, je n'avais plus peur. J'avais vu, au regard de Sam, qu'il ferait tomber l'hélicoptère dans la rivière plutôt que de me toucher. Au *tout dernier* moment – alors que l'appareil, tout près de la rivière, projetait de l'eau sur moi –, Sam s'est penché et a trouvé le moyen de repousser Alan et de libérer le levier. L'hélicoptère est passé à toute allure. J'étais saine et sauve.

« Excuse-moi de t'avoir fait peur, Doc », m'a dit Sam lorsque nous nous sommes retrouvés peu de temps après.

« Je n'ai pas eu peur, Sam. »

Il savait que je disais la vérité.

* * *

La mort de Sam m'a fait voir sous un jour nouveau la détresse des parents des victimes de meurtre. J'avais peur de craquer lors des funérailles, mais je ne pouvais pas ne pas y assister, cependant. Je suis heureuse d'y être allée. Mes collègues policiers m'ont accueillie comme une sœur et j'ai compris que je faisais partie, une fois pour toutes, de leur groupe. C'était un cadeau de Sam, j'en suis sûre.

CHAPITRE 5

UNE SEULE MORT

La mort d'un seul homme, c'est une tragédie.
La disparition de millions de personnes,
c'est de la statistique.
JOSEPH STALINE
Écrits et discours

J'adore les casse-tête. J'aime observer l'image figurant sur la boîte et assembler des morceaux de formes bizarres pour former un tout cohérent. J'aime le désordre initial, quand toutes les petites pièces ont l'air de se ressembler et qu'il faut repérer celles qui ont un côté droit, ou les bleues qui forment sans doute le ciel. Et je suis on ne peut plus fière lorsque je place le dernier morceau et que l'image apparaît tout entière.

J'ai souvent pensé que mon travail d'anthropologue judiciaire s'apparentait à un casse-tête en quatre dimensions. Une série d'événements se produit : quelque part dans le temps, quelqu'un a été tué ou est mort de façon violente, ou est décédé paisiblement, laissant derrière lui quelques os ou quelques membres. Des jours, des semaines, ou même des années plus tard, j'entre en scène et essaie de reconstituer l'image sur la boîte, en utilisant toutes les pièces que je trouve : un os, un crâne, une plante brisée, un tas de cendres, voire un ou deux objets personnels. Je suis à la recherche de la preuve. Je remonte le temps, essayant de rassembler les morceaux en espérant que l'image qui s'en dégagera collera aux événements qui se sont produits. Au début, c'est le chaos. Mais, à la fin, avec un peu de chance, tout devient limpide.

Bien évidemment, quelques affaires se terminent bien. Je crois que le casse-tête le plus passionnant et le plus complexe que j'aie eu à résoudre est celui qui a débuté le 21 avril 2000.

* * *

Comme d'habitude, cela commence par un coup de fil. Je porte un téléavertisseur vingt-quatre heures sur vingt-quatre, trois cent soixante-cinq jours par année. Je ne sais pas ce qui m'attend quand la sonnerie se fait entendre. Cela peut être quelqu'un qui veut me poser une question, par exemple un détective qui a besoin d'informations à propos d'un os d'animal qu'il vient de découvrir. Ou bien il s'agit d'une demande plus complexe à laquelle je peux tout de même répondre dans le confort de mon foyer ou de mon bureau. Ce peut être un médecin légiste préoccupé par la découverte des restes d'une victime à la suite de l'incendie accidentel de sa maison. Parfois, je reçois un appel d'urgence qui requiert ma présence rapide sur les lieux : une téléphoniste affolée du 911 me dit qu'un avion vient de s'écraser dans une région rurale reculée, ou un fonctionnaire m'avise que des personnes ont été carbonisées lors d'un accident de moto sur une autoroute. Cela met ma vie sens dessus dessous. Il m'est arrivé d'annuler une sortie du samedi soir, ou de quitter l'épicerie avec un panier à demi rempli, ou même de retirer du four un rôti à moitié cuit pour répondre à un appel. Quand je suis au Kentucky, je suis nécessairement de garde. Le seul répit qui me soit offert, ce sont des vacances occasionnelles loin du Commonwealth, le téléavertisseur éteint.

La plupart du temps, toutefois, je suis prête et contente de me rendre sur les lieux d'un crime. Les appels proviennent souvent d'un des cent vingt médecins légistes du Kentucky, qui sollicite mon avis au sujet d'un squelette ou de restes humains en décomposition trouvés récemment dans sa juridiction.

En ce paisible samedi soir de l'an 2000, c'est le médecin légiste de Campbell County, le docteur Mark Schweitzer, qui me donne un coup de fil. Deux jeunes garçons en train de pêcher en fin d'après-midi sur la rivière Ohio ont découvert les os à moitié ensevelis d'un squelette humain.

Mark est déjà sur les lieux et confirme qu'il s'agit bel et bien de restes humains. Les os semblent porter un pantalon et une chemise à manches longues.

« Les vêtements sont des bleus de travail délavés, affirme Mark. Mais aucune entreprise n'a signalé la disparition d'un employé. L'endroit où on a retrouvé le corps est une sorte de jungle pour clochards. Des boîtes de conserve, des bouteilles d'alcool de mauvaise qualité, quelques sacs de plastique et des couvertures sales jonchent le sol un peu partout. Les policiers croient que les os appartiennent à un clochard rejeté sur la berge de la rivière, dans laquelle il s'est décomposé pendant plusieurs mois. »

Le Service de police de Fort Thomas est déjà sur les lieux avec, à sa tête, le détective Mark Daly. Ce dernier est relativement nouveau dans ce genre d'enquête : il a été promu il y a six mois à peine. C'est son premier dossier de ce genre et il est impatient de démontrer qu'il peut résoudre cette affaire rapidement et pour de bon.

« Donc, précise Mark, Daly et moi avons prévu de transporter tout simplement ces os à notre bureau. »

« Surtout pas ! dis-je, le plus aimablement possible. Tu sembles avoir oublié ce que je t'ai enseigné. » J'essaie de garder un ton amical et patient, mais au bout du fil, je roule des yeux exaspérés. Qu'est-ce qui pousse les gens à ramasser des os ? Des médecins légistes qui ne penseraient jamais à déplacer d'autres éléments de preuve s'adonnent à la récolte d'os, les retirant des lieux avec insouciance. Même des enquêteurs d'expérience, qui savent parfaitement qu'ils doivent garder les lieux du crime exactement comme le criminel les a laissés, ne comprennent pas toujours pourquoi je dois, moi aussi, étudier la preuve dans son contexte.

Au moins, dans le cas de Mark, je peux lui rappeler les ateliers avancés d'anthropologie judiciaire que j'ai dirigés. Mark et son adjoint, Al Garnick, y ont assisté tous les deux, dans le cadre d'une formation intensive offerte par le ministère de la Justice du Kentucky. Mon principal objectif dans ce cours était d'inculquer un mot d'ordre important à tous les enquêteurs du Kentucky : Quand vous découvrez un os, *n'y touchez pas*.

Néanmoins, il faut plusieurs conversations – Mark et Daly se relayant à l'appareil – pour que les deux hommes acceptent, avec réticence, d'attendre mon arrivée le lendemain matin.

« Je serai là à l'aube, dis-je. Cette affaire n'est pas urgente. Il n'y a donc aucune raison de commencer à récupérer les os ce soir. » Je me demande si leur sentiment d'urgence n'est pas lié à leur inexpérience, déformée par les innombrables images de séries télévisées montrant des lieux de crimes nocturnes. Une réaction instantanée s'explique lorsqu'on a affaire à un meurtre récent et à un corps frais. Mais les os dont il est question ici sont enfouis dans la boue et recouverts de tissu en décomposition ; et, d'après la description de Mark, ils sont perchés de façon précaire sur la berge de la rivière Ohio. C'est un endroit risqué le jour, alors imaginez la nuit.

Il est presque minuit quand nous arrivons à un accord. Je ne peux m'empêcher d'être un peu mélancolique. Demain, c'est Pâques, et j'ai prévu assister à un service au lever du soleil, suivi en après-midi d'un barbecue à la bonne franquette avec des amis, dans Bourbon County. Mais aucune personne au service du maintien de l'ordre ne peut échafauder de plans personnels ; les policiers, eux, bénéficient au moins de répits entre les quarts de travail.

Je me couche et essaie de prendre quelques heures de sommeil, mais la montée d'adrénaline qui accompagne chaque nouvelle affaire me submerge, et mon esprit bat la campagne. Mark m'a affirmé que les os avaient été découverts dans un endroit tranquille et isolé, à l'abri des regards ; il n'est donc pas difficile de sécuriser les lieux en y plaçant un gardien pendant vingt-quatre heures. C'est ce qu'on fait quand on trouve des restes humains. La surveillance est chose assez simple en ville où des douzaines de policiers sont en activité, mais je plains le pauvre gars coincé au fond des bois, qui n'a rien d'autre à faire que de fixer un paquet d'os.

À sa place, je m'ennuierais à mourir. C'est pourquoi je décide d'être sur place le plus tôt possible. Je ne peux rien faire, cependant, avant le lever du soleil. Entre-temps, je fais mentalement la liste de tout ce dont j'ai besoin, même si je sais que ma fourgonnette contient déjà le nécessaire. Quand on fait appel à vous à la dernière minute, il est important d'être prête en permanence.

J'essaie de penser à autre chose, mais il est deux heures du matin lorsque je m'endors. Deux heures plus tard, le réveille-matin fait son office. Trois petits coups secs sur le rappel d'alarme, une bonne douche chaude, et me voici sur la route à cinq heures, toujours submergée par la vague d'adrénaline. On a souvent sollicité mes services (une centaine de fois), mais je ressens toujours la même excitation. Je sais que les policiers que je côtoie, tout comme les pompiers, les ambulanciers paramédicaux et autres membres d'équipes d'urgence, ressentent la même émotion. Chacun de nous connaît et pleure la tragédie humaine qui se déroule, mais, en toute honnêteté, nous aimons la sensation que nous procure la montée d'adrénaline : notre cœur bat plus vite et plus fort, nos mains sont moites, notre cerveau fonctionne à du cent à l'heure et nos muscles sont gonflés à bloc. Le jour où je ne ressentirai plus cette sensation, je retournerai à mes esquisses médicales.

Nous avons convenu de nous rencontrer au domicile de Mark, à Fort Thomas. À mon arrivée, je vois tout de suite que Mark et Al sont aussi fébriles que moi. Ils m'attendent dans la cour, leur premier café à la main, impatients de passer à l'action.

Mark est un homme jeune au sourire charmant, qui a un penchant pour la mode. Je réprime un sourire lorsque je vois son accoutrement. Comme moi, il porte une combinaison, vêtement imperméable à la boue, au sang et à toute substance non identifiée – qui abondent sur la plupart des lieux de crime, mais contrairement à mon uniforme bleu marine délavé, il porte la tenue la plus incroyable que j'ai jamais vue. Tout est flambant neuf, le pli du pantalon est tranchant comme une lame de rasoir, chaque centimètre de sa chemise kaki est recouvert de décalcomanies luisantes, de badges et d'insignes.

« J'ai cru t'entendre dire qu'il s'agissait d'un endroit difficile », dis-je prudemment.

Mark esquisse un sourire penaud. « En effet, dit-il, mais je n'ai jamais travaillé sur un dossier de squelette perdu au fond des bois, alors ma femme a pensé que ce serait une bonne occasion d'étrenner mon équipement de terrain. » Il est si jeune, si impétueux ! J'ai l'impression de me préparer à accompagner mon petit frère à un camp scout. Par contre, Al, policier à la retraite, le visage un peu ravagé par la cigarette et le mauvais café, porte un jean délavé, une vieille chemise de laine et un veston de cuir qui semble dater de la Deuxième guerre mondiale.

À sept heures, nous arrivons au bord de la rivière. Nous garons nos véhicules dans la boue, le long du chemin désert. En sortant de la camionnette, je suis enveloppée par l'épais brouillard qui plane entre les arbres. Je frissonne dans l'air humide. On ne voit pas à un mètre. Nous avançons à tâtons le long de la rive, jusqu'au ruban jaune qui délimite les lieux du crime. Plus loin, dans la forêt, je distingue une demi-douzaine de points lumineux qui s'avancent vers nous. Ce sont les cigarettes des policiers déjà arrivés sur les lieux. Ils nous ont entendus trébucher dans le bois et viennent à notre rencontre. Chacun a une tasse de café dans une main et une cigarette dans l'autre. À l'évidence, ils nous attendaient, puisqu'ils nous offrent un café. Ce simple geste suffit à nous donner la certitude de faire partie d'une équipe.

En attendant que le brouillard se lève, nous échangeons les blagues habituelles – qui font inévitablement partie d'une équipe de travail comme la nôtre. Une fois notre café avalé, et le brouillard levé, nous nous glissons sous le ruban jaune et nous dirigeons avec précaution vers la rivière. Le policier en faction pendant la nuit nous mène à une saillie abrupte et nous montre les drapeaux orangés placés la veille par Daly. Je vois des fragments de squelette encore enfoncés dans la terre, et quelques os juchés de façon précaire sur un tas de sable qui semble sur le point de s'écouler dans la rivière. Un peu plus en amont, d'autres os se mêlent à des bouts de tissus.

Je recule de quelques pas et secoue la tête, soulagée. Dieu merci, nous avons attendu qu'il fasse jour ! En fait, même en plein jour, la récolte sera une tâche délicate et dangereuse : nous risquons constamment de perdre pied sur cette rive glissante et boueuse, dont la dénivellation est de deux mètres. En bas, la rivière Ohio est gonflée par la pluie. Je sais déjà qu'à la fin de cette première journée, je serai exténuée après toutes ces heures à essayer de garder l'équilibre, une main serrant une truelle, l'autre entourée d'une corde.

J'ouvre mon sac à dos pour en retirer ce qui est devenu mon matériel de travail personnel : gants de cuir épais aux extrémités coupées, un bout de corde, des genouillères et une ceinture de pompier. À quelques pas de là, les policiers m'observent avec curiosité, alors que je fais tout pour avoir l'air nonchalant. Je m'attache souvent à ma corde d'alpiniste lorsque je ramasse des os ou des parties de corps dispersées sur le flanc d'une haute montagne boisée du Kentucky, ou dans des ravins profonds. C'est donc simple routine pour moi. Mais les hommes sont déroutés quand ils me voient utiliser mon attirail d'alpiniste.

« Al, tu me donnes un coup de main pour boucler ma ceinture ? »
Je ne prends aucun risque sur cette rive glissante. J'entoure mes
hanches d'une sangle, la remonte pour la serrer autour de ma taille,
puis je l'attache à la grosse corde. Al enroule un des bouts de la
corde autour d'un arbre, puis saisit fermement l'autre bout. Je pourrais sans doute me tenir droite sans son aide, mais la tension constante de la corde m'aide à garder l'équilibre et me donne un sentiment de sécurité. J'espère tout simplement qu'Al aura la force de
me hisser si le sol se dérobe sous mes pieds.

S'il s'agissait d'un meurtre routinier, tous les policiers présents
pourraient documenter la preuve et sécuriser les lieux eux-mêmes.
Mais pour une raison ou une autre, les os sont une tout autre
affaire. Ces professionnels d'expérience s'en remettent donc à moi.

« Ça va, les gars, dis-je à l'équipe. La première chose dont nous
avons besoin, c'est d'un appareil vidéo. Et d'un photographe. » Ce
serait malheureux de consacrer des heures à récupérer et à examiner
la preuve, puis de ne pas être pris au sérieux en cour parce que personne n'a enregistré où, quand et comment nous l'avons trouvée.

Certes, les images, même celles prises tôt le matin, ne montrent
pas des lieux de crime intacts. Il y a les empreintes de pieds de tous
ceux qui s'y sont promenés la veille. Il est bien sûr nécessaire que
des personnes ayant une tâche à accomplir y évoluent, mais certaines traces sont celles de policiers qui sont tout simplement
curieux. L'activité frénétique de la veille est visible, il suffit de regarder le sol remué et les branches fraîchement brisées.

Au moins, les policiers ont établi un périmètre bien défini,
entourant quelques arbres d'un large ruban jaune et le tendant
autour d'une zone d'environ 145 mètres carrés. Nous espérons
que le panneau sur lequel il est écrit en grosses lettres noires :
LIEUX DU CRIME – NE PAS FRANCHIR, découragera toute
personne se présentant dans cet endroit isolé.

Plus bas, près de la rivière, les restes n'ont pas l'air d'avoir été
manipulés. Même à cette distance, je peux distinguer le mélange
de sable et de boue qui caractérise les rives de la rivière Ohio,
sujette aux inondations. C'est ce fin mélange, mouillé par les pluies
récentes, qui rend ses rives aussi dangereuses. Dans les endroits
où la rive descend à pic, la terre ramollie cède sous la moindre
pression.

« Dès que je serai en bas, dis-je, j'aurai une meilleure idée de ce qu'on va retrouver. » Je saisis une poignée de drapeaux marqueurs. Al m'aide à franchir une dénivellation d'environ six mètres. Les os se trouvent sur une pente raide qui fait saillie au-dessus de la rivière.

« Très bien. Nous ne savons pas ce qu'il y a là-bas, nous allons donc documenter le tout comme s'il s'agissait d'un homicide. Je ne veux pas que nous nous entassions tous en bas ; restreignons l'accès des lieux à ceux qui prennent des photos. Et j'ai besoin de quelqu'un pour prendre des notes et mettre les fragments dans des sacs. Je me charge de récupérer les os et de les donner à Mark. » Je jette un coup d'œil sur la rive glissante. « Quelqu'un devrait jouer les agents de sécurité, question de surveiller les lieux. »

Les policiers se regardent pendant quelques secondes puis se partagent les tâches. L'agent David Lambers, du service de police de Fort Thomas, jeune homme soigné au comportement timide et amical, hérite de la tâche consistant à prendre des notes. Il glissera chaque os dans un sac individuel, sur lequel il apposera une étiquette avec le numéro du dossier, l'heure et la date. Deux autres agents s'occuperont des appareils photo. Quant aux autres, ils formeront une chaîne vivante, se passant les os pour les remettre, au bout de la chaîne, au médecin légiste.

Pendant que les gars se préparent, je suis une fois de plus frappée par la différence qui existe entre la vraie vie et la télé, où l'on voit souvent un scientifique solitaire, héroïque, remplir *toutes* les tâches sur les lieux d'un crime, ou donner des ordres très détaillés aux policiers. Ce n'est pas ma façon de procéder. Je me concentre plutôt sur la preuve reliée aux restes, et j'essaie d'utiliser le savoir-faire de chacun. J'ai beaucoup de respect pour les policiers qui savent comment documenter et traiter les lieux d'un crime. Aucun protocole fixe ne fonctionne à tout coup. Chaque situation est unique, mais il est important de se rappeler chaque étape afin de noter tout ce qu'on a fait. Il faut également décrire l'aspect des lieux avant le début des opérations. Lorsque je ramasse les os, je plante des drapeaux pour indiquer l'emplacement du crâne et la façon dont les os sont éparpillés. Après avoir réuni mes preuves, je prends une photo des drapeaux et je mesure l'espace qui les sépare. Si je dois témoigner au tribunal, je serai en mesure de faire des affirmations plus précises que : « c'est en quelque sorte au bord d'une rivière. » Le témoignage aura plus de valeur si je dis : « À deux mètres de l'arbre A, comme indiqué sur la photo prise le matin du 22 avril. »

L'autre règle d'or au sujet des lieux d'un crime va tellement de soi qu'il est presque superflu de la souligner : *N'endommagez pas la preuve*. Néanmoins, les détectives, qui comprennent très bien cette règle lorsqu'il s'agit d'un verre ou d'un bijou, semblent mésestimer la fragilité des preuves osseuses. Je ne veux pas de marque sur les os qui soit faite par l'un ou l'autre de mes collègues ; je suis donc prête à consacrer tout le temps nécessaire à la récupération des os dans toutes les règles de l'art.

* * *

La récupération de restes humains est toujours une expérience fascinante, et de nouvelles hypothèses peuvent surgir de la découverte de nouveaux éléments de preuve. C'est ce qui se produit aujourd'hui. Au début, nous envisageons une exhumation routinière de ce qui a probablement été un clochard, mort paisiblement (ou de façon tragique) quelques mois plus tôt. Mais à la fin de la journée, une série de petits indices, étranges et déroutants, nous portent à croire qu'il s'agit d'une des affaires les plus inhabituelles qu'il nous ait été donné de traiter.

Le crâne reposant dangereusement près du bord de la rivière, je décide de m'y attarder en premier lieu. Une matière blanchâtre, sur la terre qui entoure le crâne, attire mon attention. De loin, cela ressemble à de l'adipocire, substance granuleuse qui ressemble vaguement à du polystyrène. D'habitude, on trouve de l'adipocire lorsque les réserves lipides de l'organisme se sont décomposées dans un endroit où il y a un taux anormalement bas d'oxygène. J'en conclus, comme Mark, que la présence de cette substance confirme que l'homme est mort et s'est décomposé ici même. La rive ombragée et humide, recouverte de nouvelles couches de vase à chaque inondation, est un environnement propice à la formation d'adipocire.

Toutefois, dès que je m'agenouille près du crâne, je réalise que ma première impression m'a induite en erreur. Ce n'est pas de l'adipocire, c'est de la chaux.

Voilà qui raconte une tout autre histoire. Tout d'abord, il n'y a pas de chaux en poudre dans les forêts du Kentucky. Il faut que quelqu'un l'ait amenée jusqu'ici et l'ait saupoudrée sur l'homme mort, soit pour effacer l'odeur de la pourriture, soit pour accélérer la décomposition du corps. Cela ne ressemble pas du tout à une mort naturelle, selon moi.

Deuxièmement, le responsable avait certainement intérêt à déguiser la mort de l'homme. Jusqu'à maintenant, j'ai vu des milliers de victimes d'homicides au Kentucky, et je suis en mesure d'attester que la plupart des meurtriers font peu de chose pour cacher leur crime. J'ai vu quantité de corps abandonnés dans des forêts après avoir été assassinés. Altérer une preuve matérielle étant un crime supplémentaire, l'apport de chaux constitue un deuxième délit. Pourquoi quelqu'un s'est-il donné tant de peine pour cacher ce corps ?

Paradoxalement, la chaux destinée à faire disparaître le corps a plutôt permis de le conserver. Lorsque l'humidité de la rivière s'est infiltrée dans le carbonate de calcium de la chaux, la poudre a durci, formant une croûte qui a protégé la victime comme une couche de plâtre. Lorsque je soulève de grands pans de la substance durcie, je découvre la topographie inversée du corps, comme si un sculpteur pervers l'avait utilisé pour faire un moule.

Quand je crie aux policiers qu'il y a de la chaux, un frisson d'appréhension les parcourt. Ils mesurent tous la signification de cette découverte. Nous pensons tous à la même chose : ceci n'est pas un accident. Dieu merci, nous nous en sommes tenus à la procédure en vigueur et nous avons traité l'endroit comme le lieu d'un crime.

Il est temps de prendre le crâne. Je suis tentée de le décrocher du sol et de commencer tout de suite à chercher des traces de blessure fatale. Mais je décide d'être prudente. Les détectives forment un groupe serré, là-haut. Ils me fixent intensément tandis que je me penche sur le corps à demi enseveli et que je creuse le sol aussi profondément que possible autour du crâne. Je me sers d'un pinceau à soies souples pour ôter les saletés et les débris. Ensuite, je caresse les contours des os avec mes doigts, puis je les enfonce aussi profond que possible pour retirer avec précaution le crâne de son lieu de repos.

Le souffle court, je fais tourner le crâne lentement dans mes mains. Il y a un trou de balle très net derrière l'oreille gauche, et des fractures qui rayonnent autour comme des étoiles. Ce soir, quand je rentrerai chez moi, j'aurai peut-être de la compassion pour cet homme, tué d'une balle dans la tête et abandonné dans la boue. Mais, présentement, j'ai l'impression d'être à la chasse.

Mark arrive derrière moi et examine le crâne par-dessus mon épaule. « Regarde, dis-je en suivant la trace du trou avec mon doigt ganté, voici l'entrée de la balle. Maintenant, allons-nous trouver une marque de sortie, ou allons-nous avoir *vraiment* de la chance ? » S'il n'y a pas de sortie, cela veut dire que la balle se trouve encore dans le crâne, un coup de chance incroyable.

Je retourne le crâne. Eh bien non, il n'y a aucune trace de sortie. La balle qui a tué cet homme s'est sans doute logée entre les os de la tête, où elle est recouverte de la boue qui a fini par remplacer le sang et le cerveau.

Mark hoche la tête. Il hésite à abandonner son hypothèse : un sans-abri décédé de mort naturelle. « Tu es certaine qu'il s'agit d'une blessure par balle ? demande-t-il avec insistance. Quelque chose, le long de la rivière, a peut-être heurté le crâne après la mort. Ou bien le gars s'est enivré, est tombé et s'est cogné la tête. »

J'entends un murmure d'approbation, là-haut. Ce sont les policiers. S'il s'agit d'un meurtre, ils devront trouver le tueur. Mais ils doivent d'abord savoir ce que j'en pense et pourquoi. Alors, comme j'ai appris à le faire au Kentucky, je me mets à penser tout haut, tant pour moi-même que pour mes collègues.

« D'accord, la première chose que je fais, lorsque j'examine un crâne, c'est de voir s'il y a des traumatismes. Ce sont eux qui me disent que nous sommes devant un homicide, un suicide ou une mort découlant d'une cause naturelle. Si vous avez la chance de découvrir une blessure par balle, cela exclut d'emblée les causes naturelles. Et selon l'endroit où se trouve le trou, vous pouvez éliminer le suicide, ou même l'accident. »

Je soulève un peu le crâne afin que tout le monde voie bien le trou. « Bien sûr, vous devez pouvoir différencier une blessure par balle d'un trou causé par une autre cause. Vous voyez ce biseau autour du trou ? Pour moi, cela signifie "balle". Et observez ces fractures nettes qui vont dans tous les sens. Il faut de la vélocité et de la force pour les faire. Encore une fois, je pense "balles". »

« Très bien, dit Mark, récalcitrant. Ce ne sont pas des causes naturelles. Mais c'est peut-être un suicide. »

« Ou une mort accidentelle », intervient Daly. Je l'imagine en train d'évaluer toutes les voies que peut prendre l'enquête, et se demander combien d'hommes et de temps il lui faudra pour la mener à bien.

« Remarquez l'emplacement de la blessure, dis-je en montrant le petit trou rond qui se trouve à 2 cm et demi de l'endroit où se situait l'oreille gauche de la victime. Et regardez l'angle de près ; la balle s'est dirigée vers l'avant, et au centre. C'est l'exemple classique d'une blessure par balle lors d'une exécution. Je ne dis pas qu'il n'y a pas eu d'accident, mais c'est peu probable. Et ce n'est sûrement pas un suicide. »

Les hommes acquiescent et se mettent à échanger des hypothèses. Les crimes violents ne sont pas inhabituels dans notre cher Commonwealth. Si nous commençons à discuter des raisons pour lesquelles un homme a été tué et abandonné dans la forêt, nous en aurons jusqu'à Pâques ou la Trinité. Je laisse donc les policiers à leurs spéculations et je reprends mon pinceau pour enlever la terre sablonneuse qui se trouve dans la région du maxillaire supérieur et sur l'avant du crâne. Tandis que la poussière granuleuse tombe dans la boîte destinée à cet effet, je songe au lien intime qui s'est créé entre le corps de cet homme et le sol sablonneux dans lequel il est enterré. Sa chair est littéralement retournée en poussière, que j'analyserai à mon retour au laboratoire en espérant y trouver un bout d'os ou de balle qui me révélera qui était cet homme.

Une fois la surface du crâne nettoyée, j'examine de plus près son contour gris brun. Des années de travail auprès du docteur Hughston et à l'école supérieure m'ont appris à compter sur le sens du toucher. Je promène doucement le bout de mes doigts sur les os, comme si je caressais le visage de la victime. Je trouve cette méthode tout à fait envoûtante, j'entre du reste souvent dans un état de transe, dans lequel je suis plus réceptive à des impressions subtiles.

Pour ne pas être *trop* absorbée, je fais sans cesse des commentaires, autre tactique apprise sur le terrain. Un jour où je devais examiner un fémur particulièrement gros, une fracture guérie, près de l'articulation de la hanche, a attiré mon attention. J'ai saisi doucement l'os entre mes doigts et j'ai fait plusieurs mouvements de haut en bas. Les hommes qui m'entouraient ont cessé de faire ce qu'ils avaient à faire pour m'observer. Je n'étais pas consciente de cette attention, jusqu'à ce que l'un des détectives me tapote l'épaule et me demande, en aparté, si je voulais rester seule. J'ai ri à gorge déployée avec les autres, mais j'avoue que j'étais un peu humiliée !

En ce moment, je tâte et parle en même temps, plus soucieuse d'identifier mes propres impressions que de savoir si les autres enquêteurs m'écoutent.

« C'est bien un homme, dis-je d'une voix posée. Je ne voudrais surtout pas avoir l'air d'une diseuse de bonne aventure. « Le visage est large, robuste, et très particulier. Remarquez ces marques de muscles, ce sont des signes évidents de traits faciaux très prononcés. La crête sourcilière est proéminente. Vous voyez cette région osseuse épaisse au-dessus des yeux ? Lorsque j'ai vu la grosseur du crâne, j'étais presque sûre qu'il s'agissait d'un homme. Maintenant, j'en suis convaincue. Observez les énormes os mastoïdiens derrière les oreilles. Ils sont attachés aux muscles qui supportent et font bouger la tête, et ils sont habituellement plus gros et plus forts chez l'homme que chez la femme. »

Mon auditoire semble très attentif. De temps en temps, un des hommes lance un « hourra » bon enfant. Cette interruption me fait rire et je continue à expliquer que, puisque les muscles des hommes sont plus gros, les volumes qu'ils occupent sont nécessairement plus larges. C'est très visible sur le tronc, les bras et les jambes, mais on peut aussi trouver des signes de masculinité derrière les oreilles et à l'arrière du crâne.

Tandis que j'observe le milieu du visage de l'homme, je m'attarde à son héritage racial. Le nez, long et étroit, se termine par une arête aiguë, tandis que l'arc de l'os qui attache la racine du nez à la mâchoire supérieure est presque vertical. Au sommet, les deux côtés du nez sont rapprochés, formant un pic étroit, comme une petite tente, au milieu des orbites. J'en déduis que les yeux de cet homme étaient assez rapprochés. Cette dernière caractéristique et l'étroitesse du nez me disent qu'il est d'ascendance blanche. À cause de la saleté et du sable encore collés à l'os, il est difficile de se faire une opinion sur son âge ; cependant, à en juger par la maturité générale des os et des dents, il s'agit manifestement d'un adulte.

Lorsque je regarde les dents de plus près, une bouffée d'espoir m'envahit. Malgré l'épaisse couche de poussière, je peux deviner que plusieurs dents ont été plombées et recouvertes d'or. Nous savons maintenant que nous faisons affaire à un adulte de race blanche qui pouvait s'offrir de très bons soins dentaires. Après deux heures sur les lieux du crime, c'est un succès.

Mais où est la balle ?

Lorsqu'on se trouve devant une blessure d'entrée et pas de trou de sortie, c'est que la balle s'est logée de toute évidence dans le cerveau. Sur un corps frais, c'est une bonne nouvelle, parce qu'il suffit de la déloger. Au fur et à mesure de la décomposition, cependant, le cerveau se liquéfie et rien ne peut plus retenir la balle ou ses fragments en place. Elle peut alors glisser par l'un des gros trous qui laissaient passer auparavant la moelle épinière, les nerfs et les artères.

La voûte crânienne est pleine de vase. Si nous avons de la chance, nous allons découvrir que la vase et le sable se sont infiltrés progressivement dans le crâne pendant la liquéfaction et ont emprisonné la balle à l'intérieur.

Mark continue à suivre attentivement mes explications, tandis que les autres enquêteurs se dirigent nonchalamment vers le périmètre des lieux, buvant leur café et spéculant sur l'identité de l'homme mort. Quand j'annonce à Mark que nous avons peut-être la balle fatale, ses yeux s'illuminent. « Tu sais que je peux faire des radiographies à mon bureau ? » En plus d'être médecin légiste, Mark possède un diplôme de chiropraticien et pratique activement à Fort Thomas. Cette radiographie nous épargnera un temps précieux, que nous devrions passer, autrement, à tamiser la poussière et le sable.

« Formidable, dis-je. J'en ai terminé avec le crâne pour l'instant. Pourquoi ne l'emballerais-tu pas pour l'emporter à ton bureau ? J'ai encore beaucoup de choses à faire ici. »

Mark tend les mains vers le crâne, mais j'hésite avant de le lui remettre. Je suis certaine qu'il trouvera la balle et, en toute franchise, cela me contrarie. Mon cœur balance : d'une part, je me dis qu'en restant sur les lieux je pourrais faire une plus grande découverte que Mark, d'autre part, je me répète que c'est le résultat final qui compte. Cette question de savoir à qui revient le mérite me tourmente depuis mes années d'illustratrice médicale. J'aime bien faire partie d'une équipe, mais je déteste rester assise sur le banc du fond. Mais aujourd'hui, me dis-je, je ne suis pas seulement un membre d'une équipe, je suis le joueur vedette, le capitaine et l'entraîneur. Je peux donc permettre à Mark de compter un but.

Ainsi, un peu comme une enfant gâtée qui accepte de prêter son jouet préféré, je donne le crâne à Mark, qui le saisit avec empressement. Inquiète, je le regarde remonter la pente en trébuchant. Une fois au sommet, il emballe le crâne avec soin dans un sac de plastique. Si la balle est encore dans le crâne, elle n'ira pas loin. Et même si elle n'y est pas… Je jette un coup d'œil aux eaux agitées de la rivière Ohio et je frissonne. Si la balle a quitté le crâne, nous ne la retrouverons sans doute jamais, bien que je sois prête à consacrer des heures à tamiser la poussière. « Laissons là les drapeaux, dis-je à mes collègues. Éloignons-nous de cet endroit pour le moment. » Si on doit fouiller pour une balle, j'aimerais que ce soit dans une portion de terrain relativement intacte.

La plupart des os de l'homme ont été partiellement libérés de leur tombeau clandestin par l'érosion, mais ils sont encore à demi ensevelis sous la terre sablonneuse. Certains sont perchés sur des tas de sable qui semblent sur le point de s'effondrer et de couler dans la rivière. Je me demande combien il a fallu de journées de pluie pour libérer ces os. Je m'incline devant le hasard qui a conduit deux jeunes garçons ici après l'apparition des os… et avant leur disparition.

Al donne un coup sec sur la corde de sécurité, ce qui me tire de mes pensées. Il me voit travailler près du bord qui s'effrite et il ne veut prendre aucun risque. Je pousse un soupir de soulagement et le salue de la main avant de m'agenouiller à nouveau près des os. Je reprends mon travail consciencieux et exigeant, enlevant la saleté et la poussière au pinceau, tâtant le contour des os sous la terre et les libérant de leur cachette avec prudence. Le détective Lambers et moi avançons, lentement mais sûrement, jusqu'à ce qui doit être les épaules de la victime. Nous mettons la vase dans des boîtes de plastique, scellons les os dans des sacs étiquetés et faisons remonter nos trésors en haut de la pente, où d'autres membres de l'équipe les cataloguent un à un.

Ce travail méticuleux se fait à un rythme hypnotique. Mes mains sont branchées sur le pilote automatique, mais mon cerveau fonctionne à plein rendement. Il y a quelque chose de louche dans cette affaire, mais je suis incapable de mettre le doigt dessus. Tout à coup, en donnant un gros coup pour libérer l'omoplate de la victime, je découvre ce qui m'agace : la consistance de la terre.

Tout enfant qui a déjà enterré un jouet ou quelque trésor que ce soit dans son jardin sait que ces objets peuvent être déterrés facilement une ou deux semaines plus tard. Après quelques mois, cependant, l'objet commence à s'enfoncer. Dégager un objet enseveli depuis un an ou plus est laborieux. La pluie ramollit la terre, la loi de la pesanteur fait son office, et des particules libres s'agglutinent à l'objet enterré. L'objet et la terre ne font plus qu'un et, plus les années passent, plus il est difficile de les séparer, jusqu'à ce que l'objet semble faire partie intégrante de la matrice dans laquelle il est enfermé. À ce stade, on ne déterre pas un objet, on déterre un ensemble.

C'est ce genre de travail que je dois faire pour libérer les os. Et je découvre qu'ils sont là depuis plus d'un an ou deux, comme je le pensais au départ. Je suis en train de me demander depuis combien de temps l'homme est décédé, lorsque quelque chose attire mon regard : un morceau de métal luisant qui repose à l'endroit où a dû se trouver la poche revolver du vêtement de la victime.

Je récupère l'os sur lequel je travaille, puis je m'intéresse au morceau de métal. Avec le même soin que pour les os, je réussis à libérer l'objet, lentement mais sûrement. Ensuite, je m'agenouille un moment pour l'examiner. C'est une pince à billets, épaisse et dorée. Elle est recouverte de saleté, mais quelque chose me dit qu'il s'agit d'un gadget dispendieux.

« Regarde-moi ça ! » dis-je à Lambers, qui secoue la tête.

– Ce n'est pas le genre d'objet que l'on peut s'attendre à découvrir dans la poche d'un clochard, ça, c'est certain ! »

J'acquiesce. Les jaquettes dentaires en or de l'homme parlent plutôt de prospérité, mais il arrive à certaines personnes de connaître des temps difficiles. Mais comment un miséreux posséderait-il une telle pince à billets ?

« Eh bien, il l'a peut-être volée, dit Lambers. Mais, pourquoi le tueur ne l'a-t-il pas prise ?

Lambers emballe et étiquette la pince à billets et nous la donnons à un policier. J'entends des murmures de surprise, et une nouvelle flambée d'hypothèses lorsque l'objet précieux arrive en haut. Quelques minutes plus tard, nous trouvons des lunettes aux verres griffés et usés, mais encore intacts. Et d'autres objets : un stylo et un porte-mine, pesants et rouillés comme la pince à billets, et encore accrochés au tissu de ce qui a été la poche poitrine de l'homme. Je ne suis pas en mesure de l'affirmer à cause de la terre qui les recouvre, mais il me semble que ces objets étaient en or et faisaient partie d'un ensemble – ce qui, une fois de plus, fait penser à un homme riche…

En atteignant l'autre hanche et l'autre poche arrière, nous découvrons un morceau de métal rouillé : un jeu de clés. Des années de corrosion les ont amalgamées ; je suis impatiente de les rapporter à mon laboratoire et de percer les secrets qu'elles recèlent. Et puis, il y a une vieille pièce de monnaie de nickel, mais je ne puis le jurer étant donné son degré d'usure. Peut-être y a-t-il une date dessus, ou quelque autre indice qui pourra me faire découvrir l'identité de l'homme. Surprise ! Nous trouvons une deuxième pince à billets, plus petite et moins élaborée que la première mais tout aussi pesante et solide.

Durant l'excavation, je dégage aussi des morceaux de vêtements de la terre vaseuse. Je les dégage le plus délicatement possible. Combien de temps a-t-il fallu pour que ces vêtements se désagrègent ? J'ai l'impression très nette que ces os sont là depuis beaucoup plus longtemps que nous ne le pensions. « Un drap ? » demande Lambers en me montrant un morceau de tissu. Si la plupart des vêtements sont d'un bleu-vert délavé – vêtements que Mark a qualifiés de bleus de travail –, cette nouvelle pièce semble, elle, avoir été blanche.

J'enlève le dernier bout de tissu et j'examine ses plis tombants. « Une chemise ? » C'est difficile à dire car le tissu est en pièces, mais il me semble que cet homme était vêtu d'une chemise, assez belle à en juger par ce qui en reste, et d'une sorte de complet. Encore une fois, ce genre d'habillement ne colle pas à un sans-abri. Je suis de plus en plus intriguée par cet homme vêtu de drap fin et entouré de ses derniers biens terrestres, comme un empereur égyptien. À mesure que nous libérons la victime et les objets du sable fin, je vois surgir une photo oubliée depuis longtemps, une image figée dans le temps, qui devient de plus en plus nette.

Je tâte du doigt un bout du tissu bleu foncé, qui a l'air d'être synthétique. « Heureusement qu'il ne portait pas que des vêtements en fibres naturelles, dis-je à Lambers. Le coton et la laine auraient disparu depuis belle lurette.

— Mais qu'en est-il des pinces à billets ? répond-il. Et de tous les autres objets ? Pourquoi le tueur ne les a-t-il pas pris ? En passant, Doc, ça a quel âge, tout ça ? »

Je hoche la tête. « On verra ça demain ! »

J'ai hâte d'emporter tous ces objets dans mon laboratoire.

* * *

Quelques heures après le début des opérations, notre système de courroie de sécurité ne fonctionne plus. Comme je me rapproche de plus en plus du bord de la rive qui s'effrite, mes jambes ressentent les effets de mon numéro d'équilibriste. Je peux imaginer combien les bras d'Al le font souffrir, lui qui retient constamment et fermement la corde. Le reste de l'équipe se trouve en amont, mais le photographe, le vidéographe et Lambers se tiennent à mes côtés tandis que nous avançons vers la pente dangereuse.

L'Ohio est en crue depuis quelque temps ; ses eaux froides lèchent la rive à environ 1 m 20 sous notre saillie. Bravement, mes trois aides ont refusé la courroie de sécurité. Nous n'avons qu'une ceinture et c'est moi qui la porte. Mes collègues se disent parfaitement à l'aise, mais leur responsable de la sécurité demande un temps d'arrêt. « Faites une pause ! nous crie-t-il. Les secours ne vont pas tarder ! »

Je pousse un soupir de soulagement, me redresse et dépose ma truelle. Cela fait une heure que j'attends cette pause, mais entourée de ces policiers robustes et en pleine forme – la plupart ayant quelques décennies de moins que moi –, je ne voulais surtout pas l'admettre. Parfois, je me demande pendant combien de temps encore je pourrai m'adonner à ce travail éreintant sur le terrain. Je suis dans la mi-cinquantaine, mais j'utilise déjà une canne, même pour marcher sur la terre ferme. L'un des obstacles de ma profession, c'est la fragilité de mon corps. Elle me met à la merci du moindre ligament déchiré, d'un tendon étiré, d'une luxation du genou ou d'une chute sur le mauvais côté de la hanche. Mais pour l'instant, j'apprécie ce repos d'une demi-heure, jusqu'à l'arrivée d'une équipe de secours. D'ailleurs elle arrive, cette équipe, composée de trois hommes et d'une femme à bord d'une grosse embarcation à fond plat.

Ils se tiennent debout, prêts à intervenir si l'un d'eux bascule par-dessus bord. Le courant est fort, le bateau danse sur les eaux agitées, à un mètre de la rive. Lorsqu'ils se rendent compte que l'eau ne cesse de monter et que le courant devient plus rapide, ils enfoncent leurs rames dans la saillie, presque sous mes pieds. Leurs épaules sont presque à hauteur de mes mains. Il me vient soudain une idée. Je m'adresse au capitaine de l'équipe :

« Je peux embarquer ? » D'abord pris au dépourvu, il finit par acquiescer. Toujours attachée à ma corde de sécurité, je m'assieds sur le sol et glisse sur la surface découverte de la saillie, jusqu'à ce que mes pieds touchent la proue de l'embarcation. Oui ! Je peux continuer mes fouilles à partir du bateau ! l'endroit à explorer est à hauteur de ma poitrine, ce qui me permet de travailler facilement sans devoir me pencher.

Avec l'aide d'un secouriste, je décroche la corde de sécurité. Je la lance à Lambers, qui la reçoit avec plaisir. Nous passons les quelques heures suivantes dans un confort relatif, lui portant la ceinture, moi debout sur le bateau.

Bien sûr, il y a un problème : le mal de mer. J'aurais pu supporter un léger roulis mais, toute la journée, d'immenses barges montent et descendent l'Ohio, créant de grosses vagues qui vont jusqu'à la berge. Le bateau tangue lorsque ces vagues nous prennent de plein fouet. Nous devons cesser tout travail pendant quelques minutes, rester complètement immobiles, et garder les yeux fermés jusqu'à la disparition de la nausée. Je dois avouer que c'est la première fois que j'ai le mal de mer en creusant pour déterrer un cadavre !

* * *

Mark n'est pas encore revenu du bureau. Je m'inquiète à propos de la balle, d'autant plus que des pans entiers du sol commencent à s'effriter. Mon équipe de vaillants secouristes improvise une solution. Deux hommes dressent et maintiennent un panneau de bois sur la rive, ce qui me permet d'examiner les fragments de terre. Le panneau empêche les fragments de tomber à l'eau et de disparaître à tout jamais. La terre boueuse ne m'incommode pas, je n'ai qu'une idée en tête : si la balle est quelque part, je dois la retrouver.

Ma patience s'amenuise, cependant. Vers 14 heures, je demande à mes coéquipiers : « Où est le docteur Schweitzer ? » Il arrive à point nommé, le bon Mark, dévalant la côte en brandissant une grande enveloppe brune.

« Ce sont les radiographies ! lance-t-il. On peut voir la balle dans le crâne ! » Il s'agit certes d'une bonne nouvelle. Je ris intérieurement de ma jalousie du matin, soudainement transformée en soulagement. Il fait bon savoir que dans les moments critiques, ce sont les résultats qui m'importent, non ma gloire personnelle.

Mark descend la saillie avec précaution. Je lui montre la grosse racine que je viens de déterrer. « Regarde, Mark. Elle a vraiment poussé à travers le pantalon du gars. Elle s'est insinuée dans sa jambe par un petit trou près de la hanche, puis elle a grandi en suivant le fémur, pendant des années. »

Mark examine minutieusement la racine, dont le diamètre fait plusieurs centimètres. « Depuis combien de temps est-elle ici, d'après toi ? » me demande-t-il.

Je hoche la tête. Je me le demande, moi aussi. Les os me semblent vieux et, manifestement, les autres éléments de la preuve – vêtement et objets déterrés avec les os – sont dans la terre depuis un bon bout de temps. En mon for intérieur, je me dis : Dix, vingt ans ? Mais, tant que je n'aurai pas tout examiné au laboratoire, je ne me prononcerai pas. Cette affaire nous a déjà donné assez de fil à retordre, je ne me risquerai pas à faire des prédictions.

* * *

Lambers et moi convenons qu'il gardera la preuve et me l'apportera le lendemain matin à la première heure. Comme une hôtesse méticuleuse, je me précipite à mon laboratoire pour faire disparaître la paperasse et les restes osseux qui traînent. Ils concernent l'affaire de la semaine dernière. Lambers arrive au moment où je viens d'inonder les comptoirs de désinfectant et de mettre mon disque préféré de Patsy Cline sur le tourne-disque. Il a vraiment l'air de revenir de l'épicerie, avec ses gros sacs bruns et sa liste sous le menton !

Je me précipite pour lui enlever son fardeau. Sans broncher, il me dit : « Eh bien, Doc, par où on commence ? »

Je souris devant son enthousiasme et ne peux m'empêcher de penser que lui, au moins, a l'air en pleine forme malgré les fatigues de la veille. Je ne lui dirai certes pas que j'ai mal partout, et que je suis courbaturée...

« Commençons par le crâne. J'ai hâte de mettre la main sur cette balle. » Mark m'observe attentivement tandis que je plonge le crâne dans un lavabo pour le nettoyer. J'étends ensuite une moustiquaire à treillis métallique et y verse l'eau sale. Ô triomphe ! la balle est là ! Et elle est intacte.

Je prends une photo du projectile, puis je la place soigneusement dans une petite enveloppe portant le numéro du dossier, la date et mes initiales. Plus tard, je la remettrai aux experts en balistique du laboratoire de la police d'État.

Lambers et moi examinons le reste des sacs. Nous nous sentons comme deux enfants le matin de Noël. Il y a tant de pièces à examiner ! Par où commencer ?

« Il n'y a vraiment pas d'ordre précis, dis-je. Prenons d'abord ce qui nous intéresse le plus. »

Lambers et moi avons la même idée : « La pince à billets ! »

Tandis que j'examinerai le contenu des sacs, Mark continuera son travail de la veille en prenant note de tout ce que je fais et dis. L'enthousiasme est à son comble. Je sors les deux sacs de plastique contenant les pinces à billets. Sur la plus grosse, on peut distinguer un motif, et les initiales HS – ou n'est-ce pas plutôt SH ? Frustrant ! La plus petite est gravée, elle aussi, mais on ne voit que des lignes droites. Les deux pinces portent la mention « 14 carats ».

Lambers en conclut rapidement que nous n'avons pas affaire à un vol. « Ces objets sont restés dans les poches, Doc. Il est difficile de croire qu'une personne aurait remis des pinces à billets en or massif dans les poches d'un type après en avoir retiré des liasses de billets. »

Je m'incline. « Et l'on ne peut pas imaginer qu'un clochard ne les ait pas ramassées en passant par là. Chaque pince vaut son pesant d'or. »

Je dépose les pinces dans le lavabo et les rince doucement à l'eau claire et chaude, enlevant les dernières traces de sable à l'aide d'une brosse à dents. Une fois les pinces mises à sécher sur une serviette bleue, Lambers et moi prenons plusieurs photos avec un appareil numérique et un appareil traditionnel. Dans ce dossier, nous utilisons les photos traditionnelles pour la preuve, et nous transmettons les photos numériques par courriel au détective Daly, à Fort Thomas. Elles seront diffusées aux nouvelles télévisées le soir même.

J'inspecte les lunettes à monture de plastique noir. «Pas très à la mode, n'est-ce pas?»

— Non, mais elles sont vraiment très grosses.» C'est vrai qu'elles mesurent près de 20 centimètres.

«Eh bien, les os aussi sont gros, dis-je. Il semble qu'il y avait beaucoup de chair sur les os. Nous en saurons davantage quand nous nous pencherons sur les vêtements. Ce sera une tâche monumentale. Tenons-nous-en pour l'instant aux choses les plus simples. Lambers opine tout en me remettant le sac étiqueté CHAUSSETTES.

Elles sont faites de fibres synthétiques très fines. Elles ont presque cinquante centimètres de long, autre indication prouvant que notre victime était un homme de haute taille. Un bout de métal rouillé est incrusté dans le tissu. En grattant la rouille à l'aide d'un canif, je me rends compte que ce sont des boutons de jarretières. Cet homme portait des bas mi-longs retenus par des jarretières.

Lambers me passe ensuite le sac étiqueté GANTS. Ils sont épais, mais je ne peux pas dire s'ils sont en cuir cousu main. De même pour la ceinture.

Et nous en arrivons enfin aux vêtements. Même si Mark a d'abord parlé de bleus de travail, ces habits sont plutôt d'un bleu-vert foncé. Je retire soigneusement le tissu fragile du sac, j'enlève la saleté qui le recouvre, l'étends sur la table. Je remarque tout de suite que chaque pièce est un pan d'un même vêtement. Les fils qui ont déjà retenu ces vêtements ensemble se sont désintégrés, sans doute parce que, il y a quelques décennies, ils étaient encore faits de coton, une fibre qui se décompose rapidement. Le tissu lui-même est dans un état remarquable. Cela ressemble à du polyester, produit à base de pétrole qui peut, en principe, durer éternellement.

Après plusieurs heures, je réussis à reconstituer le pantalon, le veston et une chemise à manches longues. En examinant ces vêtements, je me représente la victime comme un homme grand et costaud. Gros ? Peut-être était-il tout simplement bien charpenté et bien musclé. Jusqu'à présent, tout ce que nous savons, c'est qu'il portait des vêtements amples. Un mètre ruban nous apprend que le veston a 147 centimètres de tour de poitrine et 122 centimètres de tour de taille. Les manches de la chemise et les jambes du pantalon sont longs ; le tour de cou fait environ 45 centimètres.

Même si les fils reliant les pans de tissu ont disparu, on peut encore distinguer les coutures et les pinces. Il semble que le complet ait été fait sur mesure. À l'évidence, cet homme s'habillait bien, mais à quelle époque ? Hier, après avoir récupéré toutes ces choses, j'aurais juré qu'elles étaient ensevelies dans leur tombeau secret depuis au moins dix ans. Mais c'est parce que j'associais ce genre de vêtements en polyester à une certaine époque, celle des années 1960. (Bien sûr, Lambers est trop jeune pour avoir connu cela !)

Je m'entends dire : « Ce gars s'habille comme un Russe au temps de la guerre froide ! » C'est curieux, comment cette image a-t-elle pu surgir dans mon esprit ? Je sais. C'est un petit détail, dans la coupe du complet, qui m'a rappelé des séquences de nouvelles télévisées montrant des dignitaires étrangers en compagnie du président John F. Kennedy. Ces gens portaient des habits qui semblent aujourd'hui un peu surannés… Et européens…

Je prends un crayon et quelques feuilles de papier et je les mets au service de mes talents un peu rouillés d'illustratrice. Pendant que Lambers prend les mesures de chaque vêtement, je fais des esquisses du complet, du pantalon et de la chemise, y ajoutant des notes à propos de l'emplacement et de la taille des boutons, des poches, des plis, voire des épaulettes, sans oublier de relever le nom du manufacturier de la fermeture éclair. Lambers me regarde avec fascination. Je fais alors une recherche des sites de vêtements classiques sur Internet.

Je lui montre quelques images. « Qu'en penses-tu ? Les années 1960 ? 1970 ? De toute façon, il faut chercher dans ces années-là. »

Lambers hoche la tête. « Si on a tué l'homme il y a si longtemps, nous ne découvrirons jamais le coupable. »

Je soupire. « Pour l'instant, j'aimerais surtout connaître l'identité de la victime.

— Ce ne sera pas plus facile. »

Il a raison. Il est déjà assez difficile d'identifier un amas d'os éparpillés dans une forêt depuis un an ou deux, imaginez un cadavre enterré depuis deux ou trois décennies !

« De toute manière, ces vêtements sont un bon départ », dis-je. J'envoie quelques courriels à des sites de vêtements classiques. Un expert pourra sans doute me dire en quelle année ces vêtements ont été à la mode. Cela ne sera certes pas concluant, puisque la victime a peut-être volé, emprunté ou acheté ces vêtements dans une friperie. En outre, c'était peut-être le genre de personne à porter les mêmes vêtements pendant des décennies. Mais il faut bien commencer quelque part.

Nous nous tournons vers l'ensemble porte-mine et stylo en or. En grattant un peu la saleté sur la plume, un logo pâle apparaît : C-R-O-S-S.

« C'est une plume Cross », dis-je à Lambers. Je déduis par son regard sans expression que ce nom ne lui dit rien. « Cross est une marque haut de gamme. Les gens qui sont amateurs de ce genre de gadgets diraient que ce stylo est la Roll-Royce des stylos. Chaque plume est fabriquée à la main. L'une de mes amies en voulait une pour la fin des études de son neveu. Ça lui a coûté environ 100 dollars, mais certains modèles vont jusqu'à 500 dollars.

Lambers écarquille les yeux. « Cinq cents dollars pour *un stylo* ? »

Je montre le sac suivant. « Et regarde le porte-mine. En or massif. C'est un ensemble… »

Je compte bien contacter un responsable de la société Cross. Sans doute pourra-t-il m'indiquer à quel moment précis ce modèle a été mis en marché.

Je suis impatiente de m'occuper des clés et de la pièce de monnaie, mais il faudra plusieurs heures pour en déloger la rouille accumulée depuis des années. Pour l'instant, toutefois, les os m'attirent davantage. Les nombreuses tables de ma salle d'examen sont couvertes d'éléments de preuve, de bloc-notes et d'appareils photo. Je décide d'y mettre un peu d'ordre pendant que Lambers termine la rédaction de ses notes et achève de prendre des photos. À nouveau, mes mains se mettent sur pilote automatique, tandis que mon esprit vagabonde. Je peux presque voir notre victime : un homme riche, vêtu d'un complet chic, portant des gants de cuir et des chaussettes mi-longues retenues par des jarretières. Il a l'air vaguement européen et se comporte comme une personne habituée à posséder de belles choses : une pince à billets avec monogramme, un ensemble porte-mine et stylo en or de marque Cross. Pour une raison mystérieuse, quelqu'un l'a attiré vers un endroit isolé des rives de l'Ohio. Il y a plus : Quelqu'un a posé le canon d'une arme sur son crâne et a appuyé sur la gâchette.

Je dispose tous les éléments de preuve sur les comptoirs se trouvant le long des murs du laboratoire. Je suis prête à m'attaquer aux os. Je les sors de leur sac et les dispose sur la table de telle sorte qu'un squelette désarticulé se forme. À la fin, j'ajoute le crâne et les mâchoires inférieure et supérieure. La figure et les mâchoires sont toujours recouvertes de terre. À la suite de mon examen rapide sur le terrain, je sais que l'homme avait plusieurs plombages et des couronnes en or. Les radiographies prises par Mark ont révélé d'autres plombages, ainsi que des taches blanches de même grosseur que la balle.

Tandis que je nettoie soigneusement le sable, la boue et les traces de chaux, une nouvelle surprise m'attend. Les dents plombées et recouvertes de couronnes en or sont le travail d'un excellent dentiste. Et les autres dents sont en parfait état, sans aucune trace de carie.

« Ce n'est pas un clochard, dis-je à Lambers. Il avait beaucoup d'argent, y compris au moment de sa mort. » Nous avons peut-être affaire à un individu qui a été riche puis qui a vécu des temps difficiles. J'ai vu plusieurs affaires semblables : un homme qui tombe dans la dèche après avoir vécu à l'aise pendant des années ; la fille de parents riches qui paient pour ses plombages dispendieux parce qu'elle reste à la maison. On voit des signes de soins dispendieux, mais on peut lire les périodes difficiles qui suivent : caries, accumulation de tartre, déchaussement des gencives. Quelques dents manquantes…

Ce n'est certes pas le cas avec notre homme. Des décennies d'érosion ont attaqué l'émail des dents, mais le jour de sa mort, il avait un sourire éclatant, un sourire dispendieux…

J'examine plus à fond le crâne, essayant d'imaginer le visage. La tête est grosse et bien ronde ; la mâchoire carrée s'ajuste bien à l'articulation temporo-mandibulaire, là où les mâchoires inférieure et supérieure s'attachent au crâne. Cette articulation ne montre aucun signe d'arthrite; l'homme n'avait donc aucune difficulté à mâcher, grâce aussi à ses dents bien entretenues. L'arête du nez se compose d'os particulièrement gros et proéminents. Je me représente un gros nez protubérant, puis un front énorme, la chair faisant saillie et recouvrant l'importante crête sourcilière. L'homme a une face rugueuse et masculine aux traits bien proportionnés, ainsi qu'un sourire éclatant. À en juger par les vêtements qu'il portait, ses os devaient être recouverts d'une bonne quantité de chair. Je remarque les insertions bien définies des muscles, ce qui indique habituellement des muscles forts et souples. C'était probablement un costaud, ce gars, mais il ne faisait sûrement pas d'embonpoint. Beaucoup de viande et de muscles, comme un lutteur, ou peut-être comme un joueur de football?

Lambers s'impatiente. Après tout, nous savions déjà que cet individu était un Blanc très robuste. Qu'est-ce que les os peuvent nous dire de plus? Je reviens à ma technique habituelle: penser tout haut afin que Lambers puisse connaître mes idées.

«Jusqu'à maintenant, je n'ai pas remarqué de vieilles fractures. Cependant, les bouts des os les plus longs et le bas de la colonne accusent une certaine usure. Ses dents aussi sont un peu raccourcies, de sorte que l'on peut dire que son âge se situe dans une fourchette de 40 à 55 ans.» Je voudrais bien restreindre cet écart, mais je ne suis pas encore prête. «Et maintenant, voyons de quoi ce gars a l'air.» J'ouvre l'armoire et en sors un ensemble d'attelles coulissantes.

Lambers est intrigué. «Qu'allez-vous faire, Doc? Relier ces os et les mesurer?

– Ce n'est pas nécessaire. Je vais tout simplement mesurer le fémur et confier le reste à l'ordinateur.» Les anthropologues qui m'ont précédé ont fait beaucoup de progrès dans l'estimation de la taille d'un individu. Ils ont eu recours pour cela à des formules mathématiques et à des analyses statistiques. Ces formules ont été informatisées et enrichies par les données provenant d'affaires judiciaires récentes. Tout ce que j'ai à faire, c'est entrer les dimensions du fémur. Le logiciel, appelé FORDISC 2.0, fera le reste.

Je dépose le fémur sur le comptoir. Je place une aiguille plate de l'attelle contre la partie inférieure du genou et une autre contre le bout arrondi du sommet. La plupart des anthropologues utilisent une planche ostéologique pour prendre les mesures. Cela ressemble à l'appareil à mesurer les pieds dont se servent les marchands de chaussures. Je trouve que les attelles sont plus précises et beaucoup plus efficaces, surtout lorsque les os sont encore recouverts de peau. La planche ostéologique n'est vraiment utile que pour les os isolés. On peut néanmoins insérer les aiguilles dans les articulations et les extrémités encore attachées au corps.

Ce fémur a 536 millimètres de longueur. Lorsque FORDISC 2.0 apprend que ces mesures sont celles d'un homme blanc, il nous indique aimablement une taille de 1 m 93, à quelques centimètres près. « Il est énorme ! » fait remarquer Lambers, qui me semble ne mesurer tout au plus que 1 m 77.

« Je mesure 1 m 72 », précise-t-il. J'acquiesce et retourne à mon esquisse du costume. « Ouais, il était assez corpulent. Mais, compte tenu de sa taille, il n'était pas grassouillet. Je dirais qu'il pesait environ 115 kilos. Ce qui veut dire que lorsque nous examinerons les fiches de personnes disparues, nous éliminerons d'emblée tous les hommes petits et maigres. »

L'identification de l'homme est désormais prioritaire. La nouvelle de sa découverte crée une onde de choc dans le nord du Kentucky et le sud de l'Ohio. Mon répondeur déborde de messages de journalistes. Toutefois, le protocole du Ministère m'interdisant de m'adresser à la presse lors des premières étapes de la procédure, je ne peux discuter de cette affaire qu'avec le médecin légiste et le détective responsable. J'appelle donc Mark et le détective Daly pour leur faire part de ce que j'ai appris. Nous savons tous qu'il faut profiter de l'occasion qui s'offre à nous pendant que la presse et le public sont encore intéressés.

Mark et Daly m'écoutent énumérer mes conclusions. Daly me pose la seule question à laquelle je ne puis répondre : « Depuis quand pensez-vous qu'il est mort ? »

Je hoche la tête, indécise. « Je peux tout simplement vous dire que ça fait un bout de temps. Vingt ans ? Vingt-cinq ? Restons vagues pour l'instant. J'en apprendrai sans doute davantage demain. »

* * *

Le lendemain matin, un courriel de Daphne Morris, propriétaire de la Red Rose Vintage Clothing Company d'Indianapolis, m'attend sur mon ordinateur. À mon grand étonnement, elle m'a répondu très rapidement. D'après elle, le complet que j'ai esquissé aurait été confectionné entre 1955 et 1963. Je lui envoie immédiatement une photo des lunettes et des pinces à billets. Ses réponses ressemblent à la première : entre 1955 et 1965 pour les lunettes, et dans les années 1950 ou 1960 pour la pince à billets.

Enfin, nous voici situés dans le temps. Toutefois, cet homme n'était peut-être qu'un type vieux jeu. Ou bien il portait les vêtements d'une autre personne… Mais je ne trouve aucune raison pour expliquer cela. J'ai besoin d'une date de décès plus précise. Nous avons eu beaucoup de chance avec ces vêtements et ces objets de luxe. Si nous n'avions eu que les os, nous serions dans une impasse.

Les agences de police, locale et d'État, ont déjà passé en revue leurs fichiers. Ils n'ont pas trouvé de dossier correspondant à notre description. Ce n'est pas surprenant : l'affaire remonte à au moins deux décennies. C'est encore moins surprenant en raison de cette région particulière du Kentucky, centre anarchique du jeu illégal et de la prostitution des années 1930 à 1960. Le syndicat de Cleveland, relié au réseau de la Mafia fortement impliquée dans le jeu, s'y est installé à la fin de la Deuxième Guerre mondiale. Il y a sévi jusque dans les années 1960, alors que le procureur général des États-Unis, Robert Kennedy, et ses collègues se lançaient dans de vastes enquêtes et appuyaient les réformateurs politiques de toute la région, y compris ceux de Campbell County.

En revoyant les dates et en pensant au lien avec le crime organisé, une idée folle me traverse l'esprit. Est-il possible que cet homme riche, exécuté il y a plusieurs décennies et recouvert de chaux, soit Jimmy Hoffa ? Le monogramme de la pince peut se lire dans deux sens : HS ou SH. Et si le H signifiait Hoffa ? Je sais qu'il s'agit là d'une hypothèse insensée, ce qui n'empêche pas mes doigts de trembler lorsque je donne un coup de fil à mes collègues du FBI.

Ils sont loin d'être convaincus. Selon la fiche de disparition de Hoffa, me disent-ils, il mesurait 1 m 72 et pesait 80 kilos. Plus petit et plus mince que notre homme !

Pendant ce temps, je fais appel à des experts d'un peu partout au pays. J'envoie le porte-mine et le stylo à la A. T. Cross Company, de Lincoln, au Rhode Island, avec l'espoir qu'on me dise quand ces articles ont été fabriqués. J'envoie la pièce de monnaie – c'est bel et bien une pièce de 5 cents – à la Monnaie des États-Unis pour savoir si la petite date au bas est bien 1964. (La pièce est tellement rouillée qu'il est impossible de distinguer la date avec précision.) Quant aux lunettes, je les fais parvenir à une compagnie d'opticiens locaux afin qu'ils recherchent des traits particuliers dans le style de la monture. Ils pourraient aussi retrouver l'ordonnance faite pour les lentilles. J'apporte le crâne au docteur Mark Bernstein, notre consultant en odontologie judiciaire. Enfin, je confie les vêtements au service de police de Fort Thomas.

Une semaine après nos fouilles à la rivière, il ne reste dans mon laboratoire que les os et les clés. J'ai retiré tout ce que je peux des os. Il est temps de me pencher sur les clés.

* * *

Les clés rouillées forment une masse solide. J'essaie de les séparer, mais sans grand succès. Je n'en récupère que deux. La troisième se montre récalcitrante. En fait, elle se fend en plein milieu. Il faut trouver autre chose.

J'étends un morceau de papier blanc sur mon comptoir, puis je prends quelques boîtes de Petri et un bocal de gelée marine. À l'origine, la gelée marine servait à enlever la rouille sur les bateaux, d'où son nom. Je pense qu'elle me permettra à tout le moins de séparer les clés. J'espère surtout trouver les noms d'un manufacturier et la ville de fabrication. Mais allons au plus pressé.

Je laisse tremper le tout dans la gelée marine pendant environ une heure, puis je rince à l'eau claire pour chasser l'acide. Je marche sur une corde raide : je veux que l'acide enlève la rouille, tout en laissant intact le logo ! En alternant les périodes de trempage et de rinçage, pendant deux jours, je suis en mesure de séparer les clés sans en briser aucune.

Toutefois, chaque clé est encore rouillée et l'on ne peut rien y déchiffrer à l'œil nu. Optimiste, j'examine chacune d'entre elles avec mon microscope pour autopsie. Je distingue un tas de petites lettres incrustées sur le bord de deux clés.

Les lettres sont à peine lisibles, mais je me dis que je pourrai les lire plus facilement si je les grossis en trois dimensions. J'éteins les lumières de la salle et travaille sous l'unique lumière d'une lampe halogène amovible, placée de façon à atteindre chaque clé dans un certain angle. En examinant une clé à l'aide d'une immense loupe murale, j'aperçois un peu plus clairement le contour de chaque lettre. Et lorsque je gratte délicatement la surface des clés à l'aide d'un scalpel, je réussis à faire partir la rouille incrustée depuis des décennies. Enfin, je découvre le secret des clés.

Je me rue vers le téléphone. Après quelques interurbains, je compose un dernier numéro.

C'est détective Daly qui répond.

« J'espère que tu es bien assis, lui dis-je, parce que tu ne le croiras pas. Notre Monsieur X vient du Connecticut. »

Je perçois sa surprise, à l'autre bout du fil. « Qu'est-ce qui te fait croire ça, Doc ?

— Les clés ont été fabriquées par des serruriers du Connecticut. L'une porte la mention DEPIERNE, NORWALK, CONN., l'autre, KARPELOW SAFE AND LOCK. Je peux même lire une adresse partielle. » Il est impossible de tout déchiffrer, mais j'ai réussi à lire les mots et numéros suivants : C_82 ELM STREE, – PORT, CT. Vérification faite auprès du U.S. Post Office, je découvre que cette désignation d'État à deux lettres a été appliquée à partir de 1963. Les clés de Karpelow ont pu être fabriquées n'importe quand après 1963, tandis que celle de DePierne date de 1963, et peut-être même plus tôt.

La réaction de Daly comble mes attentes. « Doc, c'est gros, lance-t-il d'une voix enrouée. Le temps de donner quelques coups de fil et je te reviens. »

Le lendemain matin, à l'aube, il me rappelle. « Ça va, nous avons isolé un peu plus la période. Il semble que DePierne ait fermé ses portes il y a environ vingt-cinq ans et que Karpelow ait quitté son adresse d'Elm Street au cours des années 1970. »

À partir de ce moment, l'enquête prend un nouvel envol. Les réponses à nos questions de la semaine précédente affluent sans discontinuer. La société Cross me confirme qu'elle n'a fabriqué le porte-mine et le stylo qu'entre 1965 et 1970. La pièce de 5 cents, quant à elle, porte la date de 1964. Les lunettes ont sans doute été manufacturées au cours de la même période, au Japon ou en Allemagne, ce qui explique mon intuition au sujet du petit côté européen de notre homme. Enfin, même s'il décrit la chirurgie dentaire de façon passablement clinique dans son rapport, le docteur Bernstein me dit qu'à son avis, les dents ont l'air d'avoir subi un travail de dentisterie coûteux et haut de gamme sur Park Avenue.

Le 25 mai, Daly me rappelle chez moi peu après le dîner. Dès que j'entends sa voix, je suis certaine qu'il a des nouvelles passionnantes, sinon il aurait attendu le lendemain avant d'appeler. «Comment te sens-tu ? Moi, je crois que tu as de la chance», me dit-il. Il éclate de rire. «J'ai demandé au reporter Mike Mayko de publier un petit article dans le *Connecticut Post*, et je viens de lui parler. Il a reçu un tuyau par l'intermédiaire d'une tribune téléphonique de criminodrame. »

Apparemment, un riche homme d'affaires a disparu de Weston, au Connecticut, le 25 mars 1966, immédiatement après sa comparution devant un jury d'accusation de l'État de New York. C'était l'une des trois personnes accusées de complot pour une évasion fiscale de sept millions de dollars, grâce à des opérations sur des actions étrangères. Il aurait quitté son domicile vers 4 heures dans une Corvette Stingray 1965 et, sous le nom d'emprunt de M. Henry, il aurait pris un vol de l'American Airlines à l'aéroport Kennedy, en direction de Cincinnati. Puis il a tout simplement disparu.

« Et voici le meilleur, ajoute Daly. L'homme s'appelle Henry Scharf. »

« Mais ce sont les initiales sur la pince à billets ! C'est donc bel et bien H.S. C'est sûrement lui ! Il était aussi fort que je l'ai dit ? »

« Tu étais en plein dans le mille pour tout. Mayko m'a dit que le gars était très grand et bâti comme un joueur de football. De toute évidence, il était riche. Et, tu te souviens de la monture des lunettes ? Il allait régulièrement en France et en Allemagne. »

C'est à mon tour d'être abasourdie.

« Un détective du Connecticut s'occupe de la prochaine étape. L'informateur qui a découvert l'article dans le journal a déclaré qu'il serait on ne peut plus difficile d'entrer en communication avec les membres de la famille. Il les connaît. Ils sont tellement anéantis par cette nouvelle qu'ils ne voudront sans doute rien savoir de la police.

– Pourtant, le meurtre a eu lieu il y a presque trente ans, dis-je sans trop réfléchir. Ils doivent être prêts à en parler aujourd'hui ! » Je ne peux supporter l'idée d'être si près du but et de perdre tout espoir d'identification, surtout pour une raison aussi triste : des décennies d'amertume non cicatrisée.

« Chaque chose en son temps, répond Daly. Laisse-moi leur parler. »

Comme prévu, la famille Scharf se montre très réticente. Elle refuse de parler à la police, mais accepte de me parler. Un scientifique ou un médecin leur paraît sans doute moins menaçant qu'un représentant chargé de faire respecter la loi. Lorsque je parle au gendre d'Henry, porte-parole de sa femme et de sa belle-mère, je sens que les blessures sont encore vives, un quart de siècle plus tard. La famille coopère tout de même, dans la mesure du possible.

Puis nous faisons face à une accumulation de problèmes. À cause du décalage, rien ne correspond à nos évaluations. Mme Scharf ne reconnaît pas la pince à billets. Le dentiste d'Henry est décédé plusieurs années auparavant et ses dossiers inactifs ont été détruits. (Je suis on ne peut plus heureuse d'apprendre qu'il *était vraiment* de Park Avenue !) Les empreintes digitales sont fichées au FBI, mais la peau de notre victime a quitté ses phalanges depuis belle lurette. Et même si Henry a fait partie de l'Armée américaine, ses dossiers médical et dentaire ont disparu lors de l'incendie des archives militaire à St. Louis.

Je ne me laisse pourtant pas décourager. Je demande une photo à la famille, qui m'envoie un cliché sur lequel figure un Henry robuste et souriant, debout près d'un bateau et tenant un gros poisson. À mes yeux d'artiste et d'anthropologue, tout cela colle bien au crâne et au corps de Monsieur X. Je suis personnellement convaincue d'avoir trouvé les restes d'Henry Scharf, mais je dois le prouver.

Nouveau coup de chance ! Grâce au U.S. Department of Veterans Affairs, je découvre qu'Henry a fait une réclamation d'indemnités à l'armée, demande accompagnée d'une fiche dentaire déposée au ministère. Avec l'aide du FBI, je mets la main sur cette fiche et la compare aux dents de la victime.

Elles ne sont pas identiques !

Non, c'est impossible. Cette fiche n'est pas la bonne, *je le sais*. Comment expliquer cette contradiction ? La fiche signale une molaire manquante chez Henry. Et pourtant, cette même molaire est présente dans le crâne que je tiens dans les mains.

J'en conclus que le dentiste a tout simplement fait une erreur et, avec plus de crânerie que d'intelligence, je fais fi de la fiche dentaire. « Établissons une comparaison d'ADN, dis-je à Mark et au détective Daly. Il faut qu'on en finisse. »

Mark et Daly sont tout aussi impatients que moi de connaître la vérité. Ils acceptent. Mais, une analyse d'ADN, ce n'est pas facile. Une analyse d'ADN repose sur la prémisse voulant que chaque cellule du corps contienne un code génétique, identique à celui de toutes les autres cellules du corps, et semblable à celui des parents. En théorie, donc, n'importe quelle cellule peut servir à une analyse comparative d'ADN.

Lorsque nous avons affaire à des êtres vivants ou récemment décédés, le procédé est relativement simple : nous utilisons l'ADN du noyau d'une cellule. Mais l'ADN nucléique est fragile et ne résiste pas à l'épreuve du temps. En conséquence, lorsque nous avons devant nous un corps décédé depuis longtemps, nous recourons à une autre partie de la cellule pour en extraire l'ADN mitochondrial, plus durable, mais c'est un procédé plus fastidieux et plus coûteux.

En fait, l'extraction n'est qu'une partie du problème. L'ADN mitochondrial ne vient que de la mère. On doit donc comparer l'ADN de notre homme au sang d'un parent d'ascendance maternelle.

C'est alors que survient notre dernier coup de chance : la sœur d'Henry Scharf est toujours en vie.

* * *

« Mme Greenberg ? »

Après de délicates négociations avec les membres de la famille élargie, je reçois la permission de parler à la sœur d'Henry, Minna Greenberg (nom fictif). La nièce d'Henry a révélé à sa mère que le corps d'Henry a été retrouvé. Mme Greenberg sait que je travaille sur ce dossier. À part cela, tout ce que cette femme âgée de quatre-vingt ans sait est que son frère bien-aimé a disparu mystérieusement il y a un quart de siècle, au grand désespoir de sa famille.

Ce n'est pas la première tragédie vécue par Minna. En 1939, elle et son frère s'enfuient d'Autriche après l'invasion nazie. En tant que Juifs, ils ont hâte de quitter le pays, même s'ils doivent laisser derrière eux des êtres chers. Minna les perdra tous de vue, sauf son frère bien-aimé. Et voilà qu'il disparaît à son tour.

« Alors, c'est vous qui avez retrouvé mon cher Henry », me dit-elle d'une voix tremblotante et avec un accent autrichien prononcé. La vieille dame est restée étonnamment forte.

« Je suis l'une des personnes qui ont aidé à le retrouver, en effet. » Je n'ai jamais eu de conversation semblable auparavant. Habituellement, ce sont les policiers et les médecins légistes qui s'adressent aux survivants.

« Du moins, je pense que nous l'avons trouvé. C'est pourquoi nous avons besoin de votre collaboration. » Je lui raconte ce que nous savons et ce que nous ne savons pas.

« Et en quoi puis-je vous être utile ? » me demande-t-elle.

Je lui parle du test d'ADN. J'hésite, bute sur chaque mot. À sa place, je voudrais tout savoir, même après 34 ans. Mais peut-être ne veut-elle rien savoir. Elle a peut-être échafaudé une histoire qui lui dit qu'Henry vit ailleurs, heureux et en sécurité, mais qu'il est incapable, pour une raison ou une autre, de contacter sa famille. Peut-être ne veut-elle pas faire son deuil. Peut-être préfère-t-elle garder une porte ouverte. Cette pauvre dame a perdu tant d'êtres chers !

Un long silence s'installe. Je cherche désespérément quelque chose à ajouter, quelque chose qui la convaincra, quelque chose qui la mettra à l'aise. Avant que je puisse proférer un seul mot, Minna me dit :

« Très bien. Vous pouvez prendre un peu de mon sang. Comment allez-vous procéder ? »

Les ententes finales se font en accord avec le FBI. On prélève un échantillon du sang de Minna en Floride, puis on l'expédie à LabCorp, en Caroline du Nord, où l'on compare l'ADN mitochondrial à l'échantillon prélevé sur un des os de notre victime.

Ça concorde !

* * *

Le reste du casse-tête reste incomplet. C'est exaspérant. Pourquoi Henry se rendait-il à Cincinnati ? Avait-il un lien avec le syndicat de Cleveland ? Pourquoi a-t-il été abattu ?

Lorsque je repense à l'affaire d'Henry Scharf, je la considère parfois comme mon plus grand triomphe. Identifier une victime morte et enterrée depuis plus de trente ans constitue un exploit extrêmement rare. Pourtant, ce triomphe est très frustrant, car la découverte de la balle et le décodage des clés se mêlent au souvenir de mon dernier coup de fil à Minna. J'aurais aimé lui révéler qui était le meurtrier de son frère, et la raison du meurtre. Mais je n'ai pas pu le faire. Pour me consoler, je me dis qu'après avoir vécu tant de tragédies dans sa vie, le seul fait de savoir qu'Henry ne l'a pas abandonnée lui a apporté la sérénité.

CHAPITRE 6

NOMMER LES MORTS

Si nous pleurons la perte de ceux
Que nous n'avons jamais vus –
Une parenté vitale se tisse entre
Notre âme et la leur.
EMILY DICKINSON

« Ça va, les gars, j'ai réussi. Nous pouvons commencer à creuser. »

J'essaie d'être positive, mais ma voix sonne faux, surtout à mes oreilles.

« Ne vous sentez pas trop à l'aise en bas, Doc. Nous devons encore vous sortir de là. »

J'examine les murs sales qui m'entourent et je hoche la tête. Je suis au fond d'une tombe, par un jour gris et froid de fin d'hiver. Il n'est pas question de confort ici.

Je ne participe pas à toutes les exhumations, mais même si je le faisais, celle-ci serait particulière. Nous tentons de retrouver les os ensevelis de Tent Girl, une mystérieuse jeune femme dont les restes ont été découverts il y a quelque trente ans.

J'entends parler d'elle quelques jours après être entrée dans mes fonctions d'anthropologue judiciaire d'État. Le médecin légiste de Scott County, Marvin Yokum, vient me voir avec une photo de la jeune femme. Il m'explique que cette affaire n'a jamais été résolue.

Le tout commence le matin du 17 mai 1968. Un puisatier sans emploi de Monterey, au Kentucky, est à la recherche de vieux isolateurs de téléphone en verre, qu'il vend pour se faire un peu d'argent. Ce matin-là, en fouillant dans les sous-bois jouxtant Eagle

Creek, il trébuche sur une bâche verte fermée par une cordelette. À l'intérieur, il découvre les restes décomposés d'une jeune femme nue dont la tête est recouverte d'un morceau de tissu blanc.

Marvin entre en jeu. Son rapport d'autopsie décrit la victime comme une jeune femme âgée de 16 à 19 ans, mesurant 1 m 55 et pesant de 50 à 52 kilos. Ses cheveux brun roux sont courts. Un pathologiste, venu de Hamilton County, déclare que cette jeune femme a sans doute été placée vivante et ligotée dans la bâche. Elle est morte lentement, par suffocation.

L'enquête traîne pendant plusieurs mois, puis Marvin fait appel au FBI. Le Bureau présume que le tissu blanc recouvrant la tête de la victime est une couche de bébé, mais il ne sait rien de plus. Impossible d'identifier la femme. Le reporter du journal local qui fait écho à cette affaire baptise la victime Tent Girl, à cause de la bâche. Le journal demande au policier Harold Musser de faire esquisses à partir des photos d'autopsie. Cette jeune femme mélancolique aux cheveux courts suscite la curiosité du public. Tent Girl est inhumée au cimetière de Georgetown, à quelques kilomètres d'où je vis présentement. Sa tombe porte tout simplement le n° 90, soit le numéro du dossier de cette affaire irrésolue.

Trois ans après l'inhumation, deux hommes, propriétaires d'un commerce de monuments funéraires, créent une pierre tombale – rouge, pour rappeler les cheveux de la victime – sur laquelle ils gravent la fameuse esquisse du journal. Dès lors, Tent Girl devient une légende locale. Elle attire des visiteurs du Kentucky et de l'Ohio, surtout des jeunes femmes, qui semblent avoir une sympathie toute particulière pour elle.

Marvin nourrit certains sentiments à son égard, lui aussi. Lorsque je deviens anthropologue judiciaire au Kentucky, il y voit une bonne occasion de résoudre cette affaire qui l'intrigue depuis des années. Il m'apporte les photos d'autopsie, ainsi que les esquisses de Musser. Il me demande si je peux en faire de meilleures. Je lui réponds que, selon moi, l'artiste a fait un excellent travail. Il n'a négligé aucun des détails scientifiques visibles sur la photo et a su redonner vie au visage de la jeune fille.

« Bien honnêtement, je ne pense pas pouvoir améliorer ces esquisses, Marvin. Le problème, ce ne sont pas les esquisses, c'est que la personne qui connaît cette fille ne les a pas encore vues. »

Je sens une réticence chez Marvin. Essentiellement, la reconstruction faciale est souvent un coup d'épée dans l'eau. Si on a la chance de découvrir la personne qui reconnaîtra le modèle, tant mieux. Sinon, tout tombe à l'eau. La qualité d'une reconstruction faciale est importante, bien évidemment, mais elle est souvent bien insuffisante. Le hasard joue un bien plus grand rôle.

Et c'est le hasard qui m'a amené ici aujourd'hui, quelque trente ans après l'enterrement de Tent Girl. Me voici debout dans sa tombe… parce que nous savons enfin qui elle est.

« Vous avez assez d'espace, Doc ? » Mon compagnon fossoyeur, un policier local, se tient debout près de moi et essaie de ne pas marcher sur les os. Nous avons creusé à l'aide d'une pelle rétrocaveuse. La jeune femme n'a pas été enterrée dans un cercueil. Aussitôt que j'ai vu apparaître les os, j'ai sauté dans le trou. Je suis présentement à genoux, une truelle à la main, en train de récupérer les os qui se sont désagrégés depuis peu. Plus tard, au cours de la semaine, nous essaierons de comparer l'ADN mitochondrial de la morte au sang d'une personne qui croit être la sœur de Tent Girl.

Pelle à la main, le policier est fin prêt à nous débarrasser de la terre dans laquelle j'ai creusé. « Il me semble que vous avez la tâche la plus pénible, lui dis-je en enlevant la terre autour d'un péroné à moitié enterré. La mienne est beaucoup plus simple. »

Il secoue la tête. « Je suis content de ne pas avoir à déterrer les os d'une femme, répond-il. Je vous laisse ce petit travail. »

* * *

L'identification de Tent Girl est une histoire qui pousserait l'enquêteur le plus insensible à soulever son chapeau devant la vigilance des civils et à les remercier pour leur dévouement. Quelque vingt ans après sa découverte du corps, le puisatier déménage à Livingstone, au Tennessee, où sa fille Lori commence à sortir avec Todd Matthews, un jeune homme âgé de 17 ans. Ce dernier n'était même pas né lorsque le père de Lori a découvert Tent Girl, mais un petit quelque chose chez la jeune femme assassinée a frappé son imagination. Todd épouse Lori, mais son intérêt pour Tent Girl s'accroît, au point de se transformer en obsession. La recherche de l'identité de Tent Girl devient son objectif dans la vie.

Hélas, la passion de Todd commence à menacer son mariage. Il ne consacre presque plus de temps à son jeune fils. Lorsqu'il découvre qu'Internet facilite ses recherches, il s'accroche à son ordinateur pendant des heures et des heures. Un soir de janvier 1998, il clique sur un site de personnes portées disparues. C'est le bon filon ! La description d'une jeune femme portée disparue à Lexington, au Kentucky, apparaît à l'écran. Intuitivement, Todd sait qu'il s'agit de la mystérieuse jeune femme qu'il recherche.

Il fait parvenir cette description à Rosemary Westbrook, une dame de 45 ans qui vit alors en Arkansas. Le père et le frère de Rosemary ont péri lors d'une inondation en Illinois, deux semaines avant sa naissance. Comme sa mère en avait plein les bras avec ses six autres enfants, elle a confié bébé Rosemary à des parents, qui ont veillé à ce qu'elle reste en contact avec sa mère, ses frères et ses sœurs.

À l'âge de 10 ans, Rosemary apprend que sa sœur aînée, Barbara Ann Hackmann Taylor, alors âgée de 24 ans, a disparu mystérieusement. Une fois adulte, Rosemary décide de se mettre à la recherche de Barbara. Au mois d'août précédent, elle a envoyé une description de la jeune femme, celle-là même que Todd a découverte un soir de janvier :

NOM : BARBARA ANN (HACKMANN) TAYLOR
LIEN DE PARENTÉ : SŒUR
DATE DE NAISSANCE : 12 SEPTEMBRE 1943
FEMME

Notes : Ma sœur Barbara a disparu à la fin de l'année 1967. Elle a les cheveux et les yeux bruns, mesure environ 1 m 55. Elle a été vue pour la dernière fois dans la région de Lexington, au Kentucky. Si vous détenez des renseignements au sujet de ma sœur, prière de communiquer avec moi à l'adresse ci-dessous.

Todd donne un coup de fil à Rosemary et lui raconte ce qu'il sait à propos de Tent Girl. Rosemary est convaincue qu'il s'agit bel et bien de sa sœur, surnommée Bobbie. Apparemment, Bobbie a épousé un homme du nom de George Earl Taylor, avec lequel elle a fait le circuit des carnavals au milieu des années 1960. Ils ont eu deux enfants, une fille et un garçon. Un jour, George confie les enfants à ses parents, en leur disant que Bobbie s'est enfuie avec un camionneur. Le garçon meurt au seuil de l'âge adulte, la fille vit dans le désespoir à l'idée que sa mère n'est jamais venue la rechercher, et qu'elle ne lui a jamais envoyé ne fût-ce qu'une carte postale pour lui dire qu'elle pense à elle.

Bobbie s'occupait également de la fille de George, issue d'un précédent mariage. Cette dernière révèle un jour à Rosemary qu'elle a vu Bobbie pour la dernière fois à Lexington, au Kentucky. C'est ce détail qui convainc plus que jamais Todd que Barbara Ann Hackmann Taylor est bien Tent Girl. Il communique alors avec Marvin Yokum, qui, après toutes ces années, est encore le médecin légiste de Scott County.

Marvin et moi nous nous rencontrons de nouveau à mon bureau, en compagnie du détective John Ferris, de Scott County. Cette fois, en plus des photos de l'autopsie de Tent Girl, Marvin me donne des photos de Barbara Ann.

Sur la première, elle paraît sombre, lèvres serrées, yeux tristes fixant l'appareil. Je compare cette photo, vieille de quarante ans, avec l'esquisse de Tent Girl. Tout semble correspondre : les proportions des traits, la forme du visage. C'est peut-être la solution de l'énigme.

« Vous avez d'autres photos ? »

Marvin pose un cliché sur le bureau. C'est un portrait sur lequel la bouche de Bobbie est entrouverte, laissant voir ses dents. Je scrute la photo d'autopsie de la tête et du visage décomposés et remarque certaines similitudes. Mais je ne distingue pas suffisamment de dents, sur la photo, pour conclure avec certitude que notre piste est la bonne.

« Ce n'est pas suffisant pour établir une identification positive. » Je vois bien que Marvin est déçu. « En premier lieu, la photo est trop floue. Deuxièmement, les dents n'ont rien de distinctif. Si tu as une image très claire d'une personne qui a la bouche grande ouverte, et qu'il est possible d'y voir une dent en or avec un cœur sculpté, par exemple, ou une dent complètement tordue à côté du vide laissé par une dent manquante, alors, oui, un odontologiste judiciaire peut tirer de tout cela identification positive. » Je pointe du doigt l'instantané sur mon bureau, l'un de ceux produits par un appareil Kodak il y a quarante ans, avec une bordure blanche et une date imprimée dessus. « Mais cette photo est tellement ressemblante que nous pouvons demander une analyse d'ADN. »

Marvin acquiesce. « Très bien », dit-il. Et il ajoute : « Je pense aussi qu'il faut ouvrir la tombe. »

Le détective Ferris et moi concluons qu'une exhumation et une analyse d'ADN sont justifiées. Nous aussi, nous sommes impatients de résoudre le mystère de Tent Girl, devenue légende locale. Cependant, nous sommes en plein hiver et le sol est gelé. Même si le médecin légiste obtient la permission des autorités d'État d'exhumer le corps, il faudra des semaines avant que le temps ne s'adoucisse et que le sol ramolli ne permette de passer à l'action.

Un matin, j'entends à la radio que la température va grimper dans les quatre degrés Celsius, avec un beau soleil jusqu'en après-midi. Je donne un coup de fil à Marvin, qui demande à l'opérateur de pelle rétrocaveuse de l'atelier du comté de se tenir prêt. Il communique ensuite avec le shérif Bobby Hammons. Un peu plus tard dans l'avant-midi, nous nous retrouvons tous au cimetière.

Les prévisions de la météo étaient un peu trop optimistes. Les nuages sont gris et bas au moment où nous entrons dans le cimetière ; et il fait un froid de loup. Malgré tout, ce temps morne semble tout indiqué pour notre tâche morbide. Mais j'aurais pu me passer de la neige fondue qui commence à tomber légèrement, puis très fortement une heure ou deux après ma descente dans la tombe.

« Vous en avez encore pour longtemps, Doc ? me crie Marvin.

— Encore une heure, je crois. » J'ai froid, moi aussi, mais au moins je suis à l'abri du vent, et je suis en mouvement, tandis que le pauvre Marvin et le policier n'ont rien d'autre à faire, dans cette atmosphère lugubre, que d'attendre les os que je vais bientôt leur donner.

* * *

Peu de temps après, nous emportons les os au laboratoire. J'ai hâte de procéder à mes propres analyses. Marvin a raison à propos d'une chose : la criminalistique a fait des pas de géant au cours des trente dernières années. Je suis certaine d'en découvrir plus que mes prédécesseurs. Même si les gens faisaient les analyses il y a trente ans étaient des pathologistes experts, ils ne bénéficiaient pas à cette époque des techniques modernes ni de l'expertise des anthropologues judiciaires. Lorsqu'on a trouvé la victime, ses tissus mous étaient très décomposés, ce qui rendait plus difficile l'estimation de l'âge à partir de la preuve pathologique. En tant qu'anthropologue, j'ai appris à m'attarder sur des détails qui n'ont pas alerté les scientifiques précédents.

Je remarque tout de suite que cette femme est plus âgée qu'on ne le pensait au départ. Selon moi, elle est dans la mi-vingtaine, autre indice qui nous dit qu'il s'agit peut-être de Bobbie.

Quand je termine mon analyse préliminaire des os, j'envoie l'échantillon d'ADN à LabCorp, laboratoire privé sis en Caroline du Nord (qui fera plus tard l'analyse génétique d'Henry Scharf). Ensuite, j'attends. C'est tout ce que je peux faire. Deux mois plus tard, le 28 avril 1998, le test d'ADN comparant le matériel génétique de Tent Girl à l'échantillon fourni par sa sœur confirme les soupçons de Todd : Tent Girl et Barbara Ann Hackmann ne font qu'une seule et même personne.

En apprenant la nouvelle, la famille Taylor décide de se rendre à Georgetown pour assister aux funérailles auxquelles elle n'a pas eu droit trente ans plus tôt. Dans la mesure où notre communauté a presque adopté Tent Girl, toute la famille, y compris la fille adulte de Bobbie, décide de la laisser reposer là, sous son monument intact. On y ajoute toutefois une plaque portant son vrai nom. Le mari de Bobbie est mort depuis longtemps. Il n'y a donc aucune chance qu'un procès puisse rendre justice à Bobbie, mais au moins la famille a pu se rassembler pour lui dire un dernier adieu.

Tous les habitants de Georgetown assistent aux funérailles. Ils observent discrètement Todd, le héros du jour. Rosemary, la fille de Bobbie, ainsi que le reste de la famille, l'entourent pour le remercier chaleureusement de ne pas avoir abandonné sa quête. J'aurais aimé pouvoir leur donner le nom du tueur et leur promettre que l'on ferait justice pour cette mort terrible. Mais en voyant Rosemary et sa nièce – des larmes de soulagement coulent sur leur visage – serrer la main de Todd et le féliciter, je suis heureuse d'avoir contribué à redonner à Tent Girl son véritable nom.

* * *

L'histoire de Tent Girl souligne l'un des aspects les plus importants et les plus poignants de ma profession : l'identification des victimes. La tâche des policiers consiste à épingler les meurtriers, la mienne est d'analyser les restes, ce qui commence et finit parfois par une tentative en vue de découvrir l'identité de la victime afin que la police – ou même les familles – puisse prendre le relais. Autant j'aime travailler avec les enquêteurs, autant il est important que je garde présente à l'esprit une notion essentielle : leur travail est fondamentalement différent du mien. Si j'oubliais cette différence de base, je pourrais me retrouver en eau trouble au moment de témoigner en cour. Il importe que chaque partie – les avocats, le juge et, a fortiori, le jury – me considère comme une personne neutre, qui s'est rendue sur les lieux afin de découvrir et de transmettre une vérité scientifique. Si l'on m'associait à l'équipe du procureur – ou si je commençais à m'imaginer que j'en fais partie –, je perdrais toute crédibilité.

Étant donné que tant de films policiers et de détectives de cinéma mettent surtout l'accent sur l'arrestation de mauvais garçons, ma participation au processus est minimisée et souvent mal comprise. En outre, le cinéma, la télévision et les romans policiers représentent souvent mon travail comme une tâche peu importante. Certaines personnes croient sans doute qu'il existe une sorte de base de données nationale, quelque part, dans laquelle figurent tous les détails concernant les personnes disparues dans notre pays. Elles peuvent dès lors se dire que, dès que les policiers mettent la main sur un corps non identifié, cet ordinateur magique crache instantanément la bonne réponse.

Rien n'est aussi éloigné de la vérité. Des centaines de personnes disparaissent chaque jour et, dans plusieurs cas, personne ne se soucie de signaler leur absence. Prenons par exemple une famille dans laquelle un enfant subit de mauvais traitements. L'enfant fait une fugue, et la famille – furieuse, gênée ou tout simplement indifférente – ne signale pas sa disparition. Si l'on retrouve alors le corps de l'enfant dans un autre État, sans pièce d'identité, comment un enquêteur peut-il lui donner un nom ? Les gens ne naissent pas avec un code à barres. Si quelqu'un nous demande de comparer des ossements au dossier médical ou dentaire de Mary Smith ou de José Lopez, nous sommes en mesure de le faire. Mais on ne peut pas sortir un nom de nulle part.

En fait, même lorsqu'on dispose du signalement d'une personne disparue, relier cette personne à un corps ou à des restes peut s'avérer très complexe. Il existe une base de données nationale, le National Crime Information Center (NCIC) qui, en théorie, est le bureau central dans lequel on peut comparer virtuellement des personnes disparues à des restes humains. Cependant, quelle que puisse être son utilité, le NCIC a ses limites.

Tout d'abord, comme je l'ai dit précédemment, plusieurs personnes disparues n'apparaissent tout simplement pas dans la base de données. Les proches n'ont peut-être pas fait de signalement, soit par peur de la police, soit parce qu'ils ont honte, soit parce qu'ils refusent d'accepter le fait qu'un mari, une femme ou un enfant ait quitté la maison sans laisser de trace.

Il faut dire aussi que le signalement d'une personne disparue n'est pas toujours une priorité pour un service de police débordé, qui doit résoudre plus que sa part d'homicides, de vols et d'agressions. Plusieurs services attendent plusieurs jours avant d'ouvrir un dossier ; certains tardent même jusqu'à la fin du mois. Si j'ai des restes dans mon laboratoire, je ne trouve pas toujours le signalement qui colle lors de ma première vérification, ni même lors de la deuxième. Les proches peuvent mettre des semaines, des mois ou même des années avant de faire appel à la police. Et n'oublions pas l'erreur humaine. Certains postes de police oublient parfois de rentrer les signalements dans leur base de données.

De plus, certains problèmes découlent de la manière avec laquelle le NCIC traite l'information judiciaire. Au début, la base de données servait à comparer les traces laissées sur des objets volés à des empreintes digitales répertoriées. Le système d'origine a été pris en charge par un système automatisé de dactyloscopie (AFIS). Le NCIC reste le seul système de données codées disponible pour ceux qui tentent d'identifier des morts. Si quelqu'un rassemble toutes les données des deux côtés (personne disparue d'une part, personne non identifiée de l'autre) et qu'il y a suffisamment d'éléments d'identifications classés sous la rubrique « *uniques* » (dossiers dentaires, tatouages, os déjà brisés, etc.), les enquêteurs ont la chance d'établir un lien – s'il y en a un.

Néanmoins, la majorité de l'information biologique demeure très subjective, et elle peut ne pas apparaître dans le langage objectif de l'ordinateur. Par exemple, qu'arrive-t-il quand le rapport d'une personne disparue signale que ses cheveux sont blond doré, alors que l'enquêteur qui découvre les restes voit, lui, des cheveux roux ? Même si les deux rapports sont classés, le NCIC ne les comparera pas. Il en va de même pour la description de tatouages, de cicatrices ou de tout autre trait distinctif.

Il y a aussi des erreurs légendaires dans le signalement de personnes disparues, tout cela parce que les gens ne savent pas nécessairement quel type de renseignements aidera les enquêteurs à identifier leurs êtres chers. La première idée qui leur vient, c'est de décrire la personne disparue comme s'il fallait la repérer dans la foule : cheveux blonds, yeux bleus, grain de beauté sur la joue gauche. Ce n'est pas nécessairement le genre de renseignements qui peut être utile pour établir une identité. La personne a-t-elle souffert de scoliose en bas âge ? S'est-elle brisé un os, qui a guéri ? A-t-elle subi une opération au dos ? Donne-t-elle à ses ongles une forme particulière ? Utilise-t-elle un vernis d'une couleur étrange ? Fume-t-elle beaucoup, au point d'avoir des dents tachées ? A-t-elle porté des appareils orthopédiques dans son enfance ? Les gens qui rédigent les signalements de personnes disparues ne sont pas des scientifiques ; ils ne savent pas de quel genre de renseignements nous avons besoin.

En fin de compte, ce qui pose le plus problème dans l'identification des personnes disparues, c'est le volume imposant de gens qui semblent s'être volatilisés dans la nature. La base de données du NCIC contient des centaines de milliers de noms. Pour chaque recherche mise en branle, on reçoit facilement des douzaines, des centaines ou même des milliers de liens possibles. Se retrouver dans ce chaos est un cauchemar pour l'enquêteur.

Imaginons, par exemple, que l'on découvre des restes dans une forêt et qu'on les attribue à un homme blanc entre deux âges, mesurant environ 1 m 85, d'un poids moyen, sans traits dentaires particuliers et sans fractures, cicatrices ou tatouages. On lui donne de trente à quarante ans, même si l'on sait pertinemment qu'il y a une marge d'erreur de trois à quatre ans, dans un sens ou dans l'autre. On ne peut qu'émettre des hypothèses au sujet du moment de sa disparition et de sa réapparition à un certain endroit. Eh bien, lorsqu'on envoie de tels renseignements dans la base de données du NCIC, on peut être sûr de recevoir un millier de liens, qui remontent de dix ans au moins dans le temps et s'étendent aux cinquante États américains et au Canada.

Il est possible de réduire cette abondance de liens. Si les restes, par exemple, laissent entrevoir une clavicule brisée qui a guéri peu avant la mort… On demande alors à voir uniquement les rapports qui font mention d'une telle blessure. Mais, qu'en est-il si la personne qui a fait le signalement ignore l'existence de cette blessure, ou si elle n'a pas pris la peine de la signaler au policier ? Même si le rapport est fiché, il ne permettra pas d'établir un lien.

Ou alors supposons qu'on établisse l'âge de l'homme dans une fourchette de trente à quarante ans, alors qu'il a en fait quarante et un ans ? Eh bien, l'ordinateur éliminera d'emblée le rapport dont on a vraiment besoin et en enverra des centaines ou des milliers qui sont tout à fait inutiles. (J'ajoute toujours quelque cinq ans à mon estimation, même si cela double, triple ou quadruple le nombre de rapports à analyser.)

Je pourrais continuer longtemps ainsi : pour les femmes, les familles ajoutent toujours quelques centimètres à leur taille parce qu'elles sont habituées à les voir en talons hauts ; les parents donnent une description détaillée du tatouage de leur fils alors que les restes ont été détruits par le feu, ou ont pourri dans un lac, ou sont réduits à l'état de squelette. L'écart entre le signalement de personnes disparues et les restes non identifiés est l'un des aspects les plus frustrants de mon travail.

Au cours des dernières années, nous avons assisté à des percées technologiques majeures. Internet est au cœur de la plupart d'entre elles. Les bases de données sur les personnes disparues, accessibles depuis peu au public, sont un apport inestimable. Avant l'existence de ces services en ligne, seuls les enfants disparus bénéficiaient d'un bureau central, le National Center for Missing and Exploited Children. De nos jours, grâce à Internet, les familles peuvent être certaines que les renseignements au sujet de leurs disparus – parents, enfants, époux ou épouses, amis – ne seront pas seulement connus de la police, mais qu'ils seront vus par des citoyens ordinaires, qui pourraient être en mesure de livrer des renseignements.

Bien évidemment, la chance est parfois au rendez-vous. Il arrive aussi qu'un éclair d'intuition trace mystérieusement un chemin, faisant mentir les statistiques, comme dans l'affaire Tent Girl. Enfin, il arrive qu'Internet devienne le véhicule de la chance *et* de l'intuition. C'est ce qui est arrivé dans l'affaire Letitia Luna, une jeune femme qui a apparemment plongé dans l'oubli le 7 août 2000.

* * *

En ce qui me concerne, l'histoire de Luna débute le 14 août 2000, lorsqu'un ouvrier aux estacades du Mississippi découvre un corps détrempé coincé entre deux barges remontant la rivière Ohio. L'autopsie révèle que ces restes sont ceux d'une jeune femme blanche, svelte, aux longs cheveux noirs, âgée de vingt à vingt-cinq ans, vêtue d'un jean et d'un T-shirt. Elle porte une montre au poignet ; une paire de lunettes se trouve dans une de ses poches. Même si le corps est sérieusement décomposé, le médecin légiste peut discerner une rose tatouée sur son poignet.

Le médecin légiste de Carlisle County et la police d'État rendent l'affaire publique tout au long de la frontière ouest de l'État. Croyant que la femme est tombée ou a été jetée dans la rivière, et qu'elle a flotté en aval, le service de police demande aux policiers de toutes les villes riveraines en aval s'ils possèdent le dossier d'une personne disparue qui ressemble à cette femme. Ils n'en ont pas.

Six mois plus tard, je reçois un coup de fil du docteur Mark LeVaughn, un médecin légiste du Kentucky. Bien que le corps de Madame X soit dans un état avancé de décomposition, il y a encore assez de tissus mous pour procéder à une autopsie traditionnelle. Il n'est donc pas nécessaire de procéder à l'examen des os. On fait plutôt appel à mes talents d'illustratrice. Mark pense que je serai capable de faire une « restauration » faciale, esquisse faite à partir des photos de l'autopsie et des renseignements judiciaires.

« Je veux bien essayer », dis-je. Je demande les photos de l'autopsie, dont je vais me servir comme d'un gabarit pour créer une esquisse montrant à quoi ressemblait la victime lorsqu'elle était en vie. La police fera ensuite circuler l'esquisse, espérant qu'une personne l'identifiera et se manifestera.

Quand Mark me fait parvenir les photos, je me rends compte qu'elles ne me seront d'aucune utilité. Le visage de la jeune femme est trop décomposé pour que je puisse dessiner une image ressemblante.

La seule autre option qui s'offre à moi est de faire bouillir la tête dans une cocotte et d'utiliser le crâne propre et séché pour procéder à une reconstruction faciale en argile. C'est un procédé long, prenant et hasardeux. On ne peut jamais être certain qu'une excellente reconstruction en argile ou une bonne esquisse va être vue par la bonne personne. Je souhaite donc exploiter toutes les possibilités afin d'arriver à donner un nom à la morte. Dans la mesure où il n'y a pas beaucoup d'éléments de preuve associés à la victime, je persuade la police et le médecin légiste de poursuivre la recherche de son identité. Je promets de faire une reconstruction en argile, mais en dernier ressort seulement.

Cinq mois plus tard, la jeune femme n'a toujours pas de nom. Je vais donc faire, comme promis, la reconstruction faciale. Je me mettrai au travail le lundi. Nous sommes vendredi, il est trois heures de l'après-midi et je n'ai rien à faire. Me fiant au même élan intuitif qui a apparemment guidé Todd Matthews, j'ouvre mon ordinateur et je navigue sur Internet à la recherche de sites de personnes disparues. Ce n'est pas la première fois que je fais une telle recherche, mais aujourd'hui, pour une raison ou une autre, je suis attirée par le site Web de la Nation's Missing Children Organization and Center for Missing Adults (NMCO). De temps à autre, mes yeux et mon cerveau établissent une connexion mystérieuse qui me met presque en transe. C'est dans cet état de conscience aiguë que je passe en revue la galerie de photos de personnes disparues, une image à la fois.

Soudain, je fige net. L'une des photos attire mon attention avec une force surprenante. Il n'y a pas de description sous la photo, mais, en examinant la jeune femme – son sourire timide, ses longs cheveux noirs –, je *sais*. Il s'agit de la femme que nous recherchons.

La photo constitue un lien avec les renseignements détaillés fournis par la famille au site Web. Je clique pour en savoir davantage. Eh bien oui, tout y est : l'âge, le poids, le moment de la disparition, les longs cheveux noirs, et même la rose tatouée sur le poignet. On a retrouvé l'automobile de la jeune femme, toujours en marche, sur le pont DeSoto, à Memphis, à environ huit cents kilomètres en aval de l'endroit où l'on a découvert le corps.

Son auto a été retrouvée en *aval*? Cela voudrait donc dire que son corps a flotté en *amont*, remontant les puissants courants du

Mississippi sur des centaines de kilomètres ? Cela semble quasi impossible. À moins que quelqu'un ne l'ait apportée en amont, bien entendu.

Peu importe. Je sais que Madame X est Letitia Luna. Il ne me reste qu'à le prouver.

Je communique avec le poste de police de Memphis, où un aimable détective me donne le nom et le numéro de téléphone du dentiste de Letitia Luna. Pendant que j'attends la réponse par télécopieur, je rappelle le détective, qui accepte de communiquer avec la famille de Luna afin d'obtenir une description détaillée du tatouage. Ensuite, j'appelle Mark LeVaughn et le médecin légiste de Carlisle County pour leur présenter mon identification provisoire.

Pendant ce temps, à Memphis, le détective passe en revue le tableau des personnes disparues pour voir s'il n'y a pas d'autres renseignements qui pourraient m'être utiles. Il découvre une note disant que Letitia possédait des lunettes à monture métallique, qu'elle avait l'habitude, tout comme Madame X, de mettre dans sa poche.

Il est presque 21 h, le vendredi. La victoire est à portée de main, pas question de se reposer ! Toute la soirée, le dentiste, la famille de Luna, Mark et moi échangeons des courriels concernant le dossier dentaire, le tatouage et les lunettes. À 10 h, le samedi, nous convenons que tout concorde. La recherche de Letitia est terminée.

* * *

Je suis heureuse d'avoir eu en main les dossiers dentaires de Luna, parce que nous n'avions rien d'autre pour obtenir une identification positive. Les lunettes ont permis de corroborer mon pressentiment, mais on ne peut pas se fier aux effets personnels pour établir une identité. Il y a tellement de raisons qui peuvent expliquer pourquoi une personne se retrouve avec des objets qui appartiennent ou ont appartenu à quelqu'un d'autre : le vol ; un simple prêt ; la tentative délibérée de la part du meurtrier de mêler les cartes ; la grande confusion qui règne sur le site d'un écrasement d'avion ou de l'explosion d'un immeuble, où non seulement les effets personnels mais aussi les corps s'entremêlent.

Que doit-on donc utiliser pour avoir une identification positive ? Les dents constituent un moyen sûr. Comme je l'ai dit à Marvin, je n'ai pas forcément besoin des dossiers dentaires ; on peut parfois relier les chirurgies dentaires apparaissant sur une bonne photo à une dent située dans le vrai crâne. Les dossiers dentaires sont néanmoins très utiles. Dans l'affaire Henry Scharf, j'ai toutefois appris que même les dentistes peuvent se tromper.

Il est possible de faire une identification positive grâce à un tatouage, encore faut-il qu'il soit original et que tous les autres éléments concordent. La rose sur le poignet de Luna n'est pas unique. Cependant, Madame X et elle ont toutes deux des cheveux foncés, sont des femmes, elles ont la même taille et ont disparu depuis le même laps de temps. Pour ce qui est de Luna, je n'aurais pas pu me fier au seul tatouage, parce que plusieurs jeunes femmes en portent et que les petites fleurs, les cœurs et les papillons sont très répandus.

Il y a aussi les empreintes digitales, bien que ce genre de preuve puisse se révéler plus aléatoire qu'on ne le pense. La comparaison des empreintes se fait à partir d'un système de points. S'il n'y en a pas assez, il peut être difficile de faire une identification positive. Enfin, la peau des doigts a généralement disparu depuis longtemps, ou est tellement décomposée qu'il est impossible d'en tirer des empreintes.

Le matériel chirurgical peut également être mis à contribution. Depuis 1993, les médecins doivent enregistrer les numéros de série des pièces de métal qu'ils installent dans le corps des patients, ce qui rend la tâche plus facile aux enquêteurs.

Une radiographie peut conduire sur une bonne piste si elle révèle quelque chose d'inhabituel dans une partie de corps : une cheville qui a été fracturée mais dont la fracture est guérie, par exemple, ou des os de doigts recourbés de façon particulière. Ou encore, une excroissance étrange sur le coude, dont la personne ignorait peut-être même l'existence mais qui apparaît sur une radiographie dans un dossier médical, quelque part. Ce sont là des éléments parfaits pour établir des liens. En outre, certains os sont aussi uniques que les empreintes digitales, comme par exemple les sinus frontaux – ces petites poches se trouvant dans l'os du front, sises entre et au-dessus des yeux. Si j'ai la chance d'avoir une radiographie montrant une image frontale de la région des sinus, je serai en mesure de la comparer à celle du crâne d'un Monsieur X et d'en tirer une identification positive.

Bien sûr, l'ultime identification positive est celle que l'on obtient avec le test d'ADN. Cette méthode presque infaillible met fin à toute discussion. Toutefois, on y a recours en tout dernier ressort. Il ne suffit pas, tout simplement, de brancher l'ADN de quelqu'un à une base de données. Le bagage génétique de la plupart des gens n'est pas fiché. Si on a une petite idée de l'identité de la victime, on peut toujours demander un échantillon à la famille. Mais si on ne dispose que d'os secs, il faut recourir à l'ADN mitochondrial. C'est une méthode d'identification longue et dispendieuse. Au moment où j'écris ces lignes, les frais d'extraction d'ADN mito-chondrial se chiffrent en moyenne à cinq mille dollars, et l'opé-ration prend habituellement plusieurs semaines, sinon des mois.

Parfois, on ne parvient même pas à l'étape de l'identification positive. La meilleure chose, dans ce cas, est d'éliminer un mau-vais choix. Mon bureau affiche toutes nos victimes non identifiées sur un site Web. Toutes les deux semaines, nous recevons un appel d'un enquêteur qui espère associer un signalement de personne disparue à un Monsieur X ou à une Madame X. Nous commen-çons par vérifier tous les éléments : taille, poids, laps de temps écoulé depuis la mort. Il arrive que nous trouvions la preuve grâce à un tatouage bizarre ou à un bras qui a été cassé mais est guéri depuis de nombreuses années.

Pour que la procédure fonctionne, nous avons bien sûr besoin de deux types de rapports dans notre fichier : celui des personnes disparues et celui des restes non identifiés. L'affaire Luna terminée, je ne suis demandé pourquoi les policiers de Memphis et du Kentucky n'avaient pas comparé leurs rapports.

La raison est simple, bien que fort embarrassante. Pour une rai-son ou une autre, même si la police d'État du Kentucky a diffusé des renseignements à propos de l'affaire auprès des médias locaux et de tous les postes de police, elle ne les a pas inclus dans la base de données du NCIC. En conséquence, aux autres facteurs qui rendent la tâche d'identification difficile, il faut ajouter l'erreur humaine.

L'affaire Luna soulève aussi une question intéressante : où faut-il rechercher une personne disparue ? Avant que cette affaire ne soit résolue, nous avions tendance, chaque fois qu'on retrouvait un corps dans une rivière, à chercher en amont – surtout s'il n'y avait pas apparence de meurtre. Or, Luna n'a pas été abattue, ni poignardée, ni étranglée ; elle s'était manifestement noyée. Alors, pourtant son corps venait-il de l'aval. Pourquoi ?

La réponse réside dans l'effet hydrologique unique des « étangs de canards » qui se forment entre deux barges remorquées. Le mouvement des barges crée des tourbillons dans ces espaces à ciel ouvert, tourbillons qui aspirent l'eau et tout ce qui se trouve sur et sous la surface, jusqu'à environ 45 centimètres de profondeur. Le corps de Luna a été happé par un tourbillon de ce genre et a été tiré vers l'amont avec les barges. En ce moment, mes collègues enquêteurs et moi reprenons des affaires d'autres Monsieur et Madame X qui ont été retrouvés dans la rivière Ohio, recherchant, en amont aussi bien qu'en aval, les personnes disparues auxquelles ils pourraient correspondre.

* * *

En réalité, le problème le plus difficile dans l'identification de restes humains est aussi le plus simple : part où commencer ? Selon Kym Pasqualini, fondatrice et coordonnatrice du NMCO, le nombre d'adultes portés disparus a atteint un sommet de 43 000 au mois de mars 2003. Si nous ajoutons à cette liste les enfants disparus, nous en arrivons à un total astronomique de 97 297 personnes.

Ces chiffres sont déjà inquiétants lorsqu'on se trouve devant une victime au profil biologique inhabituel, ou qui possède en elle des pièces chirurgicales dont le numéro de série peut être retracé, mais qu'en est-il des milliers de victimes qui se ressemblent toutes ?

C'est ce genre de problème qui nous tracasse dans l'affaire Madame X de Baraboo, au Wisconsin (celle-là même dont je décris la reconstruction faciale dans le prologue du présent ouvrage). Il s'agit d'une jeune femme dont le corps a été massacré, écorché, et dont les membres ont été entassés dans des sacs d'épicerie, puis jetés dans la rivière Wisconsin. Comme des mois de recherche conventionnelle n'avaient donné aucun résultat, le détective Joe Welsch, de Sauk County, et l'agente spéciale du Kentucky, Elizabeth Feagles, m'ont demandé de faire une reconstruction du crâne.

Avant que je ne fasse partie de l'affaire, les experts en criminalistique du Wisconsin avaient déjà procédé à une analyse complète des restes. Ils en étaient arrivés à la conclusion que la victime était une jeune femme de race noire, mesurant 1 m 57 environ et pesant de 55 à 59 kilos. Mike Riddle, expert en dactyloscopie, avait même réussi à prélever des empreintes sur sa main décomposée, exploit presque surhumain, qui m'a laissé bouche bée.

Toute cette science ne les a pas menés loin, hélas. D'après la base de données du NCIC, plus de 1500 femmes correspondant au profil étaient portées disparues depuis le début de l'été. C'était bien d'avoir des empreintes digitales, mais allaient-elles aider les enquêteurs à découvrir des liens? Les empreintes digitales de la plupart des gens – qui ne sont pas des criminels – ne sont pas fichées. Si Joe et Liz avaient su où regarder, ils auraient dû essayer de prélever des empreintes sur ses effets personnels. Tant et aussi longtemps qu'ils n'avaient aucune idée de l'identité de la victime, ils faisaient face à un mur.

Comme beaucoup de victimes non identifiées, Madame X de Baraboo est désespérément ordinaire. Ses dents sont parfaites. Elle n'a ni tatouage ni cicatrice, et ni traces d'os brisés et guéris. Le procureur de district espère que le crâne recèle une ou plusieurs preuves médicolégales, comme des marques de coupures pouvant être attribuées à une arme, par exemple.

C'est pourquoi nous avons recours au prototypage rapide afin de fabriquer une réplique exacte du crâne. Mais il faut dire que, jusqu'à maintenant, le crâne lui-même n'a pas donné beaucoup de renseignements sur l'identité de la femme.

Je suis donc le dernier recours de Liz et de Joe. Ils espèrent que ma reconstruction faciale leur livrera une image qu'ils pourront diffuser d'un bout à l'autre de l'État. Si tout va comme ils l'espèrent – et nous savons tous que cela pourrait ne pas réussir –, quelqu'un verra l'image, reconnaîtra la victime et se manifestera.

Le week-end de la fête du Travail, lorsque j'entreprends ma reconstruction faciale, je sais que les enjeux sont particulièrement élevés. Tant et aussi longtemps que nous ne connaîtrons pas l'identité de Madame X, nous ne pourrons pas retrouver le meurtrier. Si c'est un tueur en série, il aura un permis virtuel pour recommencer. Si le tueur est une personne plus ordinaire – un petit ami, un conjoint, un parent ou un copain –, il risque de s'en tirer, malgré son crime brutal. Il n'y a qu'une chance d'éviter cela, et elle repose sur mes épaules.

J'essaie de chasser de mon esprit l'image de la chair mutilée de cette femme et de me concentrer sur les détails du squelette. Bien qu'il soit inhabituel de commencer avec un crâne en papier laminé plutôt qu'en os, ce travail de reconstruction est tout à fait ordinaire – comme la victime. Tout d'abord, je découpe des marqueurs pour les tissus, c'est-à-dire des petites pièces de caoutchouc qui vont indiquer l'épaisseur des tissus à différents endroits du visage. Pour fabriquer ces marqueurs, j'utilise de longs tubes de gomme rose achetés dans un magasin de fournitures de bureau, que je les tranche avec un Exacto.

La longueur et l'emplacement de ces marqueurs sont basés sur des formules anthropologiques indiquant l'épaisseur de la chair sur les joues, le front, le menton etc., selon le sexe, la race et le poids estimé de la victime. En respectant soigneusement ces formules, je colle près de deux douzaines de marqueurs à des endroits précis sur tout le crâne, au milieu du front, sur l'arête du nez, sur le bout du menton et à autres endroits. Ensuite, je les relie à l'aide d'argile, en utilisant la structure du crâne pour me guider.

La partie la plus fastidieuse du travail réside dans les préparatifs. Couper ces marqueurs à la bonne hauteur et placer chacun d'eux là où il doit être est une tâche délicate. Elle est encore plus stressante quand on est conscient que la moindre erreur peut compromettre le résultat final. Quelques-uns de ces petits tubes de caoutchouc ne font pas plus de quatre millimètres de longueur. Ainsi, en travaillant à l'affaire Baraboo, en ce week-end de la fête du Travail, j'ai besoin d'un bon Exacto et d'une main très sûre. Très rapidement, je suis absorbée par cette tâche apaisante et fort monotone : couper les vingt-trois marqueurs, numéroter chacun d'eux à l'aide d'un crayon bien taillé, et les placer dans un ordre numérique. Après environ une heure, je suis prête à revenir au crâne.

J'ai déjà monté le prototype laminé sur le trépied d'un appareil photo modifié, que j'ai fixé avec un gros boulon à œil dans l'ouverture de la colonne vertébrale, appelée trou occipital. Le trépied est muni d'un gros joint à rotule à sa base, ce qui me permet de faire pivoter et pencher le crâne jusqu'à ce qu'il soit à niveau, position dite «plan de Francfort». Les orbites semblent alors fixer l'objectif. Je trace une ligne imaginaire depuis le bas des orbites jusqu'à l'ouverture des oreilles, les méats de l'oreille externe.

Je saisis un petit niveau de menuisier et je le centre au bas des orbites du prototype.

Ensuite, je prends la mâchoire inférieure, que l'équipe de Milwaukee a refaite en papier laminé, et je l'installe dans les emboîtures situées juste devant les oreilles. Je joue avec la mâchoire de papier jusqu'à ce qu'elle s'ouvre et se ferme dans un mouvement régulier afin que les dents des mâchoires inférieure et supérieure recréent une occlusion normale. Je ne veux pas que ma statue serre les dents, car elle serait plus difficile à reconnaître. J'insère donc un petit support de plastique entre les lèvres supérieure et inférieure, ce qui donne à la bouche un air plus naturel. Ensuite, j'ajuste la mâchoire inférieure jusqu'à ce qu'il y ait un petit espacement entre elle et le crâne, reproduisant ainsi la séparation normale produite par le cartilage articulaire et un petit disque fibreux appelé ménisque. Chaque petit détail est important : il permet de recréer un visage reconnaissable plutôt qu'un visage un peu étrange.

Si Madame X avait des dents de travers permettant de l'identifier, je la ferais sourire, procédé très compliqué qui exige une manipulation de la mâchoire encore plus précise. Quand une personne sourit, sa mâchoire tombe et se rétracte un peu. En ajoutant de l'argile, je ferais alors en sorte de donner l'impression que les narines frémissent. Je plisserais la peau sous les yeux et aplatirais celle des lèvres supérieures. Ce sont là des petites touches subtiles mais essentielles qui peuvent améliorer considérablement le produit final.

Heureusement, je n'ai pas à faire tout cela ; la bouche restera fermée. Les dents de la réplique ont une forme parfaite et sont bien rangées, mais elles sont couvertes de la même résine couleur miel brûlé que le reste du crâne, ce qui ne donne pas un air naturel à l'ensemble. Comme les dents n'ont aucune caractéristique particulière, une fois la mâchoire inférieure bien ajustée, je commence à enduire les marqueurs de colle.

Par pure habitude, je commence par le front, trempant ma gomme dans une colle universelle et la maintenant en place jusqu'à ce que la colle fige. En fin d'après-midi, tous les marqueurs sont collés sur le crâne.

Lorsque le soleil se couche, je m'attelle aux yeux. Chaque artiste a sa propre méthode. Pour ma part, je fais les yeux le plus tôt possible : je n'aime pas voir ces orbites vides qui me fixent heure après heure. En outre, il est plus facile d'ajuster les yeux avant de poser l'argile.

Je passe doucement le bout des doigts sur les orbites de la réplique pour trouver l'endroit où insérer les ligaments palpables – ces petits ligaments qui « ancrent » les coins de chaque paupière. Les points d'insertion sont localisés au moyen de minuscules bosses que l'on ne voit pas, mais que mes doigts repèrent tout de suite. Je marque ces points à l'aide d'une plume : c'est là que les coins des paupières doivent se trouver. Je ne veux pas perdre de vue ces endroits pendant mon travail sur les yeux.

Si je me servais d'un crâne réel, je devrais remplir les orbites de coton afin de protéger les os fragiles en vue d'autres examens médicolégaux. Sur la réplique, cela ne pose aucun problème, mais je dois veiller à ce que les yeux ne tombent pas à l'intérieur des orbites. Des papiers mouchoirs pliés font l'affaire.

Ensuite, avec une petite motte d'argile, je forme un petit piédestal pour le premier œil artificiel, acheté dans une maison de fournitures chirurgicales où l'on trouve des implants prothétiques. Ces faux yeux, qui ont l'air étrangement réels, sont disponibles en plusieurs formes et en plusieurs couleurs. Pour une Noire, je choisis un brun très foncé, avec une légère nuance de jaune entourant le blanc de l'œil. Je place l'œil dans son orbite et le cimente avec de l'argile.

Lorsque les deux yeux sont en place, j'ajuste leur position. Je désire que ma sculpture ait un regard parfait, chaque œil bien centré dans son orbite et saillant exactement comme il le faut par rapport aux os environnants. Les yeux doivent être au même niveau, bien sûr, et ils doivent regarder tous les deux dans la même direction. Pour vérifier, je braque une lampe de bureau sur les yeux et j'observe la réflexion. Si le regard est parfait, la lumière se reflète de façon égale dans les deux yeux. Une demi-heure m'est nécessaire pour ajuster le premier œil, puis je passe au second. Ma récompense : un regard vif et sérieux qui ressemble à celui d'une personne réelle.

Je m'offre une pause repas en fin de soirée, puis je continue à appliquer l'argile. C'est ici que mon intuition artistique entre en jeu. Bien que je sois d'abord et avant tout une scientifique, j'ai appris au cours des années que la fidélité aux formules mathématiques ne suffit pas. Pour que ma reconstruction faciale prenne vie, je dois dépasser les formules et laisser mon intuition me guider dans la création de tous ces petits détails qui, ultimement, différencient un visage d'un autre visage. Je dois faire des raccourcis créateurs – des raccourcis qui s'appuient, bien évidemment, sur des données scientifiques. En somme, c'est cette fusion de l'art et de la science qui permet de créer, au lieu d'un visage correct sur le plan scientifique mais aux traits un peu flous, un visage éclatant de vérité.

Mon intuition s'appuie heureusement sur un sérieux bagage scientifique. Lorsque Joe m'a apporté le crâne, il m'a remis en même temps plusieurs photos et une copie des notes du pathologiste qui a fait l'autopsie. Ce dernier a conclu que la victime était en bonne santé, avec une quantité de gras sous-cutané bien répartie. Ses organes génitaux externes indiquaient qu'il s'agissait bien d'une femme. Il a évalué son âge d'après l'état de ses organes internes – cœur, organes reproducteurs et artères. Ils étaient ceux d'une femme d'âge moyen et n'accusaient aucune modification reliée au vieillissement.

La couleur très foncée de la peau lui a bien sûr révélé que la femme était afro-américaine. Bien sûr, la couleur de la peau peut subir des changements rapides et spectaculaires après la mort, mais cette femme avait d'autres traits négroïdes. Le pathologiste a mentionné le système pileux noir, épais et très frisé. Et, en dépit du fait que l'on ne voyait plus le visage, la peau ayant été littéralement arrachée des os, l'analyse anthropologique du crâne a révélé que la victime avait les yeux écartés, un front bien rond ou « en bosse » et un nez plat et large. Avant même de terminer l'application de l'argile, je savais moi aussi qu'elle était « afro-américaine ».

Une fois ma sculpture terminée, un petit détail dans les contours faciaux attire cependant mon attention. L'aplatissement prononcé au milieu du visage et la forme presque verticale des mâchoires donnent au crâne une apparence différente des autres crânes afro-américains sur lesquels j'ai travaillé. Cette femme n'est certes pas blanche, mais je ne jurerais pas qu'elle est afro-américaine de peau noire.

Quel autre choix me reste-t-il ? Par courriel, je fais part de mes préoccupations à Leslie Eisenberg, médecin et consultante du pathologiste qui a fait l'autopsie et l'une des anthropologues les plus en vue du pays. Leslie s'intéresse à mon hypothèse, selon laquelle la victime serait peut-être une Hmong, originaire du Vietnam et venue s'installer au Wisconsin après la guerre. Les Hmongs ont la peau foncée, eux aussi, et des traits faciaux relativement plats, mais ils ont les cheveux raides, contrairement à ceux de la victime.

« C'est peut-être une Indonésienne », dis-je. Leslie n'élimine pas cette possibilité. Mais nous finissons par tomber d'accord : cette femme est une Noire. Et pourtant, la combinaison inhabituelle de ses traits continue à m'intriguer.

Quoi qu'il en soit, la reconstruction est terminée. Je contemple ce jeune visage innocent, et je me demande si nous découvrirons un jour l'identité de cette femme et celle de son meurtrier. Mais mon travail n'est pas terminé, loin de là. Je veux que le produit final ressemble le plus possible à une personne réelle. Une sculpture judiciaire n'est jamais aussi précise qu'un portrait ou un buste sculpté à partir d'une photo ou d'un modèle. Étant donné que mon seul guide est la forme du crâne, toute reconstruction sera, au mieux, une approximation, au pire une caricature. Mais le visage doit être assez ressemblant pour que quelqu'un le reconnaisse. Je fais donc l'impossible pour que celui ou celle qui verra mon œuvre ait tous les atouts nécessaires pour reconnaître la victime.

Je coiffe la sculpture d'une longue perruque noire, que je peigne soigneusement. Un peu plus tard, j'essaie deux ou trois autres perruques, prenant des photos de chaque version. Puis « j'habille » ma statue d'un T-shirt rose rayé. Pour ajouter une touche de réalisme à l'ensemble, j'applique du rouge sur les lèvres de mon modèle, juste assez pour leur donner un peu de couleur et de vie.

Je donne rendez-vous à Joe et à Liz à mon bureau, avant l'heure d'ouverture, le mardi matin. De là, nous nous rendrons chez moi afin qu'ils puissent voir mon œuvre. Je suis à la fois épuisée et exaltée après ces trois journées de travail. Depuis mon arrivée, Liz se montre sceptique : une étrangère, une fille du Kentucky pour résoudre cette affaire du Wisconsin ! Comme la plupart des enquêteurs, elle a tendance à défendre son territoire, surtout dans une affaire aussi médiatisée que celle-ci. J'apprendrai plus tard qu'elle a participé à plusieurs autres affaires où l'on a eu recours à des reconstructions faciales qui se sont révélées inutiles. Elle ne déborde donc pas de confiance. Nous arrivons chez moi. Joe, impatient et réservé, ne cesse de regarder Liz pour voir comment elle réagit.

« Allons à mon laboratoire », dis-je, après les présentations d'usage.

Une fois sur les lieux, je leur montre ma sculpture, puis je m'assieds sur le comptoir, au centre de la pièce, et j'attends.

L'expression de leur visage est indéchiffrable. Ils restent silencieux. Tantôt ils me regardent, tantôt ils regardent la statue. Joe s'en approche pour toucher les cheveux. Liz lui saisit le poignet pour l'en empêcher.

Je suis convaincue qu'ils détestent cela. Un peu nerveusement, je brise le silence, me lançant dans une longue description des photos numérisées qui m'ont servi dans mon travail. Je leur apprends que les feuilles d'imprimante minimisent les petits défauts et les irrégularités de la surface, que l'on voit si bien grâce à l'argile.

« Vous voyez ici, par exemple… » Je montre les photos alignées sur le comptoir, près de la sculpture. Liz hoche la tête, ne dit mot.

« Et j'ai d'autres perruques… », dis-je en étendant la main pour en prendre une. Cette fois, Liz lève la main, comme pour demander le silence.

Je ressasse désespérément mes explications à propos des limites de la sculpture judiciaire. Comment un modèle pourrait-il avoir la qualité d'un portrait alors que nous n'avons pas toutes les données nécessaires pour le réaliser? Néanmoins, comment se fait-il que des gens puissent, faisant abstraction de la piètre qualité d'une image judiciaire, reconnaître une victime, surtout si c'est un être cher? Mes reconstructions ont si souvent donné de bons résultats! Mais, pour être honnête, il est aussi arrivé qu'elles n'en donnent pas.

À ma grande surprise, Joe et Liz arborent tout à coup un grand sourire.

« Étonnant ! » dit Joe à voix basse.

« Plus qu'étonnant », corrige Liz. Se tournant vers moi, elle ajoute : « Je croyais que tu avais fait une sorte de Gumby[*], je ne sais pas trop, quelque chose de bizarre et de peu naturel. Mais ceci ressemble à un être humain. »

* * *

---

[*]   Personnage d'une émission de télévision pour enfants. N.D.T.

Trois mois plus tard, Shari Goss, une infirmière, aperçoit les quatre photos de ma reconstruction affichées au babillard d'une épicerie du voisinage. Elle fond en larmes. «Je la connais», dit-elle à l'épicier. Elle vient effectivement de reconnaître Mwivano Mwambashi Kupaza, de Tanzanie, qui faisait partie d'un échange d'étudiants et vivait à Madison, au Wisconsin, depuis trois ans. Kupaza, âgée de 25 ans, est la cousine de Peter Kupaza, âgé de quarante ans et ex-mari de Shari Goss. Cette dernière donne un coup de fil à la police de la communauté rurale de Wesby, où elle habite, et leur donne le nom de la jeune femme.

Joe et Liz mettent la main sur une photo de Mwivano, qui ressemble presque en tout point à ma reconstruction. Ils comparent les empreintes relevées sur les restes retrouvés aux empreintes digitales de Mwivano présentes sur ses dossiers médicaux. Nous avons une identification positive.

L'histoire que Joe et Liz reconstituent est à briser le cœur. Ils croient que Peter a violé Mwivano, qui est tombée enceinte et s'est fait avorter. Deux ans plus tard, il l'a tuée et démembrée à son domicile. Puis il a mis les restes dans des sacs de plastique et les as emportés près de la rivière.

Curieusement, personne n'a signalé la disparition de Mwivano Kupaza. Ses parents et ses amis, en Tanzanie, croyaient qu'elle se trouvait toujours aux États-Unis. Et de leur côté, ses amis et camarades de classe la croyaient retournée en Tanzanie.

Le procès de Kupaza est un événement dramatique. Les parents de Mwivano et de Peter arrivent par avion de Tanzanie. Ils assistent au procès, assis au premier rang. Shari Goss témoigne contre son ex-mari. Les larmes lui montent aux yeux lorsque le procureur lui montre plusieurs couteaux que le couple avait dans sa cuisine. Les procureurs suggèrent que ce sont ces couteaux qui ont servi à démembrer Mwivano. Le lendemain, les procureurs montrent des images vidéo au ralenti, superposant ma reconstruction en argile et la photo de Mwivano. Des jurés soupirent; les parents de Mwivano éclatent en sanglots.

Tout au long du procès, Peter clame son innocence. Le 21 juin 2000, Jason Shepard, du *Capital Times*, rapporte le témoignage de l'accusé : «J'aimerais vous dire aujourd'hui que je n'ai pas fait cela. Je n'ai pas fait cela. J'en suis incapable. Ma cousine me manque beaucoup.» Shepard ajoute que Kupaza parle de ses parents et de ceux de Mwivano comme d'une seule famille. David et Rebecca Mwambashi sont les parents de Mwivano, en même temps que l'oncle et la tante de Peter. Cependant, il parle d'eux et de son oncle Raphael comme s'ils étaient ses propres parents, et comme si Mwivano était sa propre sœur. «Pourquoi ferais-je pleurer mon père Raphael Mwambashi? Pourquoi ferais-je pleurer mon père David Mwambashi? Pourquoi lui briserais-je le cœur? Pourquoi ferais-je pleurer éternellement ma mère Rebecca? Pourquoi aurais-je fait ça à ma sœur? Je suis censé la protéger.»

L'oncle de Peter, Raphael Mwambashi, le patriarche de la famille, témoigne contre son neveu. «Il m'a trahi, affirme-t-il dans le même article. Nous savons maintenant qu'il n'a jamais été honnête envers moi.»

Reconnu coupable, Peter Kupaza se met à pleurer, tandis que les membres de la famille le fixent en silence. Il écope d'une peine de prison à vie sans possibilité de libération avant trente ans – décision signifiant qu'il ne pourra pas retourner en Tanzanie avant l'âge de 70 ans. Les parents de Mwivano avaient l'intention de ramener leur fille avec eux, mais ils décident plutôt d'enterrer ses restes au Wisconsin. Fervents Luthériens, ils choisissent la Coon Prairie Lutheran Church, à Westby, pour les funérailles.

«Grâce à vous, le fardeau est moins lourd à porter», déclare Raphael Mwambashi lors de la cérémonie. Ces propos sont rapportés par William R. Wineke dans le *Wisconsin State Journal* du 26 juin 2000. «Nous partons demain avec la satisfaction du devoir accompli. Nous laissons le corps de notre fille chez vous, sachant qu'elle est avec de bonnes gens.» Je ne peux pas assister aux funérailles, mais je suis fière d'avoir participé à la procédure qui a rendu justice à la famille de Mwivano Kupaza.

* * *

Dans l'affaire Kupaza, le crâne nous a été d'un précieux secours. Ce qui veut dire que nous avons pu donner un visage à la victime, et ensuite lui donner un nom. Mais que faire lorsqu'on n'a pas de crâne? Certains meurtriers savent combien les os du crâne sont utiles aux enquêteurs sur les lieux de leur crime, mais ils font tout pour camoufler l'identité de leurs victimes. Nous devons alors faire parler d'autres éléments de preuve.

C'est ce qui se passe lors du meurtre d'Everett Hall, un mineur handicapé de Pike County, au Kentucky. En 1966, sa femme convainc ses deux petits amis de le liquider. («Cette femme a un terrible pouvoir de persuasion», me dit un policier.) Les deux amants de Mme Hall abattent donc Everett d'un coup de balle dans la tête et décident de cacher son corps dans une mine désaffectée, espérant que le corps pourrira rapidement. Un an plus tard, lorsqu'ils se rendent sur les lieux pour voir où en sont les choses, ils découvrent que la température constante de la mine, son bas niveau d'humidité, et l'absence de moustiques et de larves, ont tout simplement momifié les restes. Ils coupent la tête d'Everett, la brûlent et l'enterrent dans un chantier de construction. Le bruit court que le crâne repose sous un petit centre commercial de Pikeville.

Le problème de la tête étant résolu, que faire du corps? Mme Hall et ses deux complices décident de dynamiter la zone de la mine. Mais personne n'a l'argent nécessaire pour acheter la dynamite. En échange de faveurs sexuelles, la femme reçoit les explosifs dont le trio a besoin – opération que les enquêteurs qualifieront plus tard de «jambes en l'air contre nitro».

Jusque-là, le plan s'est déroulé remarquablement bien. Hélas, les deux acolytes n'arrivent pas à faire exploser la charge correctement. La petite explosion fait simplement sauter quelques pierres et remplit l'endroit de poussière de charbon.

Nouvel essai : les trois assassins se disent qu'il faudrait trop d'années pour qu'il y ait assez de poussière pour dissimuler le corps sans tête. Ils mettent donc les restes d'Everett dans une brouette, puis le descendent plus profondément dans la mine. Les hommes envoient de nouveau leur inspiratrice quérir de la dynamite. Elle revient avec une grenade à main de fabrication artisanale! Faisant contre mauvaise fortune bon cœur, les assassins mettent au point un système complexe de poulies et de fils pour faire exploser la grenade une fois qu'ils se seront éloignés. Leur deuxième tentative est vouée à l'échec: l'arme n'est rien de plus qu'une grenade fumigène!

Une fois la poussière retombée, les deux hommes décident de faire un feu avec les poutres qui étayent le toit de la mine, puis d'installer le corps sur ce bûcher funéraire de fortune et de l'arroser d'huile de moteur. Mais leur instinct de survie prend le dessus. Ils savent qu'ils risquent de se faire écraser si la mine s'effondre, ou même de suffoquer à cause de la fumée condensée ce lieu clos. Ils abandonnent et s'en vont, laissant le corps sur le bois de charpente.

Malgré cette série rocambolesque de gestes criminels, le meurtre n'est pas découvert. On finit par retrouver le corps un an plus tard, grâce à l'arrestation de l'un des deux hommes pour un autre crime. Pour obtenir une réduction de peine, il dénonce ses complices. Un détective entre dans la mine, y trouve des restes osseux. Dans la crainte d'endommager des preuves en touchant au squelette, les autorités locales font appel à mes services.

Je reçois l'appel en fin de journée et je sais qu'il fera presque nuit lorsque j'arriverai à Pike County, tout près de la frontière de la Virginie-Occidentale. Qu'à cela ne tienne ! Dans une mine, il fait noir comme dans un four ! Le moment de la journée importe peu.

Je ne suis jamais descendue dans une mine. Pendant les deux heures de route, mon imagination a tout le temps de vagabonder. Je revois des films dans lesquels des gens sont emprisonnés dans le puits d'une mine qui va s'effondrer, ou dans une caverne perdue. À mesure que le soleil descend et que la nuit s'installe, il semble que ces images inventées deviennent de plus en plus réelles.

Mon arrivée sur les lieux ne calme pas mes craintes. Tandis que j'enfile ma combinaison et attache mes genouillères, le médecin légiste de Pike County, Charles Morris, me dit : « Vous savez, Doc, vous n'avez pas besoin d'entrer là-dedans si vous ne le voulez pas. Les inspecteurs des mines ont commencé à en discuter après que je vous ai appelée. Ils m'ont rassuré quant à la sécurité, mais ils hésitent à envoyer là-dedans une femme qui n'a jamais mis les pieds dans une mine. »

Je le fixe en silence pendant quelques secondes. Mon cœur bat la chamade. Tout le monde me regarde. Je sais qu'on va me juger d'après ma réaction. Je respire profondément.

« Tout d'abord, Charles, personne ne *m'envoie* dans cette mine. *J'accompagne* des gars qui t'ont affirmé qu'il n'y avait aucun danger. » Montrant les hommes du Bureau of Mine Safety, je souris malicieusement. Puis j'ajoute, très pince sans rire : « Bien sûr, s'ils veulent rester à l'air libre, je resterai avec eux. »

Les enquêteurs échangent un regard appréciateur. Rassérénée, j'ajoute : « De plus, Charles, est-ce vraiment si dangereux ? Voici l'entrée, qui est beaucoup plus large que je ne l'imaginais. Elle a au moins 4 m 50 de large sur 2 m 45 de haut. Je suis entrée dans des endroits beaucoup plus étroits que ça ! »

Cette fois, ce sont les inspecteurs des mines qui rient. Si j'étais plus attentive aux regards qu'ils échangent, je ravalerais sans doute mon orgueil et je resterais dehors. Mais je ne le fais pas. Bravement, je saisis mon casque de protection et ma plus grosse lampe torche…

« Non, Doc, ce n'est pas suffisant, dit Charles. Prenez plutôt ceci. » Il me tend un casque de mineur, bosselé et noirci, ainsi qu'une boîte de métal plate à laquelle sont reliés un câble isolé et une petite lampe. Tenant le casque d'une main et la boîte de l'autre, j'enroule une grosse ceinture de nylon tissé autour de ma taille.

« Mettez le casque d'abord, Doc. Je vais vous l'ajuster. »

J'obéis. Le couvre-chef me va parfaitement. Charles l'attache sur ma nuque, juste sous le bord du casque. Ensuite, il accroche la boîte de couleur orange à ma ceinture.

« Ceci est la pile de la lampe, explique-t-il. Elle est chargée et devrait durer tout le temps où vous serez dans la mine, à moins que vous ne vous perdiez ou ne restiez emprisonnée. » Il me regarde droit dans les yeux, mais ne peut garder son sérieux. Il a deviné mes craintes, c'est évident. Des inspecteurs des mines souhaitent bonne chance à ceux qui vont me guider à l'intérieur.

« Doc, je blaguais ! » lance Charles d'un ton rassurant. Il attrape le câble relié à la pile, fait une boucle qu'il attache derrière mon casque et fixe la lampe au-dessus de mon front, sur le rebord de métal. Pour s'assurer que tout fonctionne bien, il allume et éteint la lampe à plusieurs reprises. Le faisceau blanc semble assez puissant pour percer la demi-pénombre de l'entrée, mais quelle sorte d'éclairage en sortira quand je serai sous terre ?

« Il semble que vous soyez fin prête, Doc, dit Charles. Donnez-moi une minute pour enfiler mon costume, puis nous nous joindrons aux autres. En attendant, vous pourriez peut-être aller chercher un sac mortuaire et mon appareil photo à l'arrière de ma camionnette. »

Je m'exécute. En approchant de l'entrée de la mine, Charles prend le sac et l'appareil photo, ce qui me laisse les mains libres.

Aussi nonchalamment que possible, j'allume ma lampe, enfile mes gants favoris et suis les cinq membres de l'équipe de récupération, qui ont tous allumé leur lampe et se sont regroupés par deux. Nous marchons droit devant nous, côte à côte, sur une distance d'environ cent quatre-vingts mètres sous la montagne. La dernière lueur venant de l'extérieur disparaît. Nos petites lampes frontales font danser des ombres sinistres sur les parois, au rythme de nos pas.

Soudain, le puits rapetisse de façon spectaculaire, comme un entonnoir. Les parois et le plafond semblent se resserrer, jusqu'à ce qu'il n'y ait plus assez d'espace pour marcher côte à côte ou se tenir debout. Je suis frappée par le silence qui règne. Aucun bruit extérieur ne pénètre jusqu'à nous. Une vague de panique m'envahit; j'ai le souffle court, et des sueurs froides.

Je m'arrête net. « Un instant, les gars ! » Les inspecteurs qui me précèdent se retournent. « Je crois que j'ai des petits ennuis ! »

Le trac du débutant, c'est de l'histoire ancienne pour eux. Ils attendent, tout simplement, que le courage me revienne. Je suis certaine que ma gêne les amuse; plus d'un regard moqueur se dirige vers moi, mais, au fond, je m'en balance. Je vais m'en tirer très bien. Je me suis déjà rendue *si loin* !

À partir de ce moment, Charles ne cesse de faire des commentaires au sujet de l'affaire. Il veut m'occuper l'esprit pour m'empêcher de ressasser des images de danger.

« Nous savons qui est ce gars, Doc. Il a disparu il y a un an et demi environ, et le mec qui nous a dit où il a caché le corps a déclaré qu'il était complice du meurtre. Pendant que nous vous attendions, je suis allé de l'avant. J'ai apporté plusieurs radiographies de la victime afin que vous puissiez l'identifier demain, lors de l'autopsie. Je pense vous avoir dit que la tête a été coupée. En outre, il semble que des rats ou autres vermines lui aient rongé les doigts. Il n'y a plus de chair. Donc, pas d'empreintes. »

Je marche en canard, le dos courbé. La position est tellement inconfortable que je n'arrive pas à me concentrer sur l'affaire. Mes pauvres genoux et mon dos vont céder; ma seule consolation est que cela ne peut pas être pire…

Erreur. C'est pire. Les hommes, devant moi, s'arrêtent. L'un d'eux suspend une lanterne à un crochet enfoncé dans un simple poteau de soutien.

« Nous y sommes, dit-il en montrant un amas de charbon et de pierres plates. À partir de maintenant, nous allons devoir travailler à quatre pattes. Faites attention de ne pas vous cogner aux poteaux de soutien de l'autre côté de la pile. Pour une raison ou une autre, les hommes qui ont tué Hall ont enlevé la plupart des poteaux. Ceux qui restent gardent le puits ouvert, mais ce tas de roches est tombé au moment où nous sommes venus repérer le corps ce matin. Ne prenez aucun risque. »

Ne vous inquiétez surtout pas pour moi, me dis-je, j'ai déjà pris tous les risques possibles en venant jusqu'ici !

Sans aucune appréhension, les chefs de l'équipe d'inspecteurs se couchent par terre et se glissent dans une ouverture à peine assez grande pour laisser passer un homme de taille moyenne. Je ravale ma salive et je les suis. Nous rampons à quatre pattes sur ce qui semble une distance interminable de quatre-vingt-onze mètres. Puis nous tournons un coin et arrivons dans une caverne légèrement plus grande, à environ un kilomètre de l'entrée de la mine. C'est là que repose Everett Hall depuis dix-huit mois. Son corps momifié est couché sur le ventre, au-dessus du tas de bois de mine. Un doigt osseux pointe directement vers nous.

L'espace disponible est un peu plus large, mais pas plus haut que le puits que nous venons de traverser, ce qui laisse tout juste assez d'espace à mes cinq compagnons pour s'asseoir le dos au mur. Les voici donc assis, dirigeant leurs lampes frontales vers le cadavre et attendant que je fasse le prochain geste.

C'est l'occasion de me racheter de ma crise de panique. Je m'agenouille près du cadavre et commence à enregistrer mes observations sur magnétophone.

Le corps sans tête est à plat ventre et repose sur un tas de bois. Le corps semble s'être momifié à la suite de son exposition prolongée à un environnement dans lequel la température est constante et l'humidité basse. Il n'y a pas trace d'insectes ou d'asticots, mais il y a des traces de carnivores charognards. La peau a été enlevée sur le torse et les bras ; de petites marques de dents apparaissent sur le reste des tissus mous. Le bas du corps est enveloppé dans un sac de couchage de couleur foncée entouré de fil électrique. Le corps semble être recouvert d'un liquide foncé et visqueux, qu'il faudra identifier…

« C'est quoi, cette substance ? » dis-je. Une main sur le nez, j'essaie de sentir l'odeur du liquide graisseux. « C'est l'odeur de ma vieille voiture !

— C'est de l'huile de moteur ou du kérosène », répond Charles en soulevant un contenant posé derrière le corps. Il y en a quatre, et ils sont tous vides. Aucun mineur sensé n'apporterait ce genre de combustible ici. Ces gens ont voulu brûler le corps sur ce bûcher de fortune.

— C'est vraiment inflammable ? » demande le chef de l'équipe de secours, un soupçon d'inquiétude dans la voix. « Soyons très prudents. Ne prenez pas de photos au flash, ne grattez pas avec vos outils. Une seule étincelle et nous sommes morts. »

Très bien, mais y a-t-il *au moins* une bonne nouvelle ? me dis-je en mon for intérieur. Je n'ai jamais eu autant envie de fuir les lieux d'un crime de toute ma vie. Je ramasse quelques os épars et j'essaie d'imaginer de quelle façon nous allons bien pouvoir sortir le corps de cet endroit sans l'abîmer davantage. Bon, effrayée ou pas, j'ai du boulot. Quelqu'un doit prendre des photos avant de bouger le corps – des photos sans flash.

Je jette un coup d'œil du côté des hommes assis près du mur, bras et jambes croisés, comme une rangée de bouddhas. Il me vient une idée. « Je sais, les gars, que vous ne voulez pas vous approcher du corps, mais j'ai besoin que vous vous tourniez vers nous pour nous éclairer, Charles et moi. Si vous dirigez toutes vos lampes vers le corps, nous aurons assez de lumière pour prendre des photos.

Dieu merci, l'idée est acceptée. Après les photos, nous nous préparons à déplacer le corps. Mais il y a un hic : il a durci et il semble qu'il se soit « tordu » avec le temps ; certaines parties sont coincées entre la pile de bois et le plafond de la mine. Ma marge de manœuvre est très limitée. Je me couche sur le dos et soulève, par en dessous, le torse momifié. Charles retire les lourds morceaux de bois qui bloquent les épaules. Je répète mon manège pour les jambes, encore entourées du sac de couchage. Je ne sais trop comment nous y arrivons, mais nous réussissons à introduire le corps dans le sac mortuaire étendu sur le sol.

Charles prend la relève. « Ça va, les gars. Doc a fait son boulot. C'est le moment de nous aider à sortir la victime d'ici. »

Je prends un malin plaisir à voir l'impatience des autres à l'idée de sortir de ce trou. Tout le monde est debout avant même que Charles ait fini de parler. Heureusement, quelqu'un a pensé à apporter une corde, qu'on attache au bout du sac pour pouvoir le traîner. À cause de l'espace réduit, nous formons une chaîne, chacun tire à son tour. Lentement, nous rampons hors de la mine. Parvenus à l'endroit où nous pouvons nous redresser, nous pressons le pas, quatre hommes tenant un coin du sac. Nous sortons, enfin.

Je pousse un soupir de soulagement, me jurant en silence que *jamais, au grand jamais* je ne retournerai dans une mine de charbon. S'il y a un autre corps à l'intérieur, les inspecteurs des mines et le médecin légiste devront *me* l'apporter.

* * *

Sortir un corps d'une mine est un exploit, mais le travail n'est pas fini. Il faut maintenant établir l'identité de la victime, même si la police d'État et le médecin légiste sont convaincus qu'il s'agit d'Everett Hall. Je suis confiante. Charles a apporté une pile de radiographies à mon laboratoire de Frankfort. Avec toutes ces données médicales, nous confirmerons l'identité rapidement.

Au départ, tout baigne. Le pathologiste procède à l'autopsie, grâce à laquelle il fait un lien entre les restes de la victime et la description d'Everett Hall dans le signalement de personne disparue. L'amputation partielle, guérie, d'un pied, y figure. Puis c'est à mon tour d'entrer en scène. Je fais rouler la table dans la salle de radiologie. Je suis presque sûre que la radiographie de la colonne vertébrale me permettra d'établir un lien avec les films se trouvant dans les dossiers médicaux de Hall. À l'abri derrière la barrière protectrice plombée du laboratoire de radiologie, j'examine mon premier essai.

Ça ne concorde pas !

Bon, peut-être ai-je pris la radio dans un mauvais angle. Je jette un autre coup d'œil sur les films des dossiers médicaux, réajuste le corps et essaie de nouveau.

Sans succès.

Je prends plus de dix radiographies de la colonne. Quoi que je fasse, ça ne concorde pas.

Quand on regarde des radiographies *ante mortem* de la colonne, on commence toujours par les plus récentes, parce que les vertèbres changent quelque peu de forme au cours des années sous la pression du stress et du vieillissement. Au fil du temps, des petites excroissances osseuses, appelées « lippes », apparaissent généralement sur les bords de la colonne. Les radiographies des dossiers médicaux d'Everett montrent un nombre significatif de lippes et un effondrement partiel d'une des vertèbres, que l'on ne retrouve pas sur la victime. Il arrive que des gens se fassent opérer pour corriger ces problèmes, mais il n'y a aucune indication que Hall ait eu recours à une intervention chirurgicale de ce genre.

Et si ces restes n'appartenaient pas à Hall ? Si c'est le cas, pourquoi se trouvaient-ils à l'endroit précis décrits par un des amants de Mme Hall ?

L'hôpital aurait-il mal étiqueté les dernières radiographies et les aurait-il classées dans les mauvais fichiers ? J'examine toutes les radiographies de l'enveloppe. Chacune porte le même nom et le même numéro de patient, apposés au moment de l'examen radiologique. Durant trois jours, je tente de trouver une explication logique à cette contradiction, tandis que les autorités de Pikeville se montrent de plus en plus impatientes : elles veulent une identification positive afin d'arrêter les suspects et de les inculper du meurtre d'Everett Hall. À bout de nerfs, je consulte Tracey Corey, une des pathologistes de notre bureau de Louisville. Elle réfléchit un moment, puis me demande si Hall était couvert par Medicaid*. Je lui réponds par l'affirmative. Elle me suggère alors de comparer les radiographies de ce fichier à celles des autres dossiers médicaux de la victime.

Encore une fois, ça ne concorde pas. Il semble que le dossier de Hall contienne les radiographies de trois personnes différentes, toutes inscrites sous le même nom, avec le même numéro de patient. Apparemment, Hall prêtait sa carte d'assurance-maladie à d'autres personnes. Conclusion, je dois passer tout le dossier au crible, jusqu'à 1986, pour trouver des radiographies qui concordent avec la colonne de la victime !

---

* Aux États-Unis, programme d'aide médicale aux plus démunis. N.D.T.

Je vais tirer une bonne leçon de l'affaire Hall. Depuis, je suis tombée sur trois fraudes médicales en essayant d'identifier des victimes d'homicide en comparant des radiographies. On n'est jamais trop prudent lorsqu'on établit une identification positive.

* * *

Parfois, la preuve recherchée a été détruite par accident, ou par le meurtrier. Dans une affaire que je baptiserai plus tard « Redevenir poussière », je dois faire des pieds et des mains pour récupérer des restes humains dans des débris d'incendie – tâche ardue mais qui finit par porter ses fruits.

Gary et Sophie Stephens sont des époux respectés et très populaires dans leur communauté. Ils vivent à Coldiron, dans Harlan County, au Kentucky. Un soir de décembre 1997, ils disparaissent peu après un office religieux. Même s'il vit avec eux, leur fils, un facteur, affirme ne pas connaître leurs allées et venues.

Les autorités obtiennent un mandat de perquisition pour la demeure du couple. Les enquêteurs y trouvent de minuscules traces d'éclaboussures de sang, et un seul trou de balle dans un mur. Dans un effort concerté et collectif, la communauté fait, pendant trois jours, des recherches dans les montagnes, les forêts et les mines de charbon avoisinantes.

À la fin du troisième jour, un voisin découvre la camionnette des Stephens, abandonnée près d'un dépôt de tabac. Les détectives la transportent dans une semi-remorque à plateau, jusqu'à un garage, où ils la passent au peigne fin. Lorsqu'ils découvrent ce qui semble être des fragments d'os brûlés derrière le coffre à outils, ils me donnent un coup de fil.

Après une randonnée de deux heures, j'arrive au garage sis à Loyal. Je frappe à la porte. Personne ne me répond. Je klaxonne à plusieurs reprises et la porte s'ouvre enfin devant des agents de la police d'État, qui me font signe d'entrer. Je comprends alors pourquoi ils ne m'ont pas entendu frapper : une chaufferette au kérosène cylindrique hurle au milieu du garage, et la radio beugle pour enterrer le bruit. Le son est déplaisant, mais certainement pas la chaleur. Il est 19 heures et il fait glacial. La température est en dessous du point de congélation.

« Heureux que vous soyez venue si rapidement, me dit un détective que je connais uniquement sous le nom de Smitty. Philip est à la rivière, mais il sera de retour dans quelques minutes. »

C'est ma première affaire dans Harlan County, mais j'ai fait la connaissance du médecin légiste Philip Bianci lors des cours que j'ai donnés aux médecins légistes du Commonwealth. Je reconnais presque tous les agents avec lesquels j'ai déjà travaillé. Après les poignées de mains d'usage, Smitty m'aide à retirer mon manteau et me montre la camionnette recouverte d'une bâche bleue.

« Philip aimerait que vous jetiez tout de suite un coup d'œil au contenu de la camionnette. On veut s'assurer qu'il s'agit bien d'ossements humains. »

Ce sont en effet des os humains, ou plutôt des fragments d'os incinérés mêlés à de la cendre et à de la terre qui se sont infiltrées dans les coins du plateau de la camionnette. J'ai l'impression qu'on a balayé le plateau, mais pas entièrement. Il y reste des petits tas.

Smitty prend sa radio pour communiquer avec le médecin légiste et les enquêteurs qui recherchent les corps. Les voisins ont déclaré avoir vu le fils des Stephens près d'un gros incendie qui fait rage dans la forêt depuis deux jours. Dans la partie rurale du Kentucky, on a généralement recours au feu pour nettoyer les champs et détruire les ordures, mais cet incendie ressemble à un feu allumé volontairement.

La nuit est tombée, un vent glacial souffle, ce qui n'empêche pas les agents de se rendre sur le site de l'incendie, d'entourer les lieux d'un ruban jaune et de bloquer le passage vers le chemin. Quelques hommes se déploient pour questionner les résidants, qui leur ont déjà affirmé avoir vu la camionnette des Stephens près de la voie ferrée qui longe la rivière Cumberland, à quelques kilomètres d'un endroit appelé Big Rock. Une agente s'y rend, puis emprunte la piste qui mène à un gros rocher surplombant la rivière. La lumière de sa lampe de poche danse sur le sol au rythme de ses pas. Tout à coup, à quelques centimètres de l'eau, elle aperçoit, sur les cailloux jonchant la rive, des os et des cendres. Elle installe un autre périmètre de protection et appelle Smitty.

Pendant ce temps, au garage, nous écoutons la radio et préparons la journée du lendemain. Nous devons fouiller au moins trois lieux de crime : la camionnette, le site de l'incendie, et la berge de la rivière.

« Commençons par le plus facile, dis-je à Smitty. Nous pourrons examiner la camionnette ce soir grâce à la lampe fluorescente, et dans une chaleur relative. » Je suis désolée pour les agents qui vont devoir passer la nuit près des deux autres lieux, mais je suis déjà absorbée par le problème qui consiste à retirer les os de la camionnette.

Ce n'est pas facile. Les éclats d'os sont tellement brûlés qu'ils se désagrègent et coulent entre mes doigts. Je décide de me servir d'une truelle. Je la glisse doucement sous les cendres, que je ramasse pour les répandre sur un lit de papier hygiénique, au fond de mes boîtes de plastique.

Je nettoie le plateau de la camionnette. Ce n'est qu'une partie du travail. Des fragments d'os et des cendres se sont infiltrés derrière le coffre à outils, sous les gonds du hayon et derrière le pare-chocs – des endroits difficiles d'accès.

Bien évidemment, je pourrais arroser la camionnette au boyau, mais qu'arriverait-il à la preuve ? Pour identifier les victimes, j'ai besoin de tous les morceaux d'os et de dents. Retrouver des éléments pour les comparer aux dossiers médicaux et dentaires de Gary et de Sophie ne sera pas facile. Pas question de perdre une pièce qui pourrait être cruciale.

Je trouve enfin une solution. Elle a le don d'amuser Smitty et les autres, mais ils n'en acceptent pas moins de m'aider. Nous poussons la camionnette jusqu'à un gros drain d'évacuation. À l'aide de deux crics, nous faisons pencher le camion de côté et vers l'arrière, de sorte que l'arrière gauche se retrouve plus bas. Ensuite nous installons un tamis à petites mailles sur le drain, et nous arrosons le camion aussi légèrement que possible.

À minuit, nous avons assez de particules pour remplir un seau de sept litres et demi. Je le recouvre d'un plastique résistant et le ferme hermétiquement à l'aide de ruban adhésif en toile. J'examinerai ces particules de plus près à mon retour au laboratoire.

Philip m'a réservé une chambre de motel. Je suis heureuse de me glisser dans un lit bien chaud. Ma camionnette, toujours prête à partir, contient une brosse à dents, des vêtements propres et une paire de bottes sèches. Et Dieu que j'en ai besoin cette fois-ci !

Philip, les agents de police et moi travaillons côte à côte pendant les deux jours suivants, par un temps glacial, recueillant des fragments d'os et de dents sur six lieux différents. Le tueur a bien essayé d'éliminer les restes, mais le feu est rarement aussi efficace qu'on ne le pense. Il reste presque toujours une partie du corps, même s'il est difficile de la repérer dans les cendres et les décombres.

À un certain endroit, nous trouvons des fragments d'os humains et du sang, preuve qu'au moins une des victimes y a été incinérée. Un expert des incendies criminels nous a déjà indiqué que le criminel a arrosé le sol de kérosène et a attisé le feu à l'aide d'un râteau, jusqu'à ce qu'il ne reste que des fragments et des cendres. Ensuite, le tueur a apparemment chargé les décombres dans la camionnette et a quitté la forêt. Mais les cahots ont fait tomber quelques éléments de preuve le long de la route. Voilà pourquoi nous avons trouvé des petits tas de cendres contenant des fragments d'os humains. Mes collègues et moi suivons cette piste de cendres, recueillant et documentant ce qui doit l'être. Je ne peux m'empêcher de songer aux petits oiseaux qui ramassent les morceaux de pain, sur le chemin parcouru par *Hänsel et Gretel*.

Au bout du chemin qui mène à Big Rock, nous tombons sur un autre tas de cendres, plein d'os, de même que sur des traces de pneus correspondant à ceux de la camionnette des Stephens. La piste donne sur une falaise abrupte qui surplombe la rivière Cumberland. Les eaux glacées et agitées ont usé le calcaire de la falaise et creusé, au fond de l'eau, un grand bassin de plus de trois mètres de profondeur, plein de tourbillons. Le meurtrier a jeté le plus gros des cendres dans l'eau, mais des mottes d'os et de cendres se sont accrochées aux rochers de la berge.

J'en suis quitte pour deux journées pénibles, à vaciller sur des roches glacées tandis que je déloge, au pinceau, les cendres des crevasses. Je les mets ensuite dans une pelle à poussière et transvide le tout dans mes boîtes de plastique tapissées de papier hygiénique. Pendant ce temps, la police fait appel à des plongeurs sous-marins de Louisville pour sonder le fond de la rivière. Ils y trouveront d'autres fragments d'os.

De retour à mon laboratoire, je fais face à une tâche fastidieuse : tamiser quelque trente-six kilos de cendres mêlées de terre et de débris d'incendie. Nous connaissons tous l'identité des victimes, mais je suis la seule qui dois la prouver et rassembler assez d'éléments pour confirmer la cause de leur mort et la manière dont elle s'est produite.

Je sais que les morceaux d'os les plus gros et les plus révélateurs ont été retrouvés sur la berge de la rivière. J'ouvre donc ces boîtes en premier, retirant les quarante-trois fragments un à un et les déposant sur du papier de boucherie blanc. Lorsque je découvre deux têtes fémorales complètes, chacune provenant du haut d'un fémur droit, je sais que nous sommes en présence de restes de deux personnes. Encore faut-il que je prouve qui sont ces gens. Philip a mis la main sur les dossiers médicaux et dentaires de Gary et de Sophie, mais je n'ai pas encore trouvé de fragments d'os et de dents qui concordent avec ces documents.

Le tri est une étape lente et absorbante, mais les radiographies que je vais prendre me viendront certainement en aide. Je dépose des cuillerées de cendres sur un plateau en fibre de verre de style cafétéria, lissant les débris avec les doigts jusqu'à ce qu'ils aient 2 cm 5 d'épaisseur. Ensuite, je prends une radiographie du plateau, afin de relever les différences entre l'os, le bois et le métal. Lorsque je repère quelque chose qui pique mon intérêt, je place la radiographie au-dessus du plateau et j'identifie l'emplacement de chaque pièce dont j'ai besoin.

Je tamise ainsi des centaines de cuillerées de cendres, et relève plusieurs morceaux d'os, de dents et de métal. Après une douzaine d'heures de ce travail fastidieux, mon cœur cesse de battre un moment. Sur une radiographie, je vois un morceau de métal aux coins dentelés et en forme de U. Grâce à ma formation en orthopédie, je sais qu'il s'agit d'une de ces agrafes médicales utilisées pour réparer ou reconstruire des ligaments de genoux. Le morceau de métal est recouvert de cendres. Je le nettoie soigneusement et j'y découvre le logo du manufacturier et le numéro du modèle.

Je cours jusqu'à mon bureau et prends la pile de dossiers médicaux entassés sur mon pupitre. J'y cherche frénétiquement la preuve d'une opération au genou. Elle est là ! Gary Stephens a subi une restauration des ligaments d'un genou à Knoxville, quelques années auparavant. Coup de fil à son médecin, qui confirme que l'agrafe utilisée lors de l'intervention est de même marque, de même modèle et de même grandeur que celle que je viens de découvrir.

Une identification positive vient d'être trouvée pour Gary. Reste Sophie. Poussée par une vague d'enthousiasme, je continue à radiographier des douzaines d'autres plateaux de débris, espérant identifier quelque chose concernant Sophie. C'est une démarche lente, peu gratifiante. Les radiographies me mènent à un nombre effarant d'impasses : des morceaux de métal qui se révèlent des dents de fermetures éclair ; des rivets de jeans ; et même quelques crochets de lacets…

Il est vrai que j'ai trouvé plusieurs plombs de grenailles. Mais il n'est pas inhabituel de trouver ce genre de plombs, et même des balles, dans les maisons, les véhicules ou même dans les poches de résidants ruraux du Kentucky. Ce n'est donc pas une preuve de meurtre.

Tout à coup, j'aperçois enfin quelque chose d'utile : un plomb de grenaille serti dans le fragment d'un os de la colonne. Retenant mon souffle, j'enlève délicatement la cendre qui l'entoure. Victoire ! J'ai maintenant la preuve qu'au moins une des victimes a été abattue.

Toutefois, je n'ai toujours pas trouvé la preuve qu'il y a des cendres de Sophie sur ma table. Au bout du troisième jour, à midi, je commence à perdre espoir. Il ne me reste que le seau contenant les débris arrosés de la camionnette. Lorsque j'ai jeté un coup d'œil sur ces débris, le premier soir, pendant qu'ils s'égouttaient sur le tamis je n'ai rien remarqué d'intéressant et je ne m'attends pas à faire de découverte aujourd'hui.

Bien sûr, j'ai l'aide de la radioscopie. Je poursuis donc mes fouilles, étendant la cendre et scrutant les radiographies. Les heures s'égrènent, sans résultat. Puis, au moment où je tamise ma toute dernière poignée de cendres, je remarque une forme étrange qui ne ressemble en rien à ce que j'ai vu sur les trois douzaines de radiographies précédentes. Je place le film sur le plateau et, tamisant soigneusement le fouillis, mes doigts rencontrent un petit objet dur. Il est noir et recouvert de cendres. Je ne vois de quoi il s'agit qu'après l'avoir rincé. Je pousse un soupir de soulagement : je tiens la couronne en porcelaine d'une dent, la même couronne qui apparaît sur les dossiers dentaires de Sophie !

Les deux victimes identifiées, nous sommes en mesure de faire la preuve que l'une d'elles a reçu une balle dans le dos. Les experts en incendies criminels pourront témoigner qu'un individu a intentionnellement incinéré des corps humains dans la forêt, et je peux attester que les cendres de deux personnes ont été jetées dans la rivière. L'une de ces personnes est Gary Stephens. Je peux aussi affirmer que des os humains et des dents ont été découverts dans la camionnette des Stephens et que l'un des fragments de dent appartient à Sophie.

Bien qu'il soit impossible de séparer les restes, il semble approprié d'inhumer le mari et la femme ensemble, unis dans la mort comme ils l'ont été dans la vie. Leur fils Gary est accusé de meurtre. Il plaide non coupable. Mais devant la menace de la sentence de mort, il se ravise. Il plaide coupable lors de son procès, à l'automne 2002. Il est condamné à la prison à vie.

L'affaire « Redevenir poussière » m'a appris une chose importante : aucun détail n'est anodin, surtout lorsqu'on traite des victimes brûlées. Comme les autres affaires du présent chapitre, celle-ci met en lumière les nombreuses difficultés qui attendent ceux qui tentent d'identifier des restes humains. Ces difficultés sont déjà énormes quand on est devant une seule victime, mais lors d'une explosion, d'une déflagration faisant des douzaines, voire des centaines de victimes, l'identification des individus constitue un véritable défi. Et pourtant, qu'il y ait une seule victime ou plusieurs centaines, les règles de base ne changent pas : il faut procéder lentement, garder un œil attentif sur chaque détail, et se préparer aux surprises.

CHAPITRE 7

OKLAHOMA CITY

Quand nos consciences deviendront-elles assez
sensibles pour que nous travaillions à prévenir
la misère humaine plutôt qu'à la guérir ?
ELEANOR ROOSEVELT

L'avion se pose au moment où je remets mes revues universitaires dans ma serviette. Je les ai lues cent fois au Kentucky; après tout, j'ai moi-même écrit quelques-uns de ces articles. Depuis l'appel du FBI, deux jours plus tôt, je ne cesse de les relire afin de les connaître sur le bout des doigts. Le FBI fait appel à mes services de conseillère pour la plus vaste enquête policière de l'histoire des États-Unis : l'attentat de l'édifice fédéral Murrah, à Oklahoma City. Je ne prends aucun risque, il faut que je connaisse bien ma matière.

Nous sommes le 3 août 1995. L'enquête du FBI dure depuis quatre mois et demi. Danny Greathouse, agent spécial à la tête de la Disaster Identification Unit, m'a donné un coup de fil dès le début de l'enquête. Plusieurs experts judiciaires sont disponibles, par exemple ceux que le FBI consulte habituellement à l'Armed Forces Institute of Pathology (AFIP) et au Smithsonian Institute, de même que l'excellente équipe du bureau du médecin légiste d'Oklahoma City. Toutefois, comme j'ai déjà travaillé dans une affaire délicate du FBI, à Waco, l'agent spécial Greathouse veut être sûr d'avoir du renfort si cela s'avère nécessaire.

La tâche d'identification s'est déroulée sans moi, et je ne pensais pas être appelée. Puis, il y a dix jours, Greathouse m'a donné un autre coup de fil pour me dire que je devais m'attendre à recevoir un appel du docteur Douglas Ubelaker. Cette fois, ils n'ont plus seulement besoin de renforts, ils ont besoin de *moi*. Un élément important de l'affaire a trait à l'identification d'une jambe démembrée. Une grande partie de ma thèse de doctorat portait sur les caractéristiques raciales de l'échancrure bicondylienne, la partie distale du fémur se trouvant à la hauteur du genou. Le docteur Ubelaker savait que j'ai en outre publié un article sur le sujet. Coïncidence comme il s'en produit tout au long de ma carrière, la découverte que j'ai faite en résolvant un casse-tête au cours du docteur Bass est exactement la pièce qui manque ici, à Oklahoma City.

L'agent spécial Barry Black m'accueille à l'aéroport international Will Rogers et m'amène à vive allure au bureau du médecin légiste. Le docteur Fred Jordan, médecin légiste, et son collègue, le docteur Larry Balding, me souhaitent la bienvenue et me conduisent dans la salle d'autopsie, où m'attend la mystérieuse jambe.

« À vous de jouer, Emily, me lance Barry. Je reviendrai dans une heure pour voir où vous en êtes. »

Je prends une grande respiration, songe aux cent soixante-huit vies volées dans l'attentat, ainsi qu'à Timothy McVeigh et Terry Nichols, qui sont derrière les barreaux, inculpés pour cet horrible crime. Puis j'efface toute pensée de mon esprit et commence l'examen de la jambe. Devant cette table, je suis simplement et uniquement une scientifique.

* * *

Lorsque la bombe explose, ce matin du 19 avril 1995, des centaines de personnes se trouvent à l'intérieur de l'édifice fédéral Murrah. Ce sont des agents fédéraux, mais surtout des civils, dont certains travaillent pour l'agence fédérale. Il y a des employés qui nettoient les locaux ; des chômeurs en train de remplir une demande d'emploi ; des solliciteurs d'aide sociale ; des futurs voyageurs faisant une demande de passeport ; et des parents venus déposer leurs enfants au service de garde pour la journée. La garderie se trouve à l'avant de l'édifice.

À 9 h 02, un énorme camion piégé, garé devant le building, explose et détruit l'édifice. Des équipes d'urgence arrivent immédiatement sur les lieux et se lancent dans une opération massive de sauvetage. Ils réussissent à évacuer des centaines de victimes blessées et en état de choc. Lorsque la poussière retombe, cent soixante-huit personnes, dont dix-neuf enfants, manquent toujours à l'appel. Quinze enfants étaient au service de garde; les quatre autres accompagnaient leurs parents.

L'enquête débute tout de suite, tandis que le médecin légiste et son équipe examinent et tentent d'identifier les corps et les parties de corps qui se trouvent encore dans l'édifice. Pendant ce temps, le FBI fait appel aux anthropologues judiciaires du Smithsonian Institute et de l'AFIP. Comme il s'agit d'un acte de terrorisme et d'un homicide de masse, les préoccupations du FBI dépassent de loin la simple identification les victimes. L'organisme fédéral veut retrouver et documenter tout élément de preuve afin de poursuivre celui ou ceux qui sont responsables de ce terrible crime.

Le médecin légiste peut aussi compter sur les services du docteur Clyde Snow, éminent anthropologue judiciaire qui est son conseiller depuis plusieurs années. Lorsque le docteur Snow ne se trouve pas en Argentine pour faire enquête sur la mort des «disparus» – ces victimes des escadrons de la mort pendant la guerre civile des années 1970 –, il s'occupe des dossiers du médecin légiste. Il se lance donc dans la difficile identification des victimes. Grâce à l'aide inestimable de toute l'équipe du médecin légiste et des sauveteurs locaux, les enquêteurs réussissent à découvrir et à identifier toutes les victimes, sauf trois, avant la fin du mois de mai.

Lorsque je pense à leur mission, je me dis que l'examen des corps des victimes a dû être, pour eux, une triste expérience. Ceux qui ont fait enquête dans les décombres de l'édifice vivent à Oklahoma City et dans la périphérie, comme les victimes elles-mêmes. Selon toute probabilité, ils se sont souvent trouvés devant les corps brisés et déchiquetés de personnes qu'ils connaissaient : un collègue, un voisin, un ami. Je n'ai jamais pratiqué d'autopsie sur une personne que je connaissais, et encore moins sur un proche. J'imagine combien cette expérience peut être douloureuse.

À la fin du mois de mai, les sauveteurs ont extrait tellement de débris de la base de l'immeuble éventré que les ingénieurs en concluent qu'il est hasardeux de poursuivre les excavations. Selon eux, les corps de trois victimes sont encore dans l'édifice. La seule façon de les en sortir est de faire imploser le bâtiment. On évitera ainsi qu'il s'écrase sur les sauveteurs. Ces derniers pourront ensuite s'aventurer dans les décombres et récupérer les corps. Bien sûr, l'implosion de l'immeuble pourrait endommager les restes. Mais c'est un risque à prendre.

Même s'ils ne peuvent se rendre jusqu'aux corps, les enquêteurs ont une bonne idée de l'endroit où ils se trouvent. Le 29 mai, ils vaporisent de la peinture de couleur vive sur la zone à atteindre, puis laissent aux ingénieurs experts le soin de faire tomber l'édifice. On espère que la peinture indiquera le côté des décombres où il faut se rendre pour tenter de dégager les trois corps.

L'opération se déroule comme prévu. Après l'implosion, les secouristes retrouvent très vite les corps en question. Au pied de cet immense amas de décombres, ils découvrent également un fragment de jambe. La chair est décomposée. Le problème, c'est que personne n'est en mesure de relier ce membre à un seul des corps retrouvés.

* * *

Pendant ce temps, la recherche des auteurs du crime se poursuit. Moins de deux jours après l'attentat, un agent de la police d'État intercepte une Mercury jaune sans plaque d'immatriculation. Le conducteur, Timothy McVeigh, est arrêté à quelque cent trente kilomètres au nord d'Oklahoma City. Il est mis en prison pour des infractions qui n'ont rien à voir avec l'attentat : il n'a ni plaque d'immatriculation, ni preuve d'assurance automobile, ni permis pour le pistolet qu'il cache sous l'aisselle. Alors qu'on est sur le point de le remettre en liberté sous caution, des enquêteurs qui échangent des renseignements sur les ordinateurs de l'État le relient à l'attentat d'Oklahoma City. On le garde donc en prison, le temps que le FBI étudie cette piste. Peu après, un jury d'accusation inculpe McVeigh pour l'attentat contre l'édifice fédéral d'Oklahoma City.

Les gens qui connaissent McVeigh le décrivent comme un hégémoniste blanc membre d'une milice d'extrême droite. Les enquêteurs concluent rapidement que l'homme est responsable de l'attentat, mais qu'il n'a pas agi seul. Par la suite, les policiers épinglent et accusent Terry Nichols, un autre présumé hégémoniste membre de la même milice.

McVeigh comparaît au tribunal. Ses avocats ont tôt fait de suggérer qu'une troisième personne est mêlée à l'attentat, un homme que l'on désigne comme étant Monsieur X n° 2. Avant l'arrestation de McVeigh, les policiers ont trouvé un essieu provenant de la camionnette de la compagnie Ryder dans lequel se trouvait la charge explosive. Ils ont fait le lien entre cet essieu et le véhicule loué dans une succursale de Ryder au Kansas. Ils se sont rendus à l'agence de location pour interroger des employés. Ces derniers ont déclaré aux policiers qu'il semblait y avoir deux hommes dans la camionnette. En fait, Monsieur X n° 1 est bien McVeigh. Mais qui est le mystérieux Monsieur X n° 2 ? Nichols, sans doute. Il semble toutefois qu'il se trouvait à des centaines de kilomètres d'Oklahoma City au moment de l'attentat. Les avocats de McVeigh suggèrent donc que le troisième homme – qu'on n'a jamais découvert – est le cerveau de l'attentat, Mc Veigh et Nichols n'étant que des pions.

Steven Jones, avocat en chef de la défense, découvre à qui appartient la « jambe de trop ». Dans son ouvrage sur le procès, intitulé *Others Unknown*, il prétend avoir fait cette découverte accidentellement au cours de l'été grâce à un indice transmis par un policier. Il fait part de cette histoire à un reporter du *Dallas Morning News* et du magazine *Time*, qui révèlent l'existence d'une jambe non identifiée « de trop ». Du jour au lendemain, ce membre fait l'objet d'une controverse nationale.

Jones est d'avis que cette jambe peut être utile dans cette affaire, puisqu'elle appartient au « véritable » architecte de l'attentat d'Oklahoma City. Selon lui, les procureurs fédéraux ont délibérément – et malhonnêtement – caché cette information à propos de la jambe, qui, ajoute-t-il, appartient à un Blanc qui portait un treillis militaire.

En fait, les experts judiciaires croient qu'il s'agit de la jambe d'un Blanc, mais ils n'en sont pas tout à fait certains. Ils ne sont pas évasifs, ils ne savent tout simplement pas. Depuis qu'on a retrouvé le membre, des experts du bureau du médecin légiste d'Oklahoma City l'ont examiné, ainsi que des spécialistes du FBI venus de Washington. Au cours de ces deux analyses, les experts ont relevé certains éléments curieux, ce qui les a poussés à revoir leurs conclusions.

Certains faits sont confirmés. Ainsi, les experts ont établi que la jambe avait subi une amputation traumatique à environ 15 cm du genou, amputation sans doute causée par l'explosion. En outre, ils ont fait la preuve que le membre se trouvait très près de l'épicentre de l'explosion initiale. Sous la force de l'impact, des éclats de plastique bleu, provenant sans doute des cylindres qui retiennent les explosifs, se sont retrouvés dans l'os. Le pied portait deux paires de chaussettes foncées et une botte de combat ornée d'une courroie de style militaire, le genre de dispositif utilisé pour retenir le bord du pantalon d'un soldat.

Le vêtement appartient manifestement à un homme, bien que certaines femmes portent aussi des uniformes de combat. Les données concernant les os sont ambiguës. La jambe peut tout aussi bien être celle d'une femme robuste que d'un homme de taille moyenne. Les anthropologues s'appuient sur les probabilités statistiques voulant que les os des hommes soient plus gros que ceux des femmes, mais, étant donné les variations selon les espèces humaines, ces possibilités restent de simples hypothèses statistiques. Aucune règle absolue ne peut servir à départager les sexes à partir de la seule taille des os.

Parfois, on a recours à d'autres indicateurs, mais ils ne sont pas totalement fiables. Ainsi, les enquêteurs remarquent certes qu'une jambe a été rasée, mais toutes les femmes ne se rasent pas, et certains hommes le font. Des ongles d'orteils vernis sont un meilleur indice du sexe, bien qu'il y ait des femmes qui ne portent pas de vernis à ongles sur les ongles des pieds, et que certains hommes le fassent. Dans la présente affaire, aucun indice ne donne une image simple et définitive du sexe de l'individu.

Les enquêteurs n'en savent pas davantage sur la race de l'individu à qui appartenait la jambe. L'explosion l'a endommagée. Elle est partiellement décomposée. Comme elle a reposé dans les débris pendant quelques semaines, la peau a déjà commencé à se décolorer. Or, la peau est plutôt pâle. Est-ce que cela signifie qu'il s'agit du corps d'un Blanc, ou que l'épiderme s'est détaché? Certaines parties de la peau sont plus foncées que d'autres. Est-ce dû à la pigmentation naturelle, ou à la décomposition?

Bien que les enquêteurs puissent voir *de visu* la couleur de la peau, ils savent bien qu'un tel indice visuel constitue un indicateur peu fiable de l'identité raciale. Souvent, la peau change au cours de la décomposition et, dans nos États-Unis bigarrés, des gens de toutes colorations se disent «Blancs» ou «Noirs», alors que certains Blancs ont un teint visiblement plus foncé que celui de personnes qui se disent afro-américaines.

Étant donné que la preuve est floue, les experts d'Oklahoma City émettent des résultats peu concluants. La jambe appartient sans doute à un Blanc, et il s'agit d'un homme à 75 %, d'une femme à 25 %. Ils font parvenir des échantillons de tissus et de poils aux spécialistes du FBI à Washington.

Ces derniers s'appliquent à revoir les résultats, même s'ils hésitent à rendre un rapport, vu l'ambiguïté de la preuve. Les tests du FBI concluent que l'individu n'est sans doute pas un homme, mais bien une femme, qu'il n'est pas un Blanc, mais un Noir.

Leur conclusion s'appuie sur un certain nombre de facteurs, incluant les poils foncés retrouvés sur la jambe. Mais ils savent fort bien qu'il est difficile d'établir l'identité raciale à partir des seuls poils, les cheveux étant de meilleurs indicateurs. Bien évidemment, si les poils de la jambe étaient naturellement blonds, ils en concluraient que la personne est blanche. Par contre, des gens de toutes races ont des poils de jambes noirs ou brun foncé.

Si la jambe n'avait pas été amputée, les experts auraient pu examiner la courbure dans la diaphyse du fémur qui, comme je l'ai appris à l'université, est un indicateur assez fiable pour séparer les Blancs des Noirs. Dans cette affaire, cependant, le fémur s'arrête juste en haut du genou. C'est alors que les docteurs Ubelaker et Snowm, se rappelant mon article sur les composantes raciales dans la structure osseuse du genou, m'appellent à la rescousse.

* * *

Pendant ce temps, les avocats de la défense font grand cas de la découverte de la jambe. Croyant être en mesure de jeter le blâme sur cette jambe énigmatique, ils affirment, dès le début de l'enquête, qu'elle est celle du « véritable plastiqueur ». Ils reviennent aux premiers rapports au sujet de Monsieur X n° 2 – un homme costaud aux cheveux foncés portant une casquette de baseball. Cet homme mystérieux, soutiennent les avocats, est le coupable. C'est celui qui mérite la peine de mort, et non leur client.

Jones et son équipe mettent au point une défense élaborée, basée sur cette mystérieuse jambe. Premièrement, font-ils remarquer, on a trouvé la jambe en plein épicentre de l'explosion, l'endroit le plus vraisemblable pour la position du « vrai plastiqueur ».

Deuxièmement, le premier examen judiciaire a conclu que la jambe appartenait sans doute à un homme blanc – le profil le plus probable pour ce type de terroriste. Puisque l'explosion semble être l'œuvre d'hégémonistes blancs et de miliciens d'extrême droite, il paraît impossible qu'un Noir ou une femme ait été le « vrai plastiqueur », d'autant plus que McVeigh n'aurait jamais accepté d'obéir aux ordres d'une personne autre qu'un « officier supérieur » de son groupe – nécessairement un Blanc de la milice d'extrême droite.

Lorsque le FBI émet une seconde opinion, voulant que les restes soient ceux d'une femme noire, la défense y voit une tentative évidente du gouvernement fédéral de remporter sa cause contre McVeigh. On scrute les analyses du laboratoire du FBI parce que, depuis l'affaire O. J. Simpson, le docteur Frederick Whitehurst a dénoncé l'organisme, l'accusant d'avoir falsifié les résultats du laboratoire en faveur des procureurs.

La défense ajoute que l'on ne peut relier cette jambe à une seule des victimes retrouvées et identifiées. S'il y a une victime « inconnue », ce doit être nécessairement quelqu'un qui ne se trouvait pas dans l'édifice fédéral, ce qui suggère que la jambe appartient au « vrai plastiqueur ».

En somme, la plus grande partie de l'affaire se résume au mystérieux Monsieur X n° 2, cet homme blanc costaud portant une casquette de baseball, que plusieurs témoins affirment avoir vu en compagnie de McVeigh quelques jours avant l'attentat. La défense fait des pieds et des mains pour prouver que cette jambe appartient à Monsieur X n° 2, alors que l'accusation s'efforce de prouver que c'est faux. La défense est prête à accuser les procureurs de maquiller les résultats pour dissimuler l'identité du « vrai plastiqueur » et déclarer McVeigh coupable à sa place.

C'est la raison pour laquelle l'identification de la race et du sexe de la jambe est devenue un enjeu aussi crucial. Un groupe de personnes de haut niveau, y compris Clyde Snow et des experts du bureau du médecin légiste, du FBI et du Smithsonian, se réunissent pendant une journée afin de décider de la marche à suivre. C'est à la fin de cette journée que je reçois un coup de fil à mon bureau de Frankfort, au Kentucky.

Le docteur Doug Ubelaker, premier anthropologue judiciaire conseil du FBI au Smithsonian, m'explique le problème. Il a lu, dans le *Journal of Forensic Science*, mon article ayant trait à ma découverte au sujet des variations raciales dans l'échancrure bicondylienne du fémur. Après discussion avec les autres membres du groupe, tous ont convenu de m'inviter à Oklahoma City pour mettre en pratique ma théorie sur la jambe mystérieuse. Le FBI remboursera mes frais, mais il a besoin de moi dès que possible.

Je suis flattée, bien sûr, et je réponds que je ferai de mon mieux. Vérification faite auprès de mon employeur, je rappelle Ubelaker le lendemain et accepte de m'envoler vers Oklahoma City. Après un vol de quelques heures, je me retrouve au bureau du médecin légiste, où l'on me présente au docteur Larry Balding, le pathologiste médicolégal d'Oklahoma City, qui a fait presque toutes les analyses des restes retrouvés dans l'édifice. Balding est une des personnes avec lesquelles je vais travailler. J'éprouve un immense respect pour lui, ainsi que pour le médecin légiste Jordan et, bien sûr, pour le docteur Snow. À mes yeux, ce sont tous des héros. Me retrouver dans une morgue inconnue et travailler avec ces gens sur une affaire aussi grave me remplit de fierté.

Toutefois, les bruits et les odeurs de la morgue me sont grandement familiers. Membre du personnel judiciaire au Kentucky depuis plus d'un an, je suis en terrain connu dans une salle d'autopsie. Je passe donc une journée éreintante mais satisfaisante à scruter chaque centimètre de la jambe, à analyser les tissus, à examiner les radiographies et à prendre des notes.

Tout au long de la journée, le docteur Balding et quelques agents du FBI viennent se pencher au-dessus de mon épaule, impatients de connaître quelques conclusions préliminaires. J'hésite à « penser tout haut », comme d'habitude, avant d'être certaine de ce que je vois. Cette affaire est trop compliquée et trop controversée. Et je ne veux surtout pas que l'une de ces personnes de haut niveau s'empare d'une conclusion hâtive, la diffuse, et que j'aie à l'infirmer en fin de journée.

Vers la fin de l'après-midi, je suis prête à faire mon rapport. Je réunis les autres enquêteurs et leur fais part de ma conclusion : cette jambe appartient à une femme, une Noire, sans l'ombre d'un doute. À cette étape, leur dis-je, cette conclusion ne s'appuie pas sur une recherche revue par des pairs. Elle découle de mon observation de milliers de reconstructions du genou et de remises en état d'athlètes de toutes races, et de la dissection et de l'examen de centaines de jambes, à la clinique Hughston. Néanmoins, tout comme je *savais* une certaine nuit au laboratoire du docteur Bass à l'Université du Tennessee, je *sais*.

Pour rédiger mon rapport, je m'inspire des enseignements du docteur Bass et je limite ma conclusion aux seuls éléments pouvant tenir la route devant un tribunal. J'ai suffisamment d'informations scientifiques solides pour corroborer la conclusion du FBI, à savoir qu'il s'agit d'une femme de forte ascendance négroïde. Nous convenons que je continuerai à documenter mes découvertes le lendemain matin, et que je retournerai au Kentucky dans l'après-midi.

Barry offre de me ramener à mon hôtel. Aussitôt en route, nous nous plongeons dans une discussion animée à propos de cette affaire, qui nous fascine. Je le regarde fixement, absorbée par mon explication sur la raison qui m'incite à m'en tenir à des faits scientifiques dans mon rapport, et à laisser de côté les impressions que j'ai en tâtant et en regardant les contours des os, des ligaments et des ménisques.

Du coin de l'œil, j'aperçois soudain un éclair bleu. Ma tête et mes épaules tanguent. Puis tout devient noir. Me suis-je évanouie sous la force de l'impact, ou ai-je simplement fermé les yeux par simple réflexe? Sur notre droite, je réalise que nous frôlons un viaduc quand une grosse remorque heurte notre flanc gauche pour la seconde fois, déchirant l'acier à la hauteur des épaules de Barry.

La voiture penche sur sa droite et dérape sur deux roues. J'ai les yeux fixés sur ce qui semble être un gouffre. Nous allons mourir.

Le grincement du métal sur du métal ne semble pas vouloir s'arrêter. Nous sommes secoués à droite et à gauche, pris entre le camion et le garde-fou. À la fin, Barry réussit à redresser l'auto et à l'engouffrer sous le châssis de la remorque. Le camion nous traîne jusqu'à ce que nous ayons quitté le viaduc, où notre véhicule se décroche. Nous nous arrêtons. Le camion poursuit sa route sur quelques mètres et s'arrête, lui aussi.

Le conducteur en sort et s'approche de nous, l'air passablement arrogant. Barry enclenche le gyrophare et lui montre son insigne du FBI. Le conducteur change immédiatement d'attitude et retourne à son véhicule. En le dépassant, je remarque, non sans frissonner, que c'est un homme costaud aux cheveux foncés, portant une casquette de baseball. Les policiers locaux se chargent de le poursuivre. Je ne sais pas ce qui arrive par la suite.

Fort heureusement, Barry et moi ne sommes pas blessés sérieusement; cependant, mon bras droit est contusionné et enflé. Le lendemain matin, mon cou est raide et douloureux. Un mal de tête violent m'oblige à abandonner l'idée de rédiger mon rapport avant de quitter la ville. Je fais taire mes inquiétudes, mais certains employés de la morgue nous taquinent, suggérant que Barry et moi avons été ciblés par les « autres inconnus » –, les héros de ceux qui croient fermement que l'attentat est l'œuvre d'une vaste et puissante équipe de conspirateurs dont le but est de détruire le gouvernement pièce par pièce. Étant donné que Barry est un enquêteur clé et que je suis là pour jeter le doute au sujet de l'identité de la jambe, nous sommes des cibles toutes désignées.

Je ne m'attarde pas trop à ce genre de plaisanteries, non plus que Barry. Il reste que je ne suis pas fâchée de sauter dans l'avion pour le Kentucky, cet après-midi-là.

Plus tard, lorsque Jones publie son ouvrage, il reproche au médecin légiste d'Oklahoma City et au FBI d'avoir fait appel à une diplômée récente, jeune et inexpérimentée, pour résoudre une affaire aussi complexe. Je trouve sa description par trop spécieuse. Jones et moi avons à peu près le même âge et, à Oklahoma, je n'avais certes pas encore derrière moi une expérience d'une vingtaine d'années dans l'analyse de jambes humaines et de squelettes, mais il a raison sur une chose : *j'étais* une diplômée de fraîche date.

Jones raconte qu'il a soumis mon rapport au docteur Bernard Knight, de l'Hôpital royal du pays de Galles, en Angleterre, et que Knight ne croit pas à mon rapport puisqu'il est d'avis que la jambe appartient au « vrai plastiqueur ».

Knight a tort. Dès février 1996, le docteur Jordan et moi sommes en mesure de prouver le contraire. Une fois que les experts médicolégaux sont certains de leur conclusion, ils confirment qu'il s'agit de la jambe d'une jeune Afro Américaine nommée Lakesha Levy.

Âgée de vingt et un ans, Lakesha était aviatrice de première classe à la base aérienne Tinker, sise près d'Oklahoma. Elle a péri dans l'attentat alors qu'elle était en train de faire une demande de carte de sécurité sociale. Elle a laissé un mari et un fils de cinq ans. Son corps a été identifié dans les premières semaines de l'enquête. Elle est enterrée dans un cimetière de La Nouvelle-Orléans… avec la jambe droite d'une autre personne.

Les autorités font exhumer cette autre jambe et l'envoient au bureau du médecin légiste d'Oklahoma City, où les experts tentent de l'identifier. L'erreur originale est compréhensible. Dans une attaque terroriste qui fait autant de morts, il y a beaucoup de destruction de tissus mous, et beaucoup de mélange de corps et de parties de corps. Or, à moins de faire un effort particulier pour trier tous les restes humains sur les lieux, le triage doit se faire méticuleusement à la morgue.

Dans le cas présent, la jambe gauche d'une autre personne, non attachée ou «non associée», a été associée à Lakesha sur les lieux du crime, une erreur qui a échappé à l'autopsie. Le corps humain n'est tout simplement pas conçu pour résister aux forces physiques qui se dégagent d'explosions ou d'écrasements d'édifices. Les énergies puissantes qui agissent déchiquettent les corps et mélangent les restes. En conséquence, il est extrêmement difficile de dire à qui appartient ceci ou cela.

C'est ce qui est arrivé à Lakesha et au propriétaire de la seconde jambe. Même si cette autre jambe mystérieuse n'est pas encore identifiée au début du procès de McVeigh, les experts s'accordent presque unanimement pour dire que la jambe inhumée avec Lakesha est celle d'une femme blanche. La défense suggère que cette deuxième jambe appartient au «vrai plastiqueur», mais, à cette étape, cette théorie a perdu toute crédibilité. Si une simple erreur humaine est à l'origine de la confusion, elle l'est tout autant pour la deuxième jambe.

Quoi qu'il en soit, à la suite de la condamnation de McVeigh, les docteurs Jordan et Balding me prient de revenir à Oklahoma City pour y analyser la deuxième jambe. Mon examen ne fait que corroborer leur avis, à savoir que la victime est une femme blanche.

Ce deuxième voyage à Oklahoma City m'offre l'occasion de travailler avec le docteur Snow et de demeurer avec lui et sa femme à Norman, une ville voisine. Le docteur Snow me révèle que, pour lui et ses collègues, faire face à une telle tragédie sur leur propre terrain a été une expérience épouvantable. Il s'agit d'une communauté tellement petite, me dit-il, que presque tout le monde avait un lien personnel avec une ou plusieurs personnes mortes dans l'attentat. Rencontrer les familles des « disparus » en Argentine a été pénible, mais vivre ce genre d'événement dans sa propre cour est encore plus douloureux.

Je quitte Oklahoma City avec un sentiment de tristesse énorme. Je songe aux meurtres que j'ai dû démêler au Kentucky, et aux nombreux morts que j'ai vus à Waco et à Oklahoma City. Tout cela semble faire partie d'un cycle de violence terrible. La plupart des enquêteurs croient que l'attentat d'Oklahoma City est un geste de vengeance contre les agents fédéraux qui ont assiégé la secte à Waco. Mon travail m'a permis de jeter un regard sur le type d'individus qui essaient de forcer les gens et les gouvernements à accepter leurs valeurs en se servant de la violence – et un autre regard sur ces vies brisées qu'ils laissent dans leur sillage.

CHAPITRE 8

WORLD TRADE CENTER

D'une tour altière de la ville,
La Mort gigantesque regarde.
EDGAR ALLAN POE
La Cité en la mer

L'autobus me dépose devant la morgue de New York. Une puissante impression de déjà-vu s'empare de moi. Je suis venue ici pour la première fois le 23 septembre 2001, après l'attentat contre le World Trade Center, afin d'aider à identifier les milliers de restes humains que le désastre avait laissés derrière lui. J'étais astreinte à un horaire implacable – de quarts de travail de douze heures, durant trente jours consécutifs. Mon travail terminé, je suis rentrée chez moi.

Nous sommes maintenant le 18 novembre et je reprends du service. C'est comme si je n'avais jamais quitté les lieux.

Je montre mon laissez-passer au policier, qui me guide, derrière une barricade, vers une énorme tente dressée par la ville dans le Lower East Side de Manhattan, à côté de la morgue centrale et de l'Office of the Chief Examiner (OCME). C'est là que les employés de la morgue examinent les corps et les parties de corps extraits de décombres. Ils en identifient certains, analysent les autres et entreposent les restes non identifiés, espérant pouvoir les remettre un jour aux familles éplorées. Les effectifs qui travaillent à cet endroit comprennent des spécialistes du maintien de l'ordre, des techniciens en recherche de preuves, des scientifiques médicolégaux, le personnel à temps plein de l'OCME, ainsi que des bénévoles venus des quatre coins des États-Unis. En outre, il y a des policiers de quartier de la ville de New York, des détectives, des membres de groupes d'intervention tactique (SWAT) et des commis de la police de New York, tous réquisitionnés pour s'occuper d'une masse inimaginable de morts et de décombres. Parmi ces morts, beaucoup de leurs camarades et de leurs collègues.

Je descends la rue. Je passe rapidement devant les camions frigorifiques où sont entreposés des sacs mortuaires, et auprès des tentes où des bénévoles distribuent de la nourriture, des articles de toilette et des pulls molletonnés. Je ne pense qu'à entrer le plus rapidement possible à la morgue pour y prendre la relève d'une des personnes qui fait partie du groupe qui est enfermé là depuis douze heures. Soudain, je remarque une ambulance dont les feux clignotent. Une douzaine de policiers sortent de la morgue et viennent à sa rencontre. Ils restent silencieux tandis que les portes de l'ambulance s'ouvrent sur un corps recouvert d'un drapeau. Au commandement, les policiers se mettent au garde-à-vous. L'équipe d'urgence fait glisser le sac sur une civière en acier inoxydable.

Je m'arrête auprès d'eux, main droite sur le cœur pour le salut civil. Mark Giffen, brigadier au service de police de New York (NYPD), s'approche de la civière ; le silence n'est rompu que par le bruit de la circulation sur la 5e avenue. Le brigadier replie le drapeau, le remet au capitaine Marilyn Skaekel et fait le salut à son tour. « Repos ! » dit Marilyn Shaekel. Six policiers revêtus de blouses d'hôpital se précipitent. Ils relèvent le rabat de la tente qui recouvre l'entrée de la morgue, poussent la civière à l'intérieur, et ouvrent le sac afin que l'anthropologue judiciaire Amy Zelson Mundorff, responsable de jour, puisse en examiner le contenu.

Je me dirige rapidement vers la petite tente jaune et blanche des approvisionnements, pleine à craquer de blouses, de longues chasubles en plastique et de gants en latex. Je m'habille et, en moins de cinq minutes, je suis de retour à la morgue. Des tables d'autopsie et des chariots remplis d'instruments médicaux s'alignent le long des murs. Amy Zelson Mundorff a presque terminé l'examen initial. Un préposé remet le contenu du sac mortuaire au technicien en radiographie.

Mark Grogan, jeune policier irlandais aux cheveux d'un roux flamboyant, consigne les résultats dictés par le pathologiste sur son écritoire à pince. Marc et moi avons travaillé ensemble tous les soirs de mon premier long mois de service. Nous sommes devenus des compagnons d'armes. Lorsqu'il m'aperçoit, il bondit, se précipite, me serre longuement dans ses bras. Sans un mot. Je sais qu'il sait. Il sait, comme tous nos collègues, que mon père a succombé à un cancer. Le docteur Reuben Craig, mon héros, mon partenaire de pêche, mon mentor, mon rocher, mon père, a quitté ce monde.

Mark me libère de son étreinte et jette un coup d'œil aux autres membres de l'équipe de triage qui entreprennent leur quart de nuit. Il est très difficile d'accepter la mort après une longue maladie, mais, au moins, on a le temps de faire ses adieux. Quand la mort frappe subitement, violemment, à grande échelle, la sensation d'indignation et de colère devant la perte absurde qui unit non seulement les survivants mais aussi tous ceux qui côtoient les victimes est beaucoup plus puissante. C'est ce genre de lien qui m'a soutenue tout au long de ma première affectation ; c'est le même lien que je recherche aujourd'hui.

Je prends la relève d'Amy. Je m'installe devant le sac suivant, plonge les mains dans les chairs déchirées. Une émotion très forte m'envahit. Malgré ma sympathie pour ceux qui ont perdu un être cher, j'ai su garder une sorte d'objectivité scientifique qui m'a bien servie lors de mes innombrables enquêtes, depuis une dizaine d'années. Mais là, la perte de mon père a déposé une nouvelle sensation dans mon cœur, une grande tristesse qui fait écho au deuil de tous ceux qui m'entourent, une agonie qui circule jusque dans mes mains. Au moment où les travailleurs se réunissent pour entamer une autre nuit douloureuse auprès des morts, je me dis qu'ils éprouvent eux aussi ces émotions.

* * *

Le 11 septembre, comme tous les Américains qui se lèvent pour entamer la journée, je ne sais pas qu'un événement terrible va changer profondément ma vie. La nuit précédente, on m'a appelée pour me demander d'aller examiner des restes humains découverts dans une région boisée et isolée près de Bowling Green, au Kentucky – restes que le médecin légiste croit être ceux d'une jeune fille de quinze ans disparue depuis deux semaines. À mi-chemin des lieux du crime, je tapote distraitement la radio. Ce que j'entends alors semble sortir tout droit d'un film catastrophe. Non, ce ne peut être la vie réelle. Un annonceur hystérique déclare qu'un avion s'est écrasé sur la première tour du World Trade Center. Incrédule, j'augmente le volume. Puis, c'est la deuxième tour…

J'ai envie de rebrousser chemin et de rentrer chez moi pour regarder cet événement horrifiant à la télévision – en attendant un appel du Disaster Mortuary Operational Response Team (DMORT), organisation nationale de bénévoles à laquelle je me suis jointe trois ans auparavant. Dès qu'un désastre dépasse les ressources locales, le DMORT appelle à l'aide les employés des morgues et les enquêteurs criminels de tout le pays. Jusqu'alors, on a demandé mon aide à plusieurs occasions, mais je n'ai malheureusement jamais eu la possibilité de répondre à l'appel. Je voudrais faire partie de la première vague qui va se précipiter à New York, je voudrais faire quelque chose, n'importe quoi. Je veux endiguer cette rage désespérée qui me submerge.

Je dois cependant continuer ma route, bien que, comme tous les autres membres des équipes de sauvetage américains, je sois impatiente de courir à New York. Mais je sais bien que le téléphone cellulaire n'atteint pas les lieux de crime perdus dans les forêts du Kentucky. Le DMORT essaiera sans doute de me joindre et, à défaut, passera au prochain nom sur la liste.

Lorsque j'arrive sur les lieux du crime, je pénètre dans une zone crépusculaire. Je n'y trouve pas la franche camaraderie et le badinage grâce auxquels les enquêteurs allègent leurs tâches morbides. Nous sommes tous en état de choc. D'une part, à cause de l'horreur qui s'empare toujours de nous lorsque nous nous trouvons devant le meurtre d'un enfant, d'autre part à cause de l'immense tragédie qui se déroule à New York. J'ai l'impression que nous travaillons au ralenti, mais lorsque je consulte ma montre, je suis étonnée de constater qu'en réalité, nous progressons à une vitesse normale.

En route, j'ai contacté des experts judiciaires pour leur demander de venir me rejoindre sur les lieux du crime. À leur arrivée, ils essaient de me décrire la dévastation dont ils ont été les témoins à la télé, le matin. Même s'ils ont vu, de leurs yeux vu, les séquences télévisées, ils ont peine à croire que tout cela est vraiment arrivé. Chaque expert arrive avec d'autres éléments de nouvelles. Les aéroports du pays sont fermés. Les terroristes ont attaqué le Pentagone.

Un avion s'est écrasé en Pennsylvanie. Le président a été emmené dans un endroit secret. Ici, en forêt, un calme sinistre nous enveloppe. Tous les avions sont interdits de vol. À l'aéroport, non loin d'où nous nous trouvons, les avions sont immobilisés au sol. Les radios de la police, qui crépitent sans cesse sur les lieux de crime, sont silencieuses. Les ondes doivent rester libres pour toute communication d'urgence. De temps à autre, un des adjoints va téléphoner dans une cabine afin de s'entretenir avec le répartiteur. Il nous revient avec des bribes de nouvelles.

J'essaie de visualiser les édifices qui s'écroulent, les milliers de vies anéanties. Je ne suis jamais montée dans les tours jumelles du World Trade Center, mais mon esprit ne cesse de me renvoyer la même vision.

À mon laboratoire de Frankfort, le répondeur déborde de messages, et mon courriel regorge de demandes urgentes de la part du DMORT. J'appelle le commandant régional. Il voulait m'envoyer sur place, mais comme j'étais inatteignable, il a dû faire appel à d'autres personnes. C'est bien ce que craignais! Le commandant me dit alors qu'il a tous les effectifs nécessaires et qu'il me donnera un coup de fil plus tard.

Assise devant mon téléviseur, une vague d'effroi me balaie. Maintenant que j'ai vu les tours jumelles s'écrouler, je sais ce que la plupart des gens ne réalisent pas: il n'y aura presque pas de survivants. Quant aux restes humains, ils seront méconnaissables, mélangés à l'acier, au béton, aux décombres. La tâche de récupération sera démentielle, comme à Waco et à Oklahoma City, mais à plus grande échelle. On va retirer des décombres des parties de corps déchiquetés et essayer d'identifier un morceau de jambe, de muscle d'épaule, de rein. C'est ce que je fais depuis dix ans, et je sais que peu de gens acceptent de faire ce travail. En raison de mon parcours diversifié: beaucoup de temps à disséquer des restes à la clinique Hughston; quantité d'heures à mémoriser des fragments d'os à l'Université du Tennessee à Knoxville; de nombreuses participations à des affaires d'incendies, d'explosions, d'écrasements d'avions et de démembrements meurtriers au Kentucky, j'ai acquis les habiletés nécessaires dans toutes les situations tragiques.

Je m'installe pour regarder une énième fois les images de ce désastre terrifiant. Que je n'aie pas fait partie de la première équipe d'intervention m'importe peu à présent. Au fond de moi, je sais que, tôt ou tard, je participerai à cette tâche.

* * *

Les quelques jours qui suivent les attentats sont nébuleux. Alors que j'essaie de me tenir au courant, au jour le jour, des événements de New York, nous identifions l'adolescente de Bowling Green, victime d'un homicide, et nous réussissons à découvrir la cause de sa mort. Je m'active à terminer mes autres affaires en cours, de façon à être prête à répondre à un appel du DMORT. Comme prévu, les trois sites du désastre ont été rapidement inondés de bénévoles. Comme les aéroports sont toujours fermés, le DMORT peut difficilement acheminer des spécialistes à New York et en Pennsylvanie (les dommages causés au Pentagone sont sous la juridiction de l'armée et d'autres agences fédérales). Néanmoins, la logistique reste un immense défi. Le commandement du DMORT a même envoyé des gens dans des bases de l'armée avec l'ordre de les faire voyager par avion militaire. Ces bénévoles ont attendu des heures et des heures dans des hangars glacés, dormant sur des lits de camp, pour apprendre en fin de compte qu'on avait besoin de ces appareils militaires ailleurs et qu'ils allaient devoir faire la route en voiture – deux jours de trajet – pour se rendre à destination.

Le DMORT n'aime pas concentrer ses experts médicolégaux à un seul endroit. Qu'arriverait-il si l'hôtel de New York dans lequel logent un grand nombre d'experts médicolégaux, de préposés aux morgues et d'enquêteurs était la cible d'une explosion, ou qu'il y ait un autre attentat sur le site de récupération ? Qu'arriverait-il s'il y avait d'autres attentats dans d'autres villes ?

Ni le DMORT ni une autre agence n'ont jamais fait face à un désastre d'une telle ampleur. Avant la création du DMORT, deux seules agences s'occupaient de désastres de ce genre, c'est-à-dire d'événements dépassant largement les ressources locales. La Federal Emergency Management Agency (FEMA) coordonne les activités de récupération sur les sites de tremblements de terre, d'inondations, d'ouragans et de tornades, tandis que le National Transportation Safety Board (NTSB) intervient lors de déraillements de trains, d'écrasements d'avions et autres accidents reliés aux transports.

Ces agences font un travail admirable, mais il y a des lacunes dans les services qu'elles prodiguent aux familles des défunts. La création du DMORT est apparue comme une bénédiction : les équipes du DMORT ont pour mission de venir en aide à ceux qui perdent des êtres chers dans des catastrophes faisant de nombreuses victimes. Les équipes s'assurent que les familles reçoivent toutes les informations nécessaires, et tous les services sociaux indispensables. Peu à peu, l'agence a ajouté des spécialistes médicolégaux à son équipe d'organisateurs funéraires et d'experts travaillant à la morgue, ainsi que du personnel médical : anthropologues judiciaires, pathologistes, techniciens dentaires, odontologistes, spécialistes des empreintes digitales, techniciens en radiographie et en analyse d'ADN. Ces professionnels proviennent de partout au pays et sont là pour seconder le personnel disponible, en tous lieux. De même, le DMORT recrute des travailleurs spécialisés : opérateurs de machinerie lourde, spécialistes de la sécurité, photographes, enquêteurs, employés d'administration, experts informaticiens, et ainsi de suite.

Un protocole s'est développé, intégrant le DMORT aux secours aux sinistrés. La première étape, bien évidemment, consiste à prendre en charge les blessés. Lorsque l'édifice fédéral d'Oklahoma City s'est effondré, les secouristes ont retiré des survivants des ruines pendant plusieurs jours. Les secours d'urgence avaient fait venir d'autres médecins, d'autres infirmières et du personnel médical supplémentaire – bref, tous ceux qui pouvaient répondre aux besoins de ces blessés.

Une fois les vivants sécurisés, on est en mesure de porter attention aux morts. La deuxième vague d'assistance comprend les spécialistes médicolégaux, qui peuvent faire l'autopsie des corps, comparer les dents trouvées à des fiches de dossiers dentaires, étudier les empreintes digitales et analyser les parties de corps et les éclats d'os.

C'est à ce moment que j'entre en jeu, quelques jours ou quelques semaines après l'impact initial.

* * *

Un appel me parvient dans la soirée du 22 septembre. Le DMORT me demande de prendre l'avion dès le lendemain et de me présenter au quartier général de New York, au *LaGuardia Marriott*, grand hôtel situé près de l'aéroport LaGuardia. Au début, comme les autorités avaient prévu d'installer une morgue dans un hangar de l'aéroport, le DMORT avait décidé de loger son personnel non loin de là. Changement de cap une semaine plus tard : on nous dit d'aller nous installer dans un hôtel du centre-ville. Me voici donc dans le hall de cet hôtel, tellement désert que je me demande si je ne me suis pas trompée d'endroit.

Il semble que l'hôtel ait déménagé tous ses clients dans un autre quartier afin que le DMORT puisse réquisitionner presque tout le bâtiment. Les employés ne servent, à toutes fins utiles, que les secouristes. Les gérants m'accueillent avec un empressement qui constitue, selon moi, leur propre contribution aux opérations de sauvetage.

J'apprécie leur gentillesse lorsqu'ils me conduisent à ma chambre, m'indiquant comment suivre les flèches collées à l'intérieur des portes des ascenseurs et à chaque étage pour me rendre au DMORT-MST (MST signifie Management Support Team ; c'est l'aile administrative du DMORT). Lorsque se produit un désastre, le MST s'occupe des logements, de la nourriture, des lignes téléphoniques, des ordinateurs, des télécopieurs, des photocopieurs, etc. Un employé du MST m'aide à remplir la paperasse nécessaire, et me voici embauchée à titre d'employée temporaire du U.S. Department of Health and Human Services (DHHS), composante du National Disaster Medical System. (À l'été 2003, ce service sera intégré au Department of Homeland Security.) On me paie à l'heure et l'on me verse une indemnité quotidienne pour mes repas et mes frais accessoires. L'hôtel est gratuit – gracieuseté de mon nouvel employeur.

Faire partie du DMORT, c'est un peu comme être membre de la Garde nationale, bien que notre participation soit strictement volontaire. Nous conservons nos emplois initiaux ; mais, lorsque notre pays a besoin de nous, nous nous entendons avec nos patrons pour pouvoir nous rendre là où on nous réclame. Pendant mon absence, mes supérieurs font venir des anthropologues des États voisins afin de répondre aux urgences, mais je dois me tenir prête à revenir en cas de grand besoin.

Durant mes trois périodes de service à New York, j'essaie de tenir à jour mes engagements du Kentucky. Lorsque je travaille de nuit, soit de 18 h à 7 h, je me lève à 16 h afin de répondre aux appels de mon État d'origine. Parfois, entre 2 h et 4 h du matin, lorsqu'il y a accalmie à la morgue, je m'occupe de mon courriel sur un ordinateur de l'hôpital NYU. Tout en travaillant pour le DMORT à New York, je reste en contact avec mes dossiers du Kentucky. J'examine des images numérisées d'os que des médecins légistes me font parvenir par courriel (heureusement, ce ne sont pas des restes humains, sinon je devrais retourner au Kentucky). Ensuite, je communique avec des enquêteurs au sujet d'affaires en cours. Enfin, avec des procureurs, je mets au point mes témoignages pour les procès subséquents. Étant donné que je suis toujours une fonctionnaire du Commonwealth, je dois remplir ma feuille de présence, répondre aux questions de la police et des familles, et être disponible quand cela m'est possible.

Tous ceux qui veulent faire partie du DMORT doivent d'abord se plier à une procédure de candidature très rigoureuse. Une fois acceptés, ils doivent s'engager à suivre des sessions annuelles de formation. Même si j'ai une expérience de travail en situation d'urgence, ce n'est pas nécessairement le cas des organisateurs de funérailles, des dentistes et autres bénévoles issus du secteur privé. Il est important que nous apprenions à travailler en équipe. Les gens habitués à être leurs propres patrons doivent apprendre à se plier aux ordres, à travailler selon les lignes directrices très strictes du fédéral, à suivre les protocoles établis et à passer d'un travail consistant à prendre soin de patients individuels à un travail à la chaîne avec des gens morts ou vivants. Ceux qui font partie des forces de l'ordre ont leurs propres leçons à apprendre : cultiver des relations de travail avec d'autres types de professionnels et s'efforcer d'instaurer, entre eux et ces professionnels, une relation de confiance, de camaraderie et de respect mutuel. Une querelle de clocher est bien la dernière chose que l'on veut voir éclater en situation d'urgence.

Bien sûr, les êtres humains étant ce qu'ils sont, il y a des querelles de clocher, et à tous les échelons. Mais, à mon arrivée sur les lieux, quelque dix jours après le début de la crise, plusieurs conflits entre agences se sont déjà estompés.

* * *

Le lendemain, à 5 h 45, j'entre dans la salle à manger réservée à nos deux réunions quotidiennes. J'ai immédiatement l'impression de faire partie d'une équipe. On fait, dans cette salle, le même genre de mise à jour qu'à Waco, mais il y a trois fois plus de participants, soumis à des pressions beaucoup plus fortes. Ils doivent agir avec rapidité et en collaboration. Tout le personnel du DMORT porte la tenue de combat classique, soit la chemise kaki avec poches à rabats boutonnés, pantalon comportant plusieurs poches et longues bottes noires de combat. Cet uniforme nous permet d'être repérés instantanément par les pompiers et les agents de police.

Les réunions d'information laissent peu de place aux salutations et à la fraternisation. À 6 heures pile, Dale Downy, commandant de la région 4 du DMORT, débute avec un bref rapport sur les efforts de récupération aux trois endroits frappés par les terroristes. Il en profite pour transmettre des paroles d'encouragement du président Bush et du secrétaire du DHHS, Tommy Thompson. Puis, il nous transmet nos tâches. Je dois me rendre à la morgue pour collaborer au triage.

Lorsque je monte dans l'autobus nolisé qui nous conduit à la morgue, je me demande ce qui m'attend. J'ai beau avoir l'expérience de lieux où se trouvent de nombreux morts, je n'ai jamais affronté une situation comme celle-ci. En fait, personne n'a jamais connu cela. D'habitude, nous avons une sorte de liste descriptive des victimes, et des fiches qui nous permettent d'associer des restes à des noms. Ici, le chaos s'est installé, le chaos et la tragédie.

Je suis entourée de travailleurs de la morgue arrivés avant moi à New York. Ces vétérans ont la tête posée contre la vitre, regard fixe perdu dans l'obscurité de la nuit. Certains essaient de faire un somme, pendant que nous, les nouveaux, discutons à voix basse, essayant de chasser la nervosité qui nous envahit alors que nous approchons de Manhattan. Nos nerfs sont à vif, et les gyrophares et les sirènes de l'escorte policière qui nous ouvre la voie ne les apaisent certes pas.

Le soleil se pointe à notre arrivée. Affaiblis, sales, aveuglés, les yeux vitreux, les travailleurs du quart de nuit sont réunis derrière la barricade policière. Ils ont hâte de monter dans l'autobus et de rentrer chez eux. Ils nous accueillent avec des sourires et des poignées de main d'encouragement, malgré leur épuisement.

Je laisse mes collègues me guider. Nous franchissons la barricade de la Première avenue et le poste de contrôle érigé, au bout de la rue, par la police de l'État de New York. La morgue se trouve sur la 30° rue, un pâté de maisons plus loin.

La sécurité est omniprésente. Nous montrons notre insigne d'identité du DMORT à deux agents en uniforme. Puis je suis les membres de l'équipe plus bas dans la rue, en direction de l'East River, jusqu'à la tente montée en quelques heures par la ville après le désastre. Cet endroit va servir à l'examen et à l'identification des restes de 5000 victimes – c'est du moins l'évaluation qui a été faite.

L'OCME a réquisitionné tout le secteur. Je jette un coup d'œil furtif autour de moi, pour repérer les lieux. Au milieu, se découpe l'entrée de type garage de la morgue permanente de New York, sise au rez-de-chaussée d'un immeuble de six étages. C'est cette morgue qui est chargée de la « routine », soit des morts violentes et accidentelles qui ont lieu chaque jour dans la mégapole. Quelques heures après le désastre, le docteur Charles Hirsch, médecin légiste en chef, s'est rendu compte que la salle d'autopsie ne répondait pas aux besoins. Il a alors imposé le plan de son agence en cas de désastre avec morts multiples. La salle de réception du building a été convertie en morgue d'urgence, à laquelle il a ajouté une tente à trois côtés, ce qui a élargi la zone de travail jusque dans la rue. Bien qu'ils soient presque toujours ouverts pour laisser circuler l'air et dissiper les odeurs typiques d'une morgue, de solides rabats de plastique bloquent l'entrée. En dépit du désastre, les affaires judiciaires courantes de New York se poursuivent, de sorte que la salle d'autopsie habituelle et la salle d'urgence montée de toutes pièces fonctionnent côte à côte, l'une pour la violence quotidienne, l'autre pour le désastre à grande échelle.

Je finirai par considérer le côté gauche de la rue comme la section médicale de Tent City. À l'entrée, se trouvent deux camions frigorifiques, ressemblant à ceux qui sont tirés sur les autoroutes par des semi-remorques. Ces camions, appelés « conteneurs frigorifiques », sont reliés à des groupes frigorifiques fonctionnant au diesel, qui vrombissent de temps à autre, tandis qu'ils gardent les corps au frais. Les travailleurs y entreposent les sacs mortuaires au fur et à mesure que ceux-ci arrivent des lieux du désastre. Ils sont examinés chacun à leur tour, ne s'accumulent pas, et restent à l'abri de la chaleur.

À droite, c'est le « centre d'aide ». Des tentes blanches aux toits à rayures jaunes et bleues confèrent un air de cirque à la zone. Je remarque une chapelle, avec autel, fleurs et rangées de bancs. C'est un endroit à la fois privé et communautaire, où les sauveteurs peuvent se reposer quelques instants dans une atmosphère paisible. Il y a aussi une tente pleine de boîtes de carton, à l'allure mystérieuse ; les boîtes contiennent des objets personnels : brosses à dents, savon, nécessaires de rasage, sous-vêtements, chaussettes… en somme, tout ce dont ont besoin les travailleurs lorsqu'ils doivent œuvrer pendant de longues heures avant de retourner dans leur banlieue.

Des policiers occupent la tente suivante. Quand je les vois en train de boire du café et de fumer des cigarettes, faisant une pause avant de retourner au travail, je ressens soudain le besoin de sourire. Je suis enfin à l'aise.

Puis, c'est la morgue ; les rabats de la tente laissent entrevoir clairement l'intérieur. J'y vois six tables d'autopsie en acier inoxydable. Derrière chaque table, un chariot, en acier inoxydable également, sur lequel sont posés des gants de latex, des crayons-feutres, des sacs de plastique de tous formats, des ciseaux, des couteaux et une scie à amputation.

Une équipe de médecins spécialistes entoure chaque table et s'y active, dans cette chorégraphie bien synchronisée propre aux salles d'opération, aux services d'urgences et aux morgues. Le bruit ambiant étant très fort, les officiants doivent crier pour couvrir le bruit des scies à amputation, pareil à celui des fraises de dentistes. Des commis portant des vêtements d'hôpital se tiennent à côté, prêts à remettre au pathologiste un fichier étiqueté dès qu'un corps est hissé sur une table. Au-dessus du site flotte une odeur de mort, mêlée au gazole qui émane des remorques, non loin de là.

Je voudrais voir tout cela de plus près, mais mes collègues se dirigent déjà vers la tente identifiée DMORT. Il y a tellement de gens et de provisions, à l'intérieur de cette tente de nylon de six mètres sur six, que l'on s'y déplace avec peine. Près des murs de côté s'empilent des boîtes pleines de gants chirurgicaux et de blouses ; près du mur du fond, on trouve les essuie-tout, les blocs-notes et les fournitures de bureau. Je remarque la présence de lits de camp militaires. Ils permettent aux travailleurs épuisés de faire un petit somme pendant les pauses. Enfin, au centre de la tente, une demi-douzaine de chaises pliantes entourent une table improvisée, construite avec une grosse bobine en bois qui sert habituellement à enrouler un câble d'acier. Le genre de curiosité qu'on trouve dans les chalets de pêche.

Un registre repose sur cette table de fortune. Nous devons nous y inscrire chaque jour, avant d'être envoyés à nos tâches respectives. Cliff Oldfield, superviseur de garde du DMORT, sait qu'il s'agit de ma première journée ; il me demande d'attendre un moment et me promet de m'expliquer certaines choses importantes.

Peu de temps après, Cliff me conduit à la morgue, où m'accueille Amy Zelson Mundorff, anthropologue judiciaire travaillant pour le médecin légiste en chef de la ville. Je vois à quel point cette tragédie les affecte, elle et ses collègues. Le sourire radieux d'Amy ne fait pas oublier les contusions vertes et violettes qui lui entourent les yeux et la bosse qu'elle a sur le front, assez grosse pour faire de l'ombre à son visage. Cliff me raconte qu'Amy, le docteur Hirsch et des membres du personnel de l'OCME se sont précipités vers les tours jumelles dès que le premier avion a frappé. Ils tentaient de mettre sur pied une morgue temporaire lorsque la deuxième tour s'est écrasée. L'explosion a propulsé Amy tête la première sur une colonne de marbre d'un édifice voisin, tandis que le docteur Hirsch échappait de justesse à la mort. L'un des membres de l'équipe a eu une commotion cérébrale ; un autre s'est fait une fracture ouverte à la jambe.

Malgré tout, Amy – 1 m 52 et crinière de cheveux noirs bouclés – est bien en vie et impatiente de s'occuper de l'identification des victimes. Elle me fait faire une visite éclair du bureau du médecin légiste, et nous nous retrouvons au rez-de-chaussée, dans la tente qui sert de morgue. Elle s'installe à la première table d'autopsie, celle qui est vouée au triage. Tout en travaillant, elle m'explique rapidement le protocole entourant la récupération et l'identification.

Ce protocole fait partie des plans d'urgence qui ont été mis au point par le docteur Hirsch, de l'OCME, bien avant les événements du 11 septembre, mais il a été adapté à l'ampleur du désastre. Ce protocole m'avait impressionné. Cette fois, il est différent du premier, bien que pareil dans les grandes lignes.

La plupart des morgues installées sur le site de grands désastres fonctionnent sur le mode d'une chaîne de montage. Les sauveteurs y apportent les corps et les parties de corps, qui sont alors photo-graphiés, radiographiés et sommairement identifiés selon des élé-ments superficiels comme la couleur des cheveux et de la peau, les vêtements, et parfois les bijoux.

Si le corps est relativement intact, le pathologiste procède à un examen qui s'apparente au protocole d'une autopsie normale. Il photographie, pèse, mesure et décrit le corps dans les menus détails, auxquels il ajoute ses observations sur l'état général et sur toute cicatrice ou marque d'intervention chirurgicale qui n'ont pas été relevées lors de l'examen préliminaire. Le pathologiste docu-mente aussi les blessures graves qui ont sans doute causé la mort de la personne. Cette documentation peut contenir des photographies et un rapport détaillé, écrit ou enregistré sur dictaphone.

En ce qui concerne les attentats contre les tours jumelles, il n'est pas nécessaire de faire des autopsies traditionnelles. Des millions de personnes ont assisté aux événements en direct. Nous savons tous qu'il s'agit là de mort par homicide et qu'aucun des pirates de l'air n'a pu s'en sortir indemne. Il est virtuellement impossible de déterminer les causes précises de la mort de chaque victime. Ce qui importe, c'est d'identifier les victimes elles-mêmes, tâche déjà très ardue en soi.

Sur les lieux, la première étape du processus d'identification est le triage. (On utilise surtout ce mot sur les champs de bataille ou lors d'urgences médicales particulières, où les patients et les victimes sont classés en catégories. On traite alors en premier les cas les plus urgents.). Ce triage débute avec le pathologiste, qui iden-tifie et met à part le moindre petit morceau de tissu humain qui passe la porte de la morgue. Si le sac mortuaire contient quelque neuf kilos de muscles, de chair et d'os, nous devons déterminer, au toucher ou à l'œil, si ces tissus ont un lien entre eux. Si un os cor-respond à un tendon, puis à un muscle, et si l'autre extrémité de ce muscle correspond à un os, on conserve l'échantillon en entier et on le traite comme un seul groupe, dans la mesure où leurs « liens » nous disent qu'il s'agit des restes d'une seule et même per-sonne. Par contre, s'il n'y a aucun lien entre deux fragments, alors nous séparons les restes et nous leur donnons des numéros dis-tincts. Nous espérons que l'analyse d'ADN permettra, plus tard, d'en relier un ou deux ; pour l'heure, nous devons les séparer.

Au triage, il est possible de réunir des parties de corps. Si l'on trouve deux fragments ou côtés d'un os fracturé dans leur enveloppe de chair, et que l'on peut assortir ou « rapprocher » ces surfaces brisées, on peut alors affirmer avec certitude que ces deux pièces proviennent d'une même victime. Notre objectif ultime est de relier tous les restes à un nom. Mais cela se produit généralement plus tard, lors de l'analyse d'ADN.

De temps à autre, un corps entier nous arrive. Mais la plupart du temps, nous devons trier des restes déchiquetés – soit des éclats d'os, des chairs en lambeaux, ou des fragments qui ont résisté à la conflagration – et les identifier au mieux de nos connaissances.

Une fois que l'anthropologue judiciaire a terminé cette première étape, les employés apportent les restes aux pathologistes, à l'autre bout de la morgue. Ces derniers collent un numéro de dossier sur chaque corps ou partie de corps, examinent les tissus et prélèvent des échantillons en vue de l'analyse d'ADN. Les employés de la morgue étiquettent ensuite les échantillons. Ils ont déjà ouvert des fichiers pour chaque corps ou partie de corps, documentant ce que nous avons examiné et les conclusions que nous avons pu tirer de cet examen.

Les restes sont alors confiés à un accompagnateur, qui va s'assurer que les corps ou les restes de corps arriveront là où le pathologiste a décidé qu'ils devaient aller. L'expert en empreintes digitales pourra éventuellement identifier un doigt ou une main, et les services d'identification dentaire pourront se pencher sur une dent intacte. Une radiographie pourra déterminer si un os ou un fragment d'os porte les marques d'une fracture ou d'une opération. Toutes ces étapes sont cruciales dans l'identification finale des précieux restes.

Lorsque les spécialistes ont terminé leurs analyses, un autre accompagnateur emporte les restes au Memorial Park, où ils attendront l'analyse d'ADN. Nous espérons que cette analyse sera positive, ce qui nous permettra de renvoyer les corps ou les parties de corps aux familles éprouvées. Pendant ce temps, dans le bureau du médecin légiste, une imposante équipe d'enquêteurs s'affaire à comparer les rapports des pathologistes à ceux de personnes disparues, dans l'espoir d'être en mesure de transmettre des renseignements aux familles avant même de recevoir les résultats de l'analyse d'ADN.

Quand je rencontre le docteur Hirsch, je découvre que c'est un collègue et ami très proche du docteur Hunsaker, avec qui j'ai travaillé lors de ma toute première affaire. Nous avons tout de suite l'impression d'être de vieux amis. Bien qu'il travaille sans arrêt lui aussi, le docteur Hirsch prend le temps de m'accompagner au Memorial Park, vaste entrepôt édifié quelques jours auparavant pour y recevoir les centaines de victimes et les dizaines de milliers de parties de corps recueillis après la catastrophe.

Le docteur Hirsch et son équipe ont réquisitionné un terrain vague le long de l'East River, et ils l'ont fait paver. Ils y ont installé, côte à côte, seize camions frigorifiques semblables à ceux qui se trouvent à l'entrée de la morgue, en deux rangées de huit camions. Puis, des ouvriers ont élevé une énorme tente blanche de douze mètres de haut. À l'intérieur, on a l'impression d'être dans une cathédrale. Lorsqu'on se trouve au sommet, la vue est impressionnante.

Lorsque le docteur Hirsch ouvre la portière d'un des camions, l'air glacé me coupe le souffle et embue mes lunettes. Afin de préserver les échantillons fragiles aussi longtemps que possible, il est nécessaire de maintenir la température près du degré de congélation. Quand mes lunettes se désembuent, je découvre des tablettes alignées le long des murs, s'élevant du plancher au toit, et remplies de sacs de plastique et de boîtes contenant des parties de corps. Édifié temporairement, le Memorial Park existe encore au moment où j'écris ces lignes. Les analyses d'ADN s'y poursuivent.

* * *

De retour à la morgue, j'observe l'équipe du triage pendant plusieurs heures afin d'absorber le plus d'informations possibles et d'étudier attentivement le protocole. Je me rends compte que le triage est savamment orchestré, que les membres de l'équipe savent exactement ce qu'ils ont à faire, et quand ils doivent le faire. Chaque opération se déroule dans un rythme souple et régulier qui rappelle celui de la salle d'opération d'un hôpital.

La journée du lendemain débute de la même manière. Séance d'information à l'aube, puis trajet en autobus jusque Ground Zero. Au moment où j'arrive à la morgue, j'ai l'impression d'être une ancienne, au point où je me surprends à parler toute seule pendant le triage. « Oh, ceci m'a bien l'air d'être des tendons fléchisseurs de l'avant-bras… »

Étonnée, Amy regarde autour d'elle. Comme je suis assise tranquillement derrière elle, elle a presque oublié ma présence.

« Où vois-tu cela ? » me demande-t-elle, mi-interloquée, mi-amusée.

Les autres me fixent par-dessus leurs masques. Je ravale ma salive et réponds le plus calmement possible : « Eh bien, ces fines bandes de fibres parallèles ressemblent au ligament annulaire antérieur du carpe, et je vois là, sur le côté, un fragment de l'os pisiforme du poignet encore enfoncé dans ce tendon. Ce tendon s'étend en angle droit jusqu'au ligament annulaire. Or, à moins que je ne me trompe, nous devrions pouvoir en sortir les autres tendons et les muscles, puis retirer les morceaux de nerfs médians et cubitaux qui vont dans la même direction. »

Amy m'observe en silence. Ses paupières se plissent au-dessus de son masque. Je devine son sourire.

« Merci, Emily. » Puis elle lâche sa bombe : « Si tu continues comme ça, je pense que tu seras bientôt prête à faire le quart de nuit. »

Quoi ? Je suis sur les lieux depuis à peine quelques heures et on veut me confier le triage de nuit ?

Je sais qu'Amy dirige l'équipe diurne et qu'elle travaille douze heures par jour, sept jours sur sept. C'est Dawnie Steadman, médecin de Binghamton, dans le nord de l'État de New York, qui dirige présentement l'équipe de nuit, mais sa période de service arrive à échéance dans 24 heures. Si je réagis vite, je prendrai la place de Madame Steadman. Mais suis-je déjà en mesure de remplir cette tâche ? Il faut dire que ma formation de spécialiste des os et d'anatomiste me sert très bien pour identifier les mélanges d'os et de tissus. Si l'OCME croit que je suis prête, pourquoi pas !

* * *

« Alors, Emily, comment te débrouilles-tu ? » me demande Amy à la pause suivante.

« Je saisis l'essentiel de ce qui se passe. » En fait, il m'est difficile de comprendre pourquoi certains corps sortent intacts des décombres tandis que d'autres ne sont plus que des amas de tissu gris caout-chouteux, et que des os incinérés se retrouvent, par exemple, à côté d'un morceau de chair arborant un tatouage intact.

«Tu comprendras si tu te rends à Ground Zero», intervient le capitaine Kenneth Mekeel, de la police de New York. Je ne connais pas encore les noms de tout le monde, mais il est évident que cet homme dirige les opérations. En effet, Mekeel supervise le travail des policiers durant le quart de jour et coordonne l'acheminement des restes humains de Ground Zero à l'OCME. En outre, il est responsable des communications avec les installations de Staten Island, dont j'apprendrai l'existence plus tard dans l'après-midi. Les galons dorés, sur ses épaulettes, et la rangée de médailles sur son torse font état de son rang; mais c'est plutôt sa façon de parler, à la fois ferme et détendue, qui me dit qu'il est non seulement habitué à donner des ordres mais aussi à les faire observer. Et il est facile à repérer dans une foule, ce qui est bien utile. Lorsque quelqu'un se demande où est le capitaine, on n'a qu'à lui répondre de chercher la chemise blanche immaculée sur l'homme qui se tient droit comme un I.

«Je vais trouver quelqu'un pour vous emmener à Ground Zero», me dit-il.

Comme à peu près tout le monde, j'ai une envie primaire de voir Ground Zero. Les reporters, à la télé, ne cessent d'affirmer qu'il faut être sur les lieux pour comprendre l'ampleur de la catastrophe. Ils ont sûrement raison.

Mekeel demande à un agent du FBI de m'emmener et nous nous dirigeons vers Ground Zero en compagnie d'un autre agent qui, comme moi, est arrivé à New York la veille. En route, tout semble parfaitement normal. Les rues débordent de gens qui vaquent à leurs affaires, font des courses ou partent au bureau. Mais à mesure que l'on se rapproche du site, on a l'impression d'entrer dans un village fantôme. Les rues étant bloquées, les policiers ne font même pas hurler leurs sirènes lorsqu'ils vont et viennent sur les avenues désertes.

Nous devons nous garer à plusieurs rues de Ground Zero et nous rendre à pied jusqu'à l'un des postes de contrôle surveillés par la police militaire. Comme à la morgue, nous présentons deux photos d'identification et nous signons un registre. «Assurez-vous de sortir par le même poste de contrôle et de signer sur le même registre», nous rappelle le gardien. C'est à la fois une mesure de sécurité (éloigner le personnel non autorisé) et de prévoyance (veiller à ce que les personnes qui entrent, sortent sans problème).

Mekeel m'a prêté son casque de chantier et ses lunettes de sécurité. Tout le monde en porte, à Ground Zero. Nous ne pouvons pas franchir le fameux périmètre, cependant. Je ne le regrette pas ; les abords me paraissent assez dangereux comme ça.

Il est impossible d'imaginer la puissance des forces qui ont tordu, déchiqueté et fait fondre l'acier des tours. L'air ambiant est saturé de fumée, qui transporte l'odeur indubitable de la chair humaine carbonisée. Partout où je jette un regard, je vois des amoncellements de béton pulvérisé et d'autres débris. Plus au centre, sur les piles fumantes de décombres, une tornade infernale de fumée et de cendres souffle au-dessus de montagnes de gravats, de morceaux de verre et de poutres d'acier. Le gigantisme de ces édifices frappe soudain mon imagination. Même les vestiges empilés jettent de l'ombre sur les énormes grues dressées pour enlever les débris. Les travailleurs qui vont et viennent dans ce paysage sinistre paraissent minuscules.

À la périphérie de ces sept hectares de dévastation, nous sommes nous aussi comme des nains devant les camions de toutes formes et de toutes dimensions dont les moteurs grondent tout autour de nous. Quelques-uns transportent l'équipement et les approvisionnements nécessaires pour soutenir les travaux de récupération. D'autres sont des véhicules militaires qui amènent des secouristes. Des camions-citernes arrivent avec leur cargaison d'essence destinée aux grues et aux bulldozers, sans oublier les voitures de pompiers et autres véhicules d'urgence qui transportent ceux qui tentent désespérément de maîtriser les incendies qui font rage dans les entrailles du monstre.

En voyant la pile de débris qui crache son feu, je me dis que le mot « monstre » n'est pas exagéré. C'est comme si ce feu avait une vie propre et se déplaçait au gré du vent qui fouette tout ce qui bouge. Des morceaux disjoints de la carcasse métallique lâchent prise et tombent, s'écrasant dans un bruit de tonnerre. Dès qu'un corps ou un objet touche le sol, un énorme nuage de poussière grise tourbillonne, reste un moment en suspension, puis s'élève à nouveau, de gauche à droite, de droite à gauche, poussé par les courants d'air créés par les incendies, le vent et les camions filant dans toutes les directions.

Il est impossible d'entendre quoi que ce soit à cause du bruit des machines. Nous communiquons par signaux. Tout en me faisant signe de le suivre, mon «guide touristique» pointe un doigt vers le sol pour me dire de surveiller mes pas. Je jette un coup d'œil par terre. Le sol est recouvert d'une couche de plusieurs centimètres d'épaisseur – mélange de gros sable, de verre cassé, de morceaux de fils électriques et de bouts d'acier tordu. Avec horreur, je vois aussi des fragments d'os.

Cela ne devrait pourtant pas me surprendre. Des fragments d'os, tout comme des parties de corps, inondent la morgue depuis le matin; je sais, en mon for intérieur, que ces fragments sont peut-être les seuls vestiges des nombreuses vies perdues en cette matinée terrible. Une tristesse extrême m'envahit et je m'efforce de retenir mes larmes. Je reviens brusquement à la réalité lorsque quelqu'un me prend le bras pour m'éloigner d'un Humvee qui fonce vers nous, à reculons mais à une allure folle. Le chauffeur, en habit de camouflage, portant un casque et des lunettes de protection, nous regarde à peine lorsqu'il engage son véhicule sur le trottoir désert.

En approchant du site, je suis impressionnée par l'activité intense et déterminée des sauveteurs. La dévastation est immense et pourtant on sent que les gens ne se reposeront pas avant d'avoir tout nettoyé. D'énormes grues et de la machinerie lourde fouillent les amas de débris, tandis que les pompiers et les agents de Port Authority scrutent cette masse de métal tordu et de béton à la recherche de restes humains. Dès qu'ils découvrent un corps ou une partie de corps, ils font signe à l'opérateur de la machine d'arrêter de creuser. Puis l'un d'eux s'avance en rampant sur le tas de débris afin d'en retirer doucement les restes et de les mettre dans un sac. Si quelqu'un met la main sur un corps, il le place alors dans un sac mortuaire, mais c'est plutôt rare. (Au moment de quitter mon troisième service, au mois de janvier, à peine deux cents corps entiers avaient été récupérés.) D'une façon générale, les restes tiennent dans un sac de plastique rouge de 0,6 m sur 0,6 m, voire dans un simple sac de plastique pour réfrigérateur.

Nous poursuivons notre marche, passons près de l'endroit où la Garde côtière patrouille la rivière, contournons un monument de fortune dédié aux victimes – il y a des centaines de lieux de recueillement qui ont surgi un peu partout en ville – pour arriver à un parc de stationnement où étaient garées des voitures, le matin fatidique. Elles sont maintenant recouvertes de la même couche de débris qui jonche les rues et les trottoirs ; on dirait qu'un volcan en éruption a tout saupoudré de cendres. Nous nous arrêtons un moment dans une petite église qui semble avoir été épargnée, même si elle se trouve près de l'épicentre du désastre.

Des pompiers et d'autres sauveteurs sont dispersés sur les bancs de l'église, certains assis en silence, la tête penchée, d'autres agenouillés et priant, d'autres encore arpentant les allées et regardant les photos et les affiches collées sur les murs : des messages de désespoir lancés par les familles et les amis des victimes, qui supplient qu'on les appelle si l'on a aperçu leur ou leurs disparus, qui espèrent, contre toute attente, que les personnes qui sourient sur les photos s'en sont tirées indemnes. Je ne peux pas regarder cela. Si je veux être capable de remplir ma tâche, il faut que je fasse abstraction des noms et des visages sur ces murs. Dès cet instant, je m'entoure du cocon invisible que l'expérience m'a appris à utiliser et que je cache aux tréfonds de moi-même pour m'en envelopper dans de pareils moments. Je sais maintenant, plus que jamais, que ce mur de défense est le seul élément qui me permettra de faire mon travail au milieu de cette tragédie humaine sans précédent.

Je n'ai pas prié dans une église depuis belle lurette, mais là je m'avance vers l'autel, pose les mains sur la croix et ferme les yeux. Quand je me dirige vers le portail, c'est avec un nouvel objectif en tête. En retournant à la morgue, je comprends que dorénavant je *dois* faire ce travail. Pas pour moi, par pour DMORT, mais pour les victimes et ceux qui les aiment.

* * *

En chemin, mon guide du FBI me fait part du troisième volet de l'effort de récupération, volet que je ne connaissais pas encore mais qui fait partie intégrante du travail que nous abattons ici. Lorsqu'on repère des restes humains à un endroit précis de Ground

Zero, me dit-il, on les récupère et on les envoie à la morgue de l'OCME. Ensuite, des travailleurs ramassent les décombres et les débris se trouvant à cet endroit précis et les envoient, par barges, au site d'enfouissement Fresh Kills, à Staten Island. Les barges sont déchargées dans des bennes de camions, qui répandent le tout sur le sol afin que des travailleurs puissent y retrouver tous les tissus humains restants. Certains fragments sont si petits et si bien camouflés sous la couche de cendres et de poussière qu'ils échappent aux observateurs de Ground Zero. On a beaucoup plus de chances de les retrouver sur cette installation de Staten Island.

Des experts médicolégaux venus des quatre coins du pays vont travailler vingt-quatre heures sur vingt-quatre, pendant huit mois, afin de retrouver des os et des chairs dans plus de soixante et une tonnes de métal tordu et de béton. Vers la fin de l'opération, ils auront mis au point une immense «chaîne de montage», avec tapis roulants et tamis commerciaux. Ils ont créé un village temporaire de tentes qui met les travailleurs à l'abri des intempéries. Ils y disposent d'une cafétéria et d'une salle à manger, ainsi que de locaux pour le travail administratif et le traitement des preuves.

Lorsque je reviens à la morgue, je me rends compte que ma perception du désastre a changé. Auparavant, j'étais à la recherche d'une explication: je me demandais pourquoi l'effondrement des tours avait eu des effets aussi atrocement inégaux, autrement dit, pourquoi on pouvait parfois trouver un corps relativement intact près d'un tas de fragments d'os. Maintenant que j'ai vu de mes propres yeux l'ampleur de la destruction, je réalise qu'il est futile de s'interroger sur la mécanique de la catastrophe et de la destruction. Nous devons tout simplement accepter les choses telles qu'elles sont et nous concentrer sur notre travail et sur ses résultats.

Bientôt, ce sera mon tour de me pencher sur ces résultats. Nous sommes aujourd'hui mercredi. Demain, je dirigerai l'équipe de nuit à l'installation de triage de la morgue. J'ai une journée à peine pour m'y préparer.

* * *

Le jeudi, je reste au lit une partie de la journée. Dans ma chambre aux tentures bien tirées, j'essaie de régler mon horloge interne en fonction de mon nouvel emploi de nuit. Je me présenterai à la séance d'information de 18 h, prête à me mettre au boulot. Puis j'entrerai dans le ventre du monstre jusqu'à sept heures du matin.

Je suis étendue sur mon lit. Il est 14 heures, et l'idée de dormir alors que mon horloge diurne m'ordonne de me lever m'est insupportable. Je tapote mon oreiller, me tourne et me retourne dans l'espoir d'entrer dans un état de relaxation.

Ce soir, ce sera l'épreuve ultime.

* * *

Tandis que je me dirige vers la morgue, je passe mentalement en revue les membres de mon équipe, ces hommes et ces femmes que j'ai rencontrés au cours des deux derniers jours et qui m'aideront dans les opérations au triage. À mes yeux de fille du Kentucky, c'est un groupe typique de New-yorkais, originaux et assez impertinents. Al Muller, détective au NYPD, est le plaisantin du groupe, toujours prêt à voir l'aspect comique des choses, même dans les situations les plus dramatiques. Mickey, policier de Port Authority, me fait penser à un jockey à l'esprit vif, un peu soupe au lait, que j'ai rencontré à Churchill Downs. Carmen fait partie de l'escouade des personnes disparues du NYPD ; elle est latino-américaine et très exubérante. Elle passe de l'espagnol à l'anglais sans même y penser. Mia, policière et diva impétueuse aux longs cheveux noirs coiffés à la rasta, a un petit air fanfaron. Kam est membre de l'équipe d'intervention d'urgence du NYPD ; c'est un homme d'action à la peau acajou cuivré. Mark Caruso est le premier policier ouvertement gay que je rencontre. Il se plaint constamment, mais il est toujours le premier à encourager ceux qui en ont besoin. Il a tendance à rire de tout et de tous. Enfin, pour que je me sente un peu plus à l'aise, il y a Mark Grogan et Don Thacke, versions new-yorkaises de deux policiers du Kentucky et du Tennessee que je connais et apprécie.

Et je ne voudrais surtout pas oublier John Trotter, mon copain, mon camarade d'armes, mon bras droit. Détective auprès de Port Authority, il a une tête aussi lisse qu'une bille de billard et une grosse barbe blanche. Ce grand bonhomme aux épaules larges à la John Wayne se trouvait au World Center lors du premier attentat. Il a aidé des gens à sortir de la première tour. Lorsque la deuxième s'est effondrée, il a essayé de sauver sa peau avec une poignée de ses hommes. Il a couru dans une direction, ils ont couru dans l'autre. Résultat : il s'en est tiré et ils sont morts. Ils n'étaient pourtant pas bien loin les uns des autres. John était là aussi quand les avions de chasse sont passés au-dessus du site ; il ignorait si c'étaient des avions amis ou ennemis. Tout ce qu'il savait, c'est que les civils qu'il emmenait hors de la zone sinistrée étaient peut-être une fois de plus en danger de mort.

Après ce qu'il a enduré, John s'est senti incapable de retourner sur les lieux pour aider au sauvetage et à la récupération. Comme il travaillait à Port Authority depuis trente ans, ses patrons ont dû lui trouver un autre emploi. On l'a affecté à la morgue. C'est le meilleur assistant que j'ai eu de toute ma vie. Il se dévoue entièrement à son travail. Il sait que ce qu'il fait a une importance vitale pour les victimes, leur famille et leurs amis – sans compter ses propres camarades morts. Ce travail lui permet de supporter son deuil. Il est devenu un sacré bon anthropologue judiciaire : il identifie les os aussi rapidement que moi et, parfois même, il m'aide à découvrir à quel os appartiennent certains fragments.

John et moi sommes les deux seules personnes dans la cinquantaine dans ce groupe de jeunes de vingt à trente ans. Lui et moi sommes heureux de ne pas être « le seul vieux » du groupe. Nous nous prêtons mutuellement assistance, nous nous remontons le moral quand c'est nécessaire, nous passons ensemble les précieuses minutes de pause.

Nous avons donc une relation particulière. Mais je dois dire que tous les gens de mon équipe sont solides, loyaux et talentueux. Je les aime énormément et je n'hésiterais pas à leur confier ma vie. Je suis honorée – et soulagée – de voir combien nous avons confiance les uns dans les autres.

Mon équipe maîtrise déjà le déroulement savamment orchestré du processus d'identification, qui fonctionne comme une chaîne de montage. Mickey m'apporte un premier sac et l'ouvre ; il contient un sac de plastique plus petit. Al se penche et retire ce sac, puis il lit ce qui est écrit sur l'étiquette : l'endroit où l'on a retrouvé le contenu. Steve enlève l'étiquette et prend un autre sac sous la table, pendant qu'Al ouvre le premier. Puis John s'approche et en retire le contenu, qu'il me remet. J'essaie de découvrir si un élément quelconque peut me permettre d'identifier ce ou ces restes. Le plus souvent, mon « identification » se résume à déclarer que la pièce est un bout de coude, un morceau de poumon ou un fragment de mâchoire inférieure. Parfois, cependant, nous recevons un torse presque entier ou même un corps complet.

Dans la plupart des catastrophes avec morts multiples, comme lors d'une catastrophe aérienne, par exemple, les seuls éléments d'identification sont les dents, les os, des tatouages particuliers, les empreintes digitales, ou le test d'ADN. Les gens s'imaginent souvent que nous pouvons utiliser des preuves indirectes, comme un vêtement ou une pièce d'identité, alors que ces articles ne sont en fait que des éléments d'« identification par déduction ». Le corps ou la partie de corps sur laquelle se trouve ce vêtement ou cette pièce d'identité sont, eux, identifiés à l'aide de moyens scientifiques.

Dans de rares cas, on a recours à des objets pour déclarer qu'une identification est positive. Si l'on trouve une bague au doigt de quelqu'un, la main peut servir d'identification – mais ce n'est pas toujours suffisant. Quand des restes humains contiennent un appareil chirurgical avec un numéro de série, il est possible de s'en servir comme élément d'identification. Mais la plupart des effets personnels ne sont d'aucune utilité, dans la mesure où ils peuvent se retrouver mélangés à d'autres. Ces effets, tout comme les parties des victimes elles-mêmes, sont souvent mélangés de façon inextricable. Les montres et autres bijoux peuvent avoir été arrachés à une personne et se retrouver sur ou en dessous d'une autre victime.

Ainsi, à la morgue, lorsque nous trouvons une montre originale au poignet d'un bras coupé, nous pouvons tenter d'identifier toute la partie supérieure du bras. Le pathologiste doit malgré tout prélever un échantillon d'ADN afin de pouvoir relier ce bras aux autres restes de la victime. Bref, il est bien difficile d'identifier des restes humains après un désastre majeur.

L'écrasement d'un petit avion, ou un accident industriel mineur – voire un incendie dans une maison ou l'explosion d'une plaque chauffante – peut déchiqueter des corps et les mêler aux décombres. J'ai souvent travaillé sur des lieux semblables au Kentucky, et mon premier objectif consiste toujours à trouver une partie de corps qui puisse nous livrer une identification positive. Ce peut être un simple bout de doigt arraché dont on prend l'empreinte,

empreinte que l'on peut ensuite associer à celle présente sur une tasse de café laissée sur une table, ou un petit morceau de chair sur lequel il y a un tatouage particulier, ou encore une dent en or, que l'on peut comparer à celle figurant sur un dossier dentaire.

Le triage et l'identification de restes humains ne sont pas évidents lorsqu'il s'agit d'un désastre « ordinaire » ayant fait une douzaine ou une centaine de victimes, mais qu'en est-il lorsqu'il y en a près de trois mille ? Ces gens qui ont péri lors de l'écrasement des avions, ou dans l'incendie qui en a résulté, ou dans l'effondrement des tours – soit lors de l'un de ces épisodes démentiels qui ont réduit les gigantesques structures d'acier des tours en lambeaux…

Tandis que j'observe les gestes précis et rapides de mon équipe et de celle des pathologistes, à l'autre bout de la morgue, je me dis que les os humains et les dents sont incroyablement résistants. Leur contenu minéral est composé essentiellement de cristaux de calcium d'hydroxyapatite, de sorte qu'ils peuvent résister au feu de fours crématoires industriels dont la chaleur peut atteindre les 1100 degrés Celsius. On peut même parfois replacer ou reviser des os fracassés par balles ou lors de collisions sur la route, et permettre ainsi à leurs propriétaires de survivre pendant des décennies.

Ces os solides arrivent par milliers à la morgue. Nous devons donc les identifier et les envoyer ailleurs pour analyse complémentaire. Aussitôt que j'ai nommé ceux que je reconnais, Mark ou Mickey transcrit ma description sur un nouveau sac, dans lequel John place les tissus en question. Un autre employé de la morgue – Audrey, Terry ou Vinnie – porte le sac à l'un des pathologistes, qui ont leur propre groupe à l'autre extrémité de la morgue, assez près pour que l'on puisse travailler ensemble, et assez éloignés pour éviter que corps ou parties de corps ne soient contaminés par l'ADN d'autres corps ou parties de corps. En principe, ce sont les pathologistes qui coordonnent les opérations, mais ils font néanmoins partie de la grande équipe. Ils attribuent des numéros aux dossiers, dictent des descriptions détaillées des restes, demandant à Diana de prendre des radiographies, à Joe ou à Raoul de relever des empreintes digitales, et à un dentiste d'examiner des dents. Ce sont eux qui prennent les échantillons d'ADN. Barbara, qui fait partie de la police de Port Authority, est également présente. Elle veille à ce que tout se déroule sans accrocs.

Pendant ce temps, dans mon coin, je tâtonne parmi les restes mutilés, à la recherche de quelques os ou morceaux de tissu identifiables auxquels je pourrai donner un nom. J'ai la nette impression que tout ce que j'ai appris me vient en aide : mes dissections en Géorgie, mon travail au Texas, au Tennessee et au Kentucky, mes années à mémoriser les fragments d'os dans les cours d'ostéologie du docteur Bass... Tout ce bagage me sert parfaitement, mais les enjeux n'ont jamais été aussi élevés.

Je travaille sans arrêt, mes mains semblent douées d'une vie propre ; mon esprit nomme, note et catalogue de façon automatique. De temps à autre, nous recevons un corps relativement intact, sans doute épargné par un phénomène physique fortuit au moment où la structure a implosé. La combinaison de forces cinétiques a créé des poches dans lesquelles le béton pulvérisé et les débris n'ont pas pu pénétrer. Bien que les victimes trouvées à ces endroits soient mortes aussi rapidement que les autres – en raison de la chaleur, du manque d'oxygène et de la pression de l'implosion –, leurs corps n'ont pas été déchiquetés. On peut donc les renvoyer dans un état assez reconnaissable aux familles. Nous les identifions à l'aide des procédures habituelles : dossiers dentaires, empreintes digitales, tatouages particuliers.

Toutefois, nous travaillons surtout sur des fragments ainsi que sur des parties de corps et des os non reliés entre eux. Même si nous progressons à un rythme incessant, l'atmosphère n'est pas tendue ; elle est plutôt sombre, presque religieuse. Chacun de nous comprend que les éléments traités ici sont tout ce qui reste d'un être humain, qu'un bout de doigt ou un éclat d'os seront peut-être les uniques fragments que les parents recevront pour faire leur deuil après une perte aussi soudaine et aussi absurde.

Les restes que nous trions peuvent tout aussi bien appartenir à un proche d'un des membres de l'équipe – un ami de John, de Port Authority, ou un collègue de Mark. Habituellement, dans une morgue, nous affichons un détachement total, étant donné que nous sommes rarement des parents des personnes décédées. Cette attitude est essentielle pour nous, comme elle l'est pour le chirurgien qui pratique une incision curative sur un étranger – opération qui lui serait plus difficile sur un parent, un enfant, une épouse ou un ami intime. S'il nous arrive occasionnellement, au Kentucky, d'examiner le corps ou les restes d'une personne que nous connaissions, ici, à New York, l'idée qu'un membre de l'équipe pourrait soudainement se trouver devant les restes d'un collègue ou d'un ami fait planer dans la morgue une tristesse aussi palpable que l'odeur de la mort. Nous examinons donc les corps ou les parties de corps comme si elles appartenaient à notre mère, notre père, notre enfant, notre frère, notre sœur, notre conjoint ou notre conjointe. Chacun de nous traite ces fragments déchiquetés avec respect, et même avec amour.

Malgré les deuils personnels qui affligent les policiers, ceux-ci font preuve d'un engagement et d'une bienveillance qui m'émeuvent profondément. Ils sont à mes côtés en tout temps, ouvrant les sacs, transcrivant les mots que j'utilise pour décrire les tissus : « partie distale du fémur droit », « pied gauche », « partie d'omoplate ». Au début, je dois épeler certains termes techniques, mais en dépit de mon accent du Sud, ils comprennent très vite ce que je dis. Comme on reçoit souvent les mêmes os, il n'est plus nécessaire que j'épelle m-a-n-u-b-r-i-u-m quand j'identifie un fragment qui provient du sternum d'un individu.

Ces gars m'apportent non seulement leur appui dans la résolution de problèmes logistiques d'identification et dans la mise en sac des restes, mais ils m'aident à garder le moral. Il est facile de devenir par trop émotif dans ce genre de travail. Un morceau de bijou avec monogramme autour d'un cou, ou un macaron encore épinglé sur la chemise d'une victime nous rappellent constamment qu'il ne s'agit pas là uniquement de corps fracassés, mais de vies brisées. Nous nous acquittons de notre tâche de façon efficace et avec soin, mais il arrive que le stress soit tel que nous devons nous arrêter, sortir de la tente et prendre une bouffée d'air afin de nous libérer l'esprit.

Quand j'entreprends mon premier quart de nuit, je suis extrêmement émue. Après tout, je viens d'arriver à New York, et je sais que chacun prend son travail très au sérieux. Ma visite à Ground Zero, l'après-midi, m'a insufflé un sentiment de vénération à l'égard des restes que je vais examiner. Je me concentre uniquement sur mon travail, évitant d'émettre des idées superflues et de faire des commentaires inutiles. Je suis certaine que mes équipiers se demandent comment ils vont faire pour endurer une fille aussi sérieuse pendant deux semaines !

Puis, juste avant minuit, quelque chose fait éclater la coquille du comportement ultraprofessionnel que j'ai adopté pour cacher ma nervosité. Al ouvre un petit sac rouge contenant un morceau de chair mutilée. Je le sors doucement du sac pour l'examiner, puis je dicte des notes sur la masse musculaire et sur le petit morceau de gras blanc qui se trouve autour. Lorsque j'aperçois l'éclat d'os, je délaisse ma tâche délicate et regarde à tour de rôle John, Mickey et Al.

Nous éclatons de rire.

Les autres sont un peu choqués. Être hypersérieux, c'est peut-être inacceptable, mais rire des restes d'une personne décédée ? Quelle sorte de monstre est cette fille du Kentucky ?

Je me penche, retire le morceau d'os et l'agite devant eux. « C'est une côtelette de porc ! »

Après un moment de silence, nous n'hésitons pas à rire, mais le plus silencieusement possible afin que les pathologistes, à l'autre bout de la salle, ne se demandent pas si nous sommes soudainement devenus fous.

« Comment diable *cette* pièce est-elle parvenue jusqu'ici ? »

Mickey connaît la réponse. « Il y avait des restaurants dans les tours. Deux ou trois jours après les attentats, nous avons trouvé un quartier de bœuf dans un de ces sacs. »

Je hoche la tête, amusée. « Au moins, personne ne s'attend à ce qu'on catalogue *ça* ! »

Ce n'est pas la dernière fois que nous découvrirons des tissus non humains. Durant mon service, il m'arrivera de trouver des os de poulet, des côtes de bœuf et même quelques gigots d'agneau.

Mais les rires sont rares. L'attention solennelle que nous portons au plus petit fragment nous emplit beaucoup plus souvent de désespoir que de gaieté. Lorsque nous bénéficions d'un court répit entre deux séries de sacs, nous nous rassemblons dans la rue, ou à l'intérieur d'une tente ou d'une remorque, et nous nous racontons des histoires de vie. Les policiers de New York se plaisent à me parler de leur vie dans la Big Apple. Pour ma part, je leur décris mes aventures dans les montagnes du Kentucky. Ils me taquinent à propos de mon accent, je plaisante au sujet du leur. Ils m'apprennent à adopter les modulations justes. Je suis impatiente de retourner au Kentucky et d'accueillir mes amis avec le « *How you DOin' ?* » que m'ont enseigné mes équipiers.

* * *

Depuis que je travaille à la morgue, je ne cesse de m'émerveiller lorsque je regarde cette cité de tentes qui a surgi ici ; je suis impressionnée par la générosité et l'inventivité des New-yorkais, qui manifestent leur appui de toutes les manières possibles. Au coin de la rue, l'Armée du Salut et des organismes caritatifs veillent à ce que nous ayons, en tout temps, des boissons gazeuses, de l'eau, des friandises et des biscuits salés – ainsi que nos trois repas quotidiens. À la cantine de l'Armée du Salut, nous trouvons non seulement de bons repas, mais un personnel souriant et une atmosphère familiale. Sur les tables, des personnes attentionnées ont posé des fleurs fraîches dans de jolis pots. Des messages d'élèves et de sympathisants sont collés sur les murs. Quelqu'un a manifestement beaucoup réfléchi à la décoration, car ces messages ont été répartis de telle sorte qu'il y en a partout dans cette salle à manger de fortune. Où que l'on regarde, on tombe sur une note d'espoir ou de remerciement.

Le temps était doux lors de mon arrivée dans la mégapole. Lorsqu'il fait plus frais, l'Armée du salut place des chaufferettes au kérosène dans la tente salle à manger. On y voit souvent des groupes d'employés de la morgue agglutinés autour de ces appareils, réchauffant leurs mains froides devenues rugueuses à force d'être récurées et de manquer d'air sous les gants de latex. L'agitation, la camaraderie qui unit ces travailleurs épuisés, les gants chirurgicaux, l'environnement improvisé font irrésistiblement penser à *M.A.S.H*, l'émission télévisée si aimée du public.

* * *

L'un des aspects les plus difficiles de mon service à New York, c'est que je me sens désorientée. Le travail de nuit me coupe pour ainsi dire de la lumière du jour. Je pars au travail à 18 h, alors qu'il fait déjà noir. Je rentre à l'hôtel à 7 h, quand le soleil n'est pas encore levé. Après un mois de travail de nuit, on perd la notion du temps. Les heures s'entremêlent, de même que les jours, parce que chaque jour (ou plutôt chaque nuit) ressemble exactement au précédent et au suivant. Il est difficile de vaquer à des occupations pratiques. Quand et comment vais-je faire la lessive ? » se demande-t-on. Quand vais-je trouver le temps d'aller chez le coiffeur ? Quand vais-je appeler ma nièce pour lui souhaiter un bon anniversaire ?

En outre, ce que l'on vit est difficile sur le plan psychologique ; la privation sensorielle qui s'éternise, et le manque de lumière du jour sont tout aussi épuisants qu'une peine envahissante.

Un jour, toutefois, mon train-train quotidien prend un tour nouveau, mais pas nécessairement celui que j'aurais choisi. Un après-midi de la mi-octobre, le commandant régional du DMORT, Todd Ellis, m'appelle d'urgence, me priant de me rendre immédiatement au poste de commandement situé au dernier étage de l'hôtel Sheraton, dans lequel j'habite. Le lieutenant William Keegan, superviseur de l'équipe de récupération de nuit à Ground Zero, a besoin de mon aide pour aller ramasser des os incinérés sur ce que l'on appelle maintenant « la pile », soit une montagne de débris. En fait, ce sont les restes des tours jumelles.

Jusqu'à tout récemment, des incendies ont couvé dans la pile et tout autour. Les pompiers viennent à peine de les maîtriser. Les chercheurs commencent à avoir accès à cette zone, masse de décombres et de béton pulvérisé qui s'élève en pente raide et n'est retenue que par deux piliers d'acier énormes restés miraculeusement debout après l'explosion. Lorsque les travailleurs y repèrent des fragments d'os brûlés, ils interrompent le creusement pour que je puisse récolter les os.

Deux policiers en uniforme du NYPD me conduisent au site à une allure infernale. Ils roulent sur les chapeaux de roue dans les rues de New York, gyrophare clignotant et sirène déchirant l'air, frôlant véhicules et piétons. Nous arrivons finalement à destination, la caserne Engine 10, qui porte les marques de la catastrophe. Le lieutenant Keegan m'y attend. Il me conduit à une zone où des dizaines de policiers tamisent le contenu de seaux de béton pulvérisé à la recherche désespérée des os de leurs collègues.

« Nous avons trouvé une arme et un insigne du NYPD noirci près de cette grue à grappin. Nous en avons conclu qu'un policier au moins se trouvait là-haut, déclare Keegan. Mais nous ne savons pas comment ramasser les restes sans faire de dégâts. » Il pointe un doigt vers le haut, du côté d'un bulldozer et d'une grue qui semblent s'être immobilisés. Les moteurs au diesel roulent au ralenti.

« Nous aimerions que vous nous accompagniez là-haut », m'annonce Keegan. J'aimerais dire non, mais comment refuser ?

Le cœur serré, je grimpe lentement sur la pile, m'accrochant aux plaques de béton pulvérisé pour me frayer un chemin parmi les morceaux d'acier en dessous desquels on peut voir des espaces vides vastes comme des cavernes. Je jette un coup d'œil sur ce qui me semble être un gouffre sans fond. Des braises rougeoyantes lancent d'énormes volutes de fumée. J'ai les yeux qui piquent. J'essaie de ne plus regarder en bas, mais fixer le haut est tout aussi effrayant. La structure d'acier qui constituait une des façades de la tour s'élève à une hauteur incroyable, et je jure qu'elle a l'air de bouger. Puis, je me rends compte que c'est le sol qui bouge, comme sous l'effet d'un petit tremblement de terre. Je perçois un léger balancement ; je sens vibrer ce qui se trouve sous mes pieds.

« Ce mouvement provient de la machinerie lourde qui est à l'œuvre de l'autre côté de la zone, m'explique Keegan. Cette masse de débris est suspendue ; c'est comme un jeu de jonchets, dès qu'une pièce bouge, tout se déplace. »

« Moi qui pensais que tout ce temps passé dans des puisards, des mines de charbon et des ravins calcaires m'avait endurcie… ! C'est trop dur pour une vieille fille ! » Je plaisante pour endormir ma peur et être capable de continuer mon chemin.

Je n'oublie pas la consigne d'urgence de Keegan. Dès mon arrivée en haut de la pile, je dis aux policiers et aux pompiers ce j'attends d'eux. Ils roulent les yeux, grommellent, protestent. Mais j'en ai vu d'autres. Je sais comment faire face.

« Messieurs, dis-je, avec un sourire en coin et mon meilleur accent du Sud, je sais que vous êtes des sauveteurs expérimentés. Après tout, vous êtes les meilleurs et les plus braves de New York, et moi je ne suis qu'une petite blonde du Kentucky. Je crois que nous nous entendrons beaucoup mieux si vous m'appelez Doc. En revanche, je vous appellerai « *Sugar* » !

Après un moment de stupeur, ils éclatent de rire. C'était aussi facile que cela ! Pendant une heure, nous tamisons les cendres. Nous travaillons comme de vieux collègues. Ils m'apprennent à reconnaître certains objets ensevelis sous le mélange de débris dans lequel nous fouillons ; et moi je leur montre comment reconnaître des fragments d'os calcinés.

* * *

Une période de service au DMORT dure deux semaines. Après mon premier tour, le DMORT me demande de rempiler pour une deuxième période, ce que j'accepte tout de suite. Et alors que je suis sur le point de terminer le deuxième tour, après trente jours de travail continu, on me demande de me lancer dans une troisième période.

« Je ne peux tout simplement pas, dis-je au commandant. Je n'ai pas vu la lumière du jour depuis quatre semaines, mon cerveau est vide, je suis épuisée et beaucoup de travail m'attend au Kentucky. S'il vous plaît, mettez fin à mon service et renvoyez-moi chez moi. » Ce que je pense alors et que je ne dis pas, c'est que je suis au bout du rouleau. Comme je suis chef du triage de nuit, et la plus âgée, chacun se tourne vers moi quand il y a un problème. On compte sur moi quand quelqu'un éclate en pleurs incontrôlables ou se fige en découvrant que les restes qui se trouvent sur sa table sont ceux d'un membre de sa famille, d'un ami ou d'une amie. J'ai toujours réussi à offrir mon soutien – mais là, je n'en ai tout simplement plus la force.

Le commandant accepte de me laisser partir, à la condition que l'on puisse me rappeler à nouveau si c'est nécessaire. Je ne parle de mon départ à personne, mais mes collègues finissent par deviner. Le dernier soir, profitant d'une accalmie, Carmen me lance : « À propos, Doc, il y a un autre sac que nous avons oublié. » Avec lassitude, je l'ouvre…

Il contient deux anges en porcelaine et une carte signée par tout le monde. Je serre chacun de mes collègues dans mes bras. Et je me demande si j'aurai la force de revenir.

* * *

Le lendemain après-midi, à ma descente d'avion, je me sens vague, désorientée. Je suis chez moi, et ce chez moi m'est très familier, mais j'ai été absente pendant un mois, et j'ai vu et fait des choses, pendant ce mois, qui ont changé définitivement ma vie. Me retrouver si loin de mes « copains d'armes », ces hommes et ces femmes que j'ai côtoyés pour accomplir avec eux une tâche que je suis incapable de décrire à quiconque, me paraît étrange. Nous avons partagé des moments qui n'ont de sens que pour nous – nous qui sommes passés au travers des horribles lendemains de cette tragédie. Aujourd'hui, je n'ai personne à qui je pourrais en parler. J'ai hâte de revoir mes amis et de discuter avec ma famille, et pourtant je me sens terriblement seule.

Mon premier arrêt est pour le chenil Daisy Hill, où ma chienne épagneul bien-aimée séjourne depuis un mois. Je n'aime pas laisser Savannah dans un chenil, même pour une courte période. Ce sont mes voisins Suzanne et Bill Cassity qui m'ont fait découvrir cette installation de longue durée pour animaux. J'étais sûre que mon cher toutou y serait bien traité. À mon grand étonnement, quand je me présente au chenil, je découvre non seulement des messages d'encouragement pour mes collègues et pour moi, mais l'argent pour régler la note.

Au cours des quatre semaines qui viennent de s'écouler, j'ai réussi à garder mon sang-froid, mais là, en route vers la maison avec Savannah, je sens s'effriter de grands pans de ce flegme et de cette impassibilité. Dès que j'arrive chez moi, je m'effondre sur mon lit en sanglotant. Savannah lèche mes larmes. La vie et l'amour sont plus forts que la mort. Je m'abandonne à cette vague de tristesse, serrant ma brave chienne contre mon cœur, le nez dans sa fourrure soyeuse.

Je finis par m'endormir, assommée par ces larmes libératrices. La sonnerie du téléphone me réveille quelques heures plus tard. Ma mère m'annonce que mon père est à l'article de la mort. Si tu veux le revoir une dernière fois, me dit-elle, il faut que tu viennes en Indiana. Je sais que mon père est atteint d'un cancer, mais quand je suis partie pour New York, nous pensions tous qu'il tiendrait le coup. Peu de temps après, toutefois, son état s'est rapidement dégradé. Ma mère et moi avons décidé de garder cela secret jusqu'à mon retour de New York.

Quelques mois plus tard, ma mère me dira que si mon père a survécu jusqu'à mon retour, c'est par la seule force de sa volonté.

Le lendemain, Savannah est de retour à Daisy Hill, et je reprends la route pour aller passer une dizaine de jours en Indiana. Je fais mes adieux à mon père, qui tombe dans le coma au lendemain de mon arrivée. Deux semaines après mon séjour, je retourne à New York pour une nouvelle période de service. Je suis heureuse, somme toute, d'être à New York; je me dis qu'en me concentrant sur le drame immense de cette ville, j'oublierai peut-être mon chagrin.

* * *

Lorsque je saute dans un taxi à l'aéroport LaGuardia, en cet après-midi du 18 novembre, je découvre très vite combien la ville a changé. En septembre, on avait l'impression qu'elle avait été domptée. Même si je n'ai pas souvent eu l'occasion de fraterniser avec des civils autres que les employés des deux hôtels dans lesquels j'ai logé, je voyais bien que les New-yorkais se traitaient avec énormément de gentillesse et d'attention. Les rares fois où j'ai fait une promenade dans le quartier, les piétons si pressés de New York semblaient me laisser gracieusement le passage. Aucun ne voulait se rendre coupable d'un geste désinvolte ou d'une brusque envie de bousculer. C'est à peine si j'ai entendu klaxonner.

À mon retour, l'humeur de la ville est différente. La circulation est plus rapide, plus nerveuse et beaucoup plus bruyante. Tout est donc revenu à la normale dans cette ville grouillante, ce qui est peut-être une bonne chose, en fin de compte.

Ce l'est moins pour les travailleurs du DMORT. Notre tâche a toujours été ardue, mais elle nous paraît à présent quelque peu décourageante ; on a même l'impression de travailler en solitaire. Nous nous disons parfois que nous sommes les seuls à savoir ce qui se passe derrières les portes closes, tandis que le reste du monde essaie, avec raison sans doute, de reprendre une vie normale. Les gens se préparent même à la période des Fêtes.

Néanmoins, les parents et amis des victimes sont avec nous, même si ce n'est qu'en pensée. Ils savent que nous travaillons jour et nuit. Ils espèrent à tout moment que nous découvrirons et identifierons un être cher. Les jours où nous n'en trouvons pas sont bien tristes, ceux où nous en trouvons sont gratifiants.

Comme pour ma première période de service, ma mission débute par une affectation de quatorze jours – qui vont se transformer en quatre semaines, incluant le jour de l'Action de Grâce. Ce jour-là, l'Armée du Salut nous prépare un repas sous la tente. Pendant une pause dans les livraisons provenant de Ground Zero, John Trotter et moi nous plaçons dans la file d'attente. Une fois entrés, nous nous installons près d'une chaufferette. Les jours dorés de septembre semblent bien loin. Novembre est froid, pluvieux, et morne. Je suis reconnaissante envers les bénévoles de l'Armée du Salut pour leur attitude enjouée et la chaleur de leur accueil. Ils s'excusent presque de ne pas avoir de mets plus fins à nous offrir, mais je ne trouve rien à redire à la dinde, la purée de pommes de terre, les patates douces et les pois verts dont ils remplissent généreusement nos assiettes. Des tranches de pain blanc ne remplacent pas les petits pains chauds, mais en revanche, on nous sert, en guise de dessert, des tartes faites maison.

Le repas est bon, mais il ne ressemble en rien aux repas d'Action de Grâce auxquels nous sommes habitués, John et moi – repas que nous partageons en famille et avec nos amis. En ce moment, nous sommes plutôt seuls et loin de chez nous. Mais au moins, nous sommes ensemble.

« J'apprécie ta compagnie, Emily, me dit-il, mais comme je voudrais être à la maison ! »

La mélancolie de John m'affecte presque autant que mon propre chagrin. John a l'air d'avoir vieilli, depuis notre rencontre de septembre. Il a perdu l'enthousiasme à toute épreuve que j'appréciais tant chez lui ; il parle même de retraite.

À 21 h, en cette soirée pluvieuse de l'Action de Grâce, John et moi sommes seuls dans la salle à manger improvisée. Nous déposons nos plateaux près de la chaufferette. Des bénévoles de l'Armée du Salut tamisent les lumières et se réunissent en petit groupe, pour tuer le temps avant l'arrivée du prochain « client ». Quelques instants plus tard, l'un d'eux vient à notre table en plastique laminé et y dépose une chandelle. Je ne peux m'empêcher de penser à la scène bien connue d'un film de Walt Disney, dans laquelle des restaurateurs italiens, au fond d'une ruelle, essaient de créer une atmosphère romantique pour la Belle et le Clochard.

John et moi ne sommes pas des amoureux, mais au cours des deux derniers mois, nous avons noué un lien d'amitié qui nous a permis de nous soutenir pendant ces interminables nuits, lorsque ses amis et collègues nous arrivaient dans des sacs. Il se fie à moi et à toute l'équipe pour que nous nous occupions de ses partenaires de Port Authority et de toutes les autres victimes comme s'il s'agissait de nos propres amis et de membres de notre famille. Ce soir-là, toutefois, il me révèle une profonde blessure, teintée de rage, qui le fait souffrir depuis un bon moment.

« Emily, nous avons perdu trente-sept de nos gars ici. Aucun corps de police n'en a jamais perdu autant dans le pays. Quand je passe devant ces panneaux qui louangent tous les *autres*, ça me blesse. Et que penser des victimes civiles ? Ces pauvres gens étaient au travail, eux aussi. »

J'acquiesce et, fixant le café qui refroidit dans ma tasse, je lui dis doucement : « Tu sais, les gens qui travaillent dans les morgues sont oubliés, eux aussi, comme s'ils ne faisaient pas partie du grand ordre des choses. Nous faisons sans cesse face à la mort, mais cela ne signifie pas qu'elle nous indiffère. Par contre, la plupart des gens le croient. Que pouvons-nous faire ? Nous continuons. Nous apprenons à accepter l'idée que des gens de l'extérieur ne comprendront jamais ce que nous vivons.

— Je sais que la vie n'est pas juste, rétorque John, mais ça, ce n'est *vraiment* pas juste !

— C'est vrai, mais il y a des choses qui pourtant me paraissent sensées. Je peux comprendre pourquoi les familles ont besoin qu'on leur épargne certains faits. Si elles savaient vraiment ce à quoi nous faisons face ici, elles auraient une idée trop précise de ce qui est arrivé à leurs êtres chers. Je crois qu'elles préfèrent ne pas savoir. »

John se met à rire. « Des serviteurs silencieux, voilà ce que nous sommes. » L'expression a été abondamment utilisée par des guides spirituels. « Des héros méconnus. C'est bien nous, n'est-ce pas ? »

J'étire les jambes, tout en me demandant si je n'ai pas besoin d'un café supplémentaire, mais je me sens trop bien pour bouger. « J'aimerais *être* une héroïne. Je suis tellement découragée quand je ne peux pas en faire davantage pour les familles. »

Nous restons assis une partie de la soirée. Pas envie de sortir sous la pluie battante. Nous prenons tout simplement plaisir à être ensemble. John me parle de sa carrière à Port Authority, de sa femme, de ses enfants. Il me raconte son épopée le jour où il a fui les tours qui s'effondraient. Je lui parle de mes affaires au Kentucky, de ma famille, de ma petite chienne Savannah, qui est sans doute la seule à se languir de moi ce soir.

Je suis encore incapable de parler de mon père. John respecte cela. Lui non plus ne peut pas parler de ce qu'il ressent lorsqu'on apporte le corps d'un de ses amis dans un sac. Nous restons ainsi un bon moment, puis nous retournons au travail.

* * *

Je me sens bien seule, mais les policiers de la ville de New York font tout pour me manifester leur sympathie. Depuis mon expédition en haut de la pile, ils me traitent comme une de leurs ; ils m'invitent même dans leur tente « privée », puis m'emmènent au Rockefeller Center pour me montrer l'arbre de Noël. Mark Grogan, lui, m'a fait voir le défilé de l'Action de Grâce du grand magasin *Macy*. Nous l'avons regardé de la suite avec terrasse louée par sa famille à l'hôtel *Mayflower*.

Être admise dans la confrérie des meilleurs et des plus braves de New York n'est pas seulement une affaire mondaine. Je me sens près de ces gens, je partage leur chagrin, et leur camaraderie. Quand des policiers ou des pompiers arrivent à la morgue avec un des leurs, je m'occupe des parents de la victime. Et je ressens une émotion inconnue jusqu'alors, celle de me voir confier un de leurs collègues morts. Le fait que je sois plus âgée, et la seule femme s'occupant des restes, revêt une grande importance à leurs yeux. Cela fait de moi un axe émotionnel, en quelque sorte – presque une figure maternelle. C'est ce que je suis pour la plupart des hommes qui travaillent sur les lieux. Pour bien faire mon boulot, je dois conserver mon objectivité scientifique dans mes tâches de catalogage, de triage, de déduction et d'identification, mais pour faire honneur à mes collègues vivants, réunis autour de restes humains, je dois devenir une sorte de canal par lequel passent l'amour et la douleur des mères, des femmes, des sœurs et des filles.

Toutes ces émotions, nuit après nuit, jour après jour, laissent des traces indélébiles. Il m'arrive de me sentir comme un puits sur le point de s'assécher. Ma carapace de défense s'est amenuisée ; il y a même des trous, ici et là, mais je tiens bon.

Je crois que ce qui m'a permis de faire ce travail après les attentats du 11 septembre, c'est de savoir à quel point il était important pour la ville et pour le pays. Des messages de remerciements et de soutien nous sont parvenus de tous les coins des États-Unis. Des écoliers, des anciens combattants, des policiers nous ont écrit de partout. J'espère qu'ils ont senti à quel point nous les aimons, nous aussi.

Je voulais une fin parfaite. J'ai appris, à la dure, que certains poèmes ne riment pas et que certaines histoires n'ont ni un beau début, ni un beau milieu ni une belle fin. Vivre, c'est ne pas savoir, c'est vouloir changer, c'est saisir le moment présent pour en tirer le maximum, sans s'inquiéter de ce qui viendra après.

Délicieuse ambiguïté!

GILDA RADNER
actrice (1946-1989)

REMERCIEMENTS

Je suis redevable à tous ceux qui m'ont précédée : anthropologues judiciaires, pathologistes et enquêteurs qui ont consacré leur vie et leur carrière à l'univers à la fois fascinant et douloureux de la criminalistique. Sans leur bienveillance et leurs conseils, je n'aurais jamais fait partie de cette grande équipe. Sans leur appui constant, ce livre n'aurait pas vu le jour.

Mal Black, Octavia Garlington et David Mascaro m'ont appris comment marier l'art à la science. Tout le personnel de la Hughston Sports Medecine Foundation and Clinic m'a soutenu dans ma carrière d'illustratrice médicale, tandis que le docteur Jack C. Hughston m'a enseigné bien davantage que ce que je voulais apprendre. Le docteur Bill Bass, père fondateur de l'anthropologie judiciaire, m'a introduit dans ce monde fascinant en mettant tout en œuvre pour que je retienne bien ses leçons. J'espère qu'il est fier de son élève.

Je souhaite aussi que ce livre traduise le respect et la gratitude que j'éprouve envers mes amis et mes collègues du Justice Cabinet du Kentucky. Plus particulièrement, je veux remercier les Drs George Nichols et David Jones, qui ont jeté les bases de la Division of Medical Examiners du Kentucky, de même que le Dr Tracey Corey, qui m'a appris comment garder le cap sur mes rêves les plus chers. Le personnel de soutien, les pathologistes, les coroners, les policiers, les procureurs, les juges et les jurés, qui travaillent la main dans la main pour que justice soit faite, ont une place privilégiée dans mon cœur. Bien sûr, les opinions exprimées dans ce volume et l'interprétation des événements que je raconte n'appartiennent qu'à moi.

Ce livre est également le résultat d'efforts surhumains consentis par une équipe de rédaction et d'édition. J'adresse des remerciements tout spéciaux à Rachel Kranz, dont le génie a su transformer mes récits de fille de la campagne en un livre racontant avec force et émotion une série de drames policiers, et à Jeff Kleinman, mon agent, qui, grâce à son talent extraordinaire, a réussi à polir le texte pour qu'il puisse être présenté à un excellent éditeur.

TABLE DES MATIÈRES

Achevé d'imprimer au Canada
sur les presses des Imprimeries Transcontinental Inc.